大众创业 万众创新
知识产权保护研究

朱 军 ◇ 著

RESEARCH ON THE

PROTECTION OF

INTELLECTUAL PROPERTY

中国广播影视出版社

图书在版编目（CIP）数据

大众创业 万众创新知识产权保护研究 / 朱军著 . --
北京：中国广播影视出版社 , 2020.9
ISBN 978-7-5043-8491-1

Ⅰ . ①大… Ⅱ . ①朱… Ⅲ . ①知识产权保护—研究—
中国 Ⅳ . ① D923.404

中国版本图书馆 CIP 数据核字（2020）第 164661 号

大众创业 万众创新知识产权保护研究

朱 军 著

责任编辑	王 波	
封面设计	文人雅士	

出版发行 中国广播影视出版社
电　　话 010-86093580　010-86093583
社　　址 北京市西城区真武庙二条 9 号
邮　　编 100045
网　　址 www.crtp.com.cn
电子邮箱 crtp8@sina.com

经　　销 全国各地新华书店
印　　刷 廊坊市海涛印刷有限公司

开　　本 710 毫米 ×1000 毫米　1/16
字　　数 240 千字
印　　张 15.75
版　　次 2020 年 9 月第 1 版　2020 年 9 月第 1 次印刷

书　　号 ISBN 978-7-5043-8491-1
定　　价 57.00 元

FOR YOUR CAREER

人生处处有起跑线　问题在于能否跑起来

辽宁省社会科学规划基金资助项目"支撑'大众创业、万众创新'的知识产权保护软环境建设研究"（L16DJY006）和辽宁省高等学校创新人才支持计划（WR2017018）研究成果

自　序

　　习近平总书记在十九大报告中指出，全党同志一定要永远与人民同呼吸、共命运、心连心，永远把人民对美好生活的向往作为奋斗目标。报告从战略高度做出历史性重大判断，"中国特色社会主义进入新时代，我国社会主要矛盾已经转化为人民日益增长的美好生活需要和不平衡不充分的发展之间的矛盾"。"人民对美好生活的向往"这一思想，像一根红线贯穿在党的十九大报告中，贯穿在习近平总书记系列重要讲话中，成为习近平新时代中国特色社会主义思想的鲜明主题和初心、本色。现代经济增长是一个经济体中技术和产业不断创新的结果。发达国家和发展中国家概莫能外。毋庸讳言，改革开放以来，我国经济的飞速增长正是依靠技术和产业创新的后发优势。但是，随着和发达国家间技术和产业差距的不断缩小，我国必须走上和发达国家同样的创新道路。诺贝尔经济学奖得主埃德蒙·费尔普斯在其著作《大繁荣》中指出：本土创新来源于人民的冒险精神和发挥创造力的愿望，它们一直深入到社会的草根阶层，并且有相应的制度使这种愿望得以实现，使人们能以这些冒险活动为生。

　　亚里士多德认为，美好生活总是意味着内心的状况，即人们在生活方式中寻求的精神状态。约翰·罗尔斯在其关于经济正义的权威著作的结尾处，非常清晰地描述了实用主义流派关于美好生活的理念——人们在职业生涯中通过发掘自己的天赋或能力获取知识，这是自我实现的本质。这种自我实现是每个人都具有的核心动力。这种自我实现的动力从草根阶层向上蔓延，成为遍布整个经济永不停歇的构想、实验和开拓精神，并且在幸运和智慧的帮助下最终完成创新，幻化成"大众创业、万众创新"现代价值观。当然，这种现代价值观驱动的草根创业，并非一窝蜂、同质化的行动，而是一种根据自己的内心需要所选择的独立人生、不受外部影响的权利。迈克尔·波特曾经说过，战略的意义就在于让你远离竞争，战略不是要你做得更好，而是要你做得不同。也就是说，让自己变得独特是通向成功的必要条件。为此，你首先要具有在主流观点之外洞察出别人未曾发现机会的能力；其次，你要形成个人核心竞争力，避免低层次的同质化竞争，使自己不可替代；再就是拒绝他人和大众给自己贴上标签，以更开放和自由的心态去发展自己；最后，由于不必迎合社会主流而节约了大量时间精力，可以专注做自己的事情。

2018年6月，中美贸易摩擦急剧升温，许多专家认为，中国的产业政策带来贸易条件的"不对等等于不公平"是这一次贸易战的核心。而这种"不对等等于不公平"与美方一再指责我国利用补贴等产业政策破坏全球贸易规则，以及创新、技术转让、知识产权等问题上的担忧紧密相关。这是极其荒谬的，孰不知美方所谓的中美相关产业政策的"不公平"正是缘于中美产业基础的"不对等"，毋庸置疑，要想加快消除这种基础上的"不对等"，只有通过加强知识产权保护和不断的技术创新。当然，对于发展初期的相关产业的技术补贴也是不可或缺的，这是技术追赶型经济体发展的必经之路。一个民族的繁荣取决于创新活动的广度和深度。复旦大学教授华民认为，要实现真正的创新，就必须解决三个问题：一是需要一个伟大的企业家阶层的崛起；二是需要划清政府与企业的边界；三是需要政府提供更加有利于创新企业成长的软环境。软环境是相对硬环境而言的一个概念，它是指物质条件以外的诸如政策、文化、制度、法律和思想观念等外部因素和条件的总和。其中法制环境是软环境建设的重要组成部分。2015年6月，国务院《关于大力推进"大众创业、万众创新"若干政策措施的意见》（以下简称《意见》）颁布实施，对"大众创业、万众创新"提供了许多政策支持。创新本来就是知识产权的题中应有之义，此次《意见》提出对创业进行知识产权保护，是我国知识产权保护的一大新亮点。这对适应广大人民群众新需求，促进我国经济新发展，推进我国社会治理能力新提升，适应国际形势新变化，都具有重大的现实意义。

"大众创业、万众创新"作为中国创新驱动战略、创建创新生态体系的重要战略部署，有利于增强创新驱动活力、拓宽创新渠道、优化创新环境、推动创新大众化、促进中小企业发展、优化产业结构等，这无疑是解决目前我国经济发展中创新技术受限和企业竞争不充分等问题的有效方式，鉴于此，应该充分利用和发挥好"大众创业、万众创新"政策，优化产业发展环境。其中要注意三个关键点：其一，"大众创业、万众创新"要注重坚持市场导向。"大众创业、万众创新"属于经济行为，必然要在发挥市场作用的基础上，加以政府的引导、支持来推动社会的创新与创业。对于新兴产业而言，在"大众创业、万众创新"政策实施过程中，只有坚持市场导向，才能更好地引导企业和个人在前沿领域创业，推动相关技术研发与应用，促进相关领域和环节企业的发展。其二，"大众创业、万众创新"政策要有足够的包容性和共享性。"大众创业、万众创新"政策应该有更高的视角和更宽的维度，局限于某个行业、区域、部门的政策必定会阻碍创新资源和人才队伍的科学流动，进而削弱创新创业发展的活力。相关产业发展所需要的创新资源和人力资源不是某个区域、更不是某个部门所能解决和满足的，只有实现了更大范围的创新资源和人才资源的自由流动、共享，才能最大限度满足产业市场发展的需求，才能具有强大的生产要素支撑。其三，"大众创业、万众创新"政策要形成完善的集成体系，而且这种政策应该是多元、多向度和立体化的，只有这样才能产生更强的聚集效能。局限于资金或技术研发等低维度政策的作用十分有限，对于新兴产业发展而言，资金支持、技术创新、知识产权、利益分配、创业成本、创新指导等都是不可或缺的。

☆ **目　录**
CONTENTS

<<<

导　论

　　知识产权对创新的保护不言而喻，知识产权保护的内涵就是对智力创新成果的保护。相比对创新的知识产权保护，加强创业知识产权保护是我国政府的新提法、新课题、新任务。对创业的知识产权保护则需从大众创业与万众创新的关系来理解。大众创业与万众创新是相互支撑和相互促进的关系。一方面，只有"大众"勇敢的创业，才能激发、带动和促进"万众"关注创新、思考创新和实践创新，也只有"大众"创业的市场主体才能创造更多的创新需求、创新投入和创新探索；另一方面，只有在"万众"创新的基础上才能有"大众"愿意创业、能够创业、能创成业。从某种意义上讲，只有包括"创新"的创业才算真正的创业。加强创业知识产权保护，实质上是要求全面构建促进大众创业、万众创新的良好知识产权保护软环境。

　　大力加强支撑"大众创业、万众创新"的知识产权保护软环境建设，将在有效激励大众创业、万众创新的同时，为我国创新驱动发展战略、知识产权强国战略的实施，构建广泛、坚实的群众基础，对有追求、有勇气的青年学生、科研人员和各类创业者实现自身的"中国梦"插上智慧的翅膀。同时，由于知识产权规则是市场经济国家的通行规则，中国的创业者如要走向世界，也必须依靠知识产权保护；同样，我国知识产权保护到位了，将吸引广大海外留学人员、国际知识精英与资本机构、研发机构到中国创业创新，对中国与世界创新资源的良性互动，对我国创业创新水平的全面提升，必将产生重大影响。此外，对适应广大人民群众新需求、促进我国经济新发展、推进我国社会治理能力新提升、适应国际形势新变化都具有重大的现实意义。

改革开放以来，我国制定实施了基本的知识产权法律，加入了世界知识产权组织及各项主要的多边知识产权条约。近年来，世界五大知识产权局，中、美、欧、日、韩知识产权局局长的多边会晤已经机制化。我国专利申请量、商标注册量已居世界第一，我国在国际知识产权领域的地位不断提升。我国知识产权行政保护、司法保护"两条途径、优势互补、有机衔接"的保护模式逐渐形成，知识产权保护力度与效果不断提升，得到了越来越多创新主体与创业者的认可。2014年，国务院明确提出实施知识产权强国战略，我国知识产权由大向强之程已经启航。2015年3月，《中共中央、国务院关于深化体制机制改革加快实施创新驱动发展战略的若干意见》中提出了30项措施，"实行严格的知识产权保护制度"为第一项。从中可见，党中央、国务院对加强知识产权保护的高度重视。而且，习近平总书记、李克强总理就加强知识产权保护，在不同场合多次提出明确要求，做出重要指示。我国政府加快知识产权法律、法规的修订完善，知识产权执法办案力度与效果进一步提升，加强知识产权运用与管理的举措也在不断推出。这些措施都为大众创业、万众创新构建了良好的法治环境、市场环境，提供了创业者亟需的公共产品与公共服务。但是，我国围绕创业的知识产权保护规则与机制仍存在以下问题：一是社会上对网络信息化时代知识产权保护问题的应对还没完全到位；二是对加强创业知识产权保护政策措施的落实，存在主动性与执行力度层层递减的现象；三是一些地方对政府加大打击知识产权侵权行为的执法力度，存在认识不清的问题；四是知识产权保护的便捷性、协调性还不够强。

当前提出大众创业、万众创新战略，短期看，将对稳增长、扩就业产生积极作用；长期看，将是激发亿万群众智慧和创造力的有力推手，也是促进社会纵向流动和公平正义的重大举措。只有加强知识产权保护，才能实现大众创业、万众创新的根本目标。李克强总理明确指出："打造大众创业、万众创新和增加公共产品、公共服务'双引擎'，推动发展调速不减势、量增质更优，实现中国经济提质增效升级。"大众创业、万众创新两者统一于创造力这一精神财富，而知识产权制度正是保护精神财富的基本制度，也是将创造力这一宝贵精神财富转化为巨大物质财富，将知识、智慧转化为有形财产的最重要的激励机制与法律保障。本选题切合我国加强知识产权保护的时代需求，可以及时和全面地吸收国内外相关理论研究和实践经验，有利于提升创业创新基础理论，对进一步完善支撑"大众创业、万众创新"的知识产权保护软环境建设具有重要的理论指导意义。

本研究首先采用实证研究方法，归纳总结我国围绕创业创新的知识产权保护规则与机制存在的各种问题，然后采用规范分析方法分析目前促进大众创业、万众创新的知识产权运用与保护政策的可适性，重点分析在推进有关法律法规的完善，加大对反复侵权、恶意侵权等行为的处罚力度，探索实施惩罚性赔偿制度等保护措施方面存在的问题和根源，最后提出加强创业知识产权保护的措施有序推进的资政建议。

本研究从"问题研究"的角度着眼于"对策研究"方面的主要问题，针对大众创业、万众创新中的知识产权保护需求与问题，重点研究如何加快知识产权政策完善进度，加大网络知识产权执法力度，切实维护创业创新者权益，为大众创业、万众创新营造更加良好的知识产权保护软环境，提升广大创业者的知识产权维权能力，为将创业者的才智转化为经济利益提供重要的体制机制支撑，加快实现我国经济的提质、增效和升级。

本书围绕"大众创业、万众创新"的知识产权保护软环境建设从"实证考察"和"理论问题"两大方面展开研究。"实证考察"是从"实然事实"切入，"理论问题"研究是在"实然"基础上展开的对"大众创业、万众创新"软环境建设的全方位描述和阐释。知识产权保护涉及立法保护、行政保护和司法保护。本书立足我国知识产权保护的现实状况，分析问题，找准对策，重点围绕深入实施知识产权战略，进一步完善知识产权法律制度，深化知识产权领域改革，营造激励创新的知识产权保护环境，推进知识产权信用体系建设有针对性地提出政策建议。

第一章

"大众创业、万众创新"的内涵

　　近年来，如何促进创新以及激发创业已经成为全球关注的焦点。2007年1月10~11日，一年一度的全球创业观察（Global Entrepreneurship Monitor：GEM）年度会议在伦敦召开，包括经济合作组织在内的20多个国家和地区的代表参加了会议。GEM研究项目是1999年在美国考夫曼基金的赞助下，由美国巴布森学院和英国伦敦商学院的学者发起和成立的。研究的根本目的是回答以下广受关注的问题：创业活动在不同的国家和地区之间是否存在差别？创业活动与国民经济的增长是否有因果关系？为什么有些国家的创业活动率比其他国家的高？采取哪些措施可以提高创业活动率？

　　GEM自1999年成立以来，对创业研究和创业活动产生了重要而深刻的影响，得到了政府官员、专家学者和创业者的广泛认可。参加该研究项目的成员也已经由发起时的10个国家增加到了2006年的47个国家和地区。清华大学"中国创业研究中心"自2002年起开始参加GEM的中国研究，并取得了相应的研究成果，中国台湾和香港也分别参与了该项研究活动。

　　那么，什么是创业呢？尽管很难取得统一的定义，但一般认为创业是一个发现和利用机会、筹措资源、创建组织、创造价值和分配价值的过程。创业成功的直接结果是一个有竞争力的企业的诞生和成长，间接结果是创造就业机会、增加居民消费和企业的设备投资、促进资源的合理配置，从而促进宏观经济的增长。这种宏观经济增长可能起源于实际生产能力向潜在生产能力的靠近，也可能是起源于生产可能性曲线的外延。正因如此，各国政府——无论是发达国家还是发展中国家都越来越重视对创业活动的支持。

下文将通过一些具体事例，说明企业家的创业活动在提高国家形象、构建和谐社会和增加就业等方面的积极作用，希望更多的人能够理解创业、支持创业、容忍创业者的合理失败，并能够在条件成熟时自己创业。

世界不平

美国记者托马斯·弗里德曼的《世界是平的》曾经畅销世界。书中指出随着软件的不断创新和网络的普及，世界各地的人们都可以通过因特网轻松实现自己的社会分工；肤色或东西文化差异不再是合作或竞争的障碍——世界变得越来越平坦了。世界真的变平了吗？当我们看到载有战斗机的美国航空母舰在世界各地游弋，萨达姆在自己的国家被处以绞刑，弱小国家的代表在联合国大会上抗议本国利益受到伤害时，我们必须承认：世界不是平的，至少在政治领域是这样。当美国政治领袖依据美国的价值观标准，觉得本国利益受到侵害时，他们的总统会在白宫向世界宣布：派一艘航空母舰去解决；而在同样的情况下，弱小国家只能依靠包括联合国在内的第三方组织去解决问题——他们的命运不是由正义决定的，而是其他国家政治博弈的结果。

以上事实再一次向我们证明：弱国无外交。那么决定一个国家强弱的根本要素是什么呢？日本明治维新的经验表明是经济实力。那么又是什么原因决定了一个国家的经济实力呢？答案可能很多，但是已经趋同的学术观点是：决定一个国家经济实力的直接要素是企业家的创业活动，包括政府在内的其他要素只能通过企业家的创业活动才能间接地影响国家的经济实力，由此可见企业家的创业活动是何等的重要。

改变中国

也许世界上可能有很多人不知道东京是日本的首都，可是很少有人不知道松下和索尼是日本公司。这种说法可能有些言过其实，但这至少表明了松下和索尼对提高日本国际形象的巨大作用。但是，根据美日两国学者共著的《创业与冒险》的记载，20世纪50年代的"日本制造"还是质低价廉的代名词。1953年盛田昭夫为了打开国际市场，第一次到美国、欧洲等地参观考察，当他偶尔在德国杜赛尔多夫的一家餐馆吃冰淇淋时，看到桌子上插着一把只有手指大小的小纸伞当作装饰。"这可是贵国生产的啊！"侍者有礼貌地介绍说，但话语中却带有一丝不屑。说者无意，听者有心，饱受大和文化熏陶的盛田觉得自己的心被别人用针刺了一样的痛："难道日本只能生产出口这些廉价商品吗？"经过盛田昭夫、松下幸之助、本田宗一郎等一代创业者的努力，日本企业彻底改变了本国在世界上的形象，"Made in Japan"不再意味着劣质、低能，而成为高科技、高品质的象征。盛田昭夫和政治家石原慎太郎在1989年共著的《日本可以说不：日美关系新战略》中，向美国和世界宣称：如果美国不用日本企业生产的芯片，它的导弹就不能准确地命中目标！

令人欣慰的是，同样的事情正在中国企业重演，我们有理由相信中国的崛起正从屏幕走向现实。

2001年4月5日，位于美国东南部的南卡罗来纳州加姆登市市长宣布将纵贯市内的一条大街更名为"海尔街"，用以表彰中国家电企业海尔集团对该市经济发展做出的贡献。

2004年12月8日，联想集团以12.5亿美元收购蓝色巨人IBM个人电脑事业部，成为年收入超百亿元的世界第三大PC厂商，并宣布将公司总部迁至美国纽约。尽管对于事件的结果众说纷纭，但是我相信绝大多数中国人感到的是前所未有的自豪和骄傲，就像1984年徐海峰在洛杉矶奥运会上第一次拿到金牌，掀开中国奥运史新篇章一样。我们感觉到中国人站起来了。

2006年9月12日，东软集团董事长兼CEO刘积仁继同年度6月在美国芝加哥的世界经营者大会发表演讲后，再度出席纽约举行的世界经营者大会，与美国前总统克林顿、前国务卿鲍威尔、美国GE公司前CEO杰克·韦尔奇、日本著名战略家大前研一等11位影响世界潮流的政治家和企业家同台演讲，与6000多名来自美国企业界的高级管理者分享创业型公司生存与发展的智慧和创新。刘积仁在一年内两次被邀请出席如此规格的高峰会议，表明中国企业正在得到美国企业界的关注，中国企业在经济全球化的过程中与世界的联系越来越紧密。

2013年华为不断突破边界，从一家名不见经传的公司成长为中国乃至世界的数字底座，成为全球领先的信息与通信解决方案供应商，实现销售收入人民币239，025百万元，同比增长8.5%。从最初的几十人团队到15万大军，如今华为已经凭实力超过爱立信成为全球通信产业龙头。华为的营收，七成来自海外，比联想集团的四点二成要高，全球超过20亿人每天使用华为的设备通信，也就是说，全世界有三分之一的人口在使用华为的服务。它的技术研发能力，也超越一般人对中国企业的想象。华为拥有3万项专利技术，其中有四成是国际标准组织或欧美国家的专利。

正像松下电器、索尼、本田、丰田等企业彻底改变了日本的国际形象，使其成为第二大经济强国一样，海尔、联想、东软、华为等企业也正在改变中国在国际经济大家庭中的形象和地位：美国地摊小贩的休闲鞋可能是中国制造的，但是美国人家中的电器、美国人所使用的电子设备和软件同样可能是"Made in China"。

张维迎教授曾经对《权衡》发表了自己的如下看法：从制度变革的角度看，是改革开放改变了中国；从"英雄创造历史"或"历史创造英雄"的角度看，是邓小平改变了中国；从社会人力资源的配置变化来讲，是企业家的出现和成长改变了中国。也可以说：企业家的出现和成长同时改变了中国在世界的形象和地位。

为富而仁

市场追求效率，政府讲究公平，为富而有德者献身于社会公益。电影《白毛女》中的恶霸地主黄世仁为富不仁，在除夕之夜强迫杨白劳卖女顶债，逼死杨白劳。这个故事也许是真实的，但是我们绝不应该因此就把为富和不仁联系起来。"仓廪实而知礼节，衣食足而知荣辱。"从现实中看，正是那些创造了社会财富的企业家更有实施为富而仁的可能性和条件。企业伦理学专家、中山大学管理学院博士生导师李非教授曾经半开玩笑地说："30年后大连最有道德的人就是本地最大的企业家。"

2006年4月11日，《胡润2006中国慈善家排行榜》在北京公布，年过八旬的深圳彭年酒店掌门人余彭年老先生以20亿元的捐赠位列第一。与以往相比，2006年的慈善家排行榜从50位扩大到了100位，榜上前50位企业家从2003年至今累计捐赠近51亿元，比2005年的13.5亿元翻了近4倍。从地域分布来看，出生在浙江的企业家所占比例最大，其次是广东，上海和江苏平分秋色。也就是说，那些处于经济最发达地区，创业最成功的企业家也往往是最大的慈善家。

事实也确实如此，2006年6月15日，微软公司正式对外宣布，从2008年7月开始，公司董事长比尔·盖茨将不再负责公司的日常管理，而将精力放在比尔及美琳达·盖茨基金会的慈善事业上。盖茨许诺，将把自己大部分的个人财富捐给他的基金会，用于资助贫困国家的卫生与教育事业，而他的3个孩子只能从父亲500亿美元的身家中，得到几百万美元的遗产。拥有291亿美元资金的比尔及美琳达·盖茨基金会，是目前全球最大的慈善机构。截至2005年，这家机构已向第三世界国家捐助了105亿美元，挽救了至少67万人的生命，捐款数额甚至超过了世界卫生组织。2006年8月16日，负责与中国政府会谈的盖茨基金会官员卡梅·伯茨证实，微软公司总裁盖茨所拥有的比尔·盖茨夫妇基金会即将与中国就预防艾滋病问题达成一项协议。按照协议，盖茨基金会将在5年期间向中国提供两亿美元左右的援助。

上面的事例也许离我们的现实生活远了些。实际上在我们身边，为富而仁的企业家也不在少数。作为一家房地产企业的老总，沈阳振浩集团董事长宋宝全先生和他的员工们已经连续6年在做同一件事：每年建一所希望小学。从2001年法库县侯三家子村的第一所希望小学，到2006年在西藏那曲建立的第六所希望小学，宋宝全先生和他的员工在朝阳县南营子、沈阳沈北新区蒲河镇、康平县东升乡等地出资兴建的希望小学陆续建成。6年来，宋宝全先生领导下的振浩集团已经累计捐资达200多万元。宋宝全先生的无私善举感动了许多素不相识的人们。2004年的一天，他收到了一笔匿名捐款16万元，捐款人委托他把这些钱用于建设下一所希望小学，因为"我只相信宋先生。"

提供就业

企业家的成功创业，不仅增加了中国的信心，改变了世界对中国的看法，使创业者得到了应有的回报，而且为解决就业问题做出了巨大贡献。

　　无论起因如何，大学生就业难已经成为不争的事实。由共青团中央学校部、北京大学公共政策研究所合作完成的"2006年中国大学生就业状况调查"的调查结果显示，截至2006年5月底，2006届本科毕业生中已签约和已有意向但未签约的占49.81%，不想马上就业的占15.02%，而想工作却没有找到工作的比例高达27.25%。换句话说，至少每4个大学生中就有一个面临毕业后失业的问题。作为比较，2004年日本应届大学生的就职率为93%。

　　那么有谁能够为大学生提供更多的就业机会呢？政府机关、学术机构还是产业界？答案是企业，特别是中小企业。只有诞生更多的有成长潜力的企业才能从根本上解决大学生的就业问题。美国的研究表明，在提供就业机会方面，人数在500人以下的中小企业比那些入选《财富》500强的大企业更能发挥作用。比如，自1980年以来，美国已经创造了3400多万个新的就业机会，但是《财富》500强企业同期却减少了500多万个就业岗位。那么是谁创造了这些新的就业机会呢？美国促进小企业管理局的统计表明：是500人以下的中小企业提供了上述就业机会。

　　同样的事实在包括中国在内的其他国家同样存在。北京市统计局的统计结果表明，2004年年底，全市中小企业从业人员484.7万人，占全市企业从业人员总数的81.3%。其中7个区县中小企业从业人员超过90%。中华英才网的统计表明，"招聘企业里面95%是中小企业，其中，100人以下的估计有70%至80%，只有5%是超过1000人的大企业。根据目前掌握的情况，应届毕业生有400多万人，而大企业总的需求人数还解决不了毕业生总数的10%。因此说中小企业将提供九成以上的就业机会。"

　　除了提供就业机会以外，中小企业在实施破坏性创新方面也要优于大企业。从统计结果来看，第二次世界大战以后，美国所有创新的50%，破坏性创新（disruptive innovation）的95%是通过中小企业实现的；我国原科技部部长徐冠华在2006年的一份报告中指出，中国65%的发明专利是由中小企业取得的，80%的新产品是由中小企业创造的。

　　早在1945年11月16日，当时的波士顿联邦银行总裁拉尔夫·弗兰德斯在芝加哥召开的全美证券业协会上就指出：只有在自由体制下不断诞生的创业企业才能保证美国的产业发展、美国的就业增加和美国国民生活水平的提高。我们不能单纯依靠大企业的成长来保证上述事实的发生。在哈佛大学商学院教授乔治·多里特的帮助下，拉尔夫·弗兰德斯等人于1945年共同设立了世界上第一家以向创业企业提供资金为主业的创业投资公司——美国研究与发展公司（American Researching and Development）。

积极创业，通过资产兴业达到富国强兵的发展模式，已经被日本的明治维新所证明。为了中国的富国强邦之梦，我们希望更多的人能够理解创业、支持创业、容忍创业者的合理失败，并能够在条件成熟时自己创业，让理想与现实重叠。

第一节　创业过程与管理

一、创业过程——对能力极限的考验

创业过程一般是指发现和利用商机，筹措资源，组建团队，设立组织，创造和分配价值的过程，其核心目的是把无形的商机转化成能够带来经济效益的有形产品或服务，资源、团队和组织是实现核心目的的投入品，价值分配则是调节利益相关者之间的激励机制。下面我们以乔赢设立红高粱快餐店为例，对创业过程以及涉及的关键要点进行分析。

1995年乔赢设立的红高粱快餐店曾因挑战麦当劳尔获得巨大成功，CNN和CCTV都对创始人乔赢有过专访，美国连锁协会会长苏珊女士也曾在内贸部官员的陪同下，考察北京红高粱3天。后因资金紧张企业非法集资，2000年乔赢被捕并获刑，2003年出狱后进行二次创业。昙花一现的红高粱是短暂的，但是具有很强的代表性，较好地反映了创业的一般过程及可能遇到的问题。

机会识别

1988年，乔赢在解放军信息工程学院做哲学教官时，有个学生问他，中国为什么没有像麦当劳那样的快餐？为了找到答案，乔赢开始投入大量的时间和精力研究麦当劳和有关快餐业的专业书籍，包括《麦当劳成功经营之道》。通过自己的研读和与学生的讨论，乔赢得到了意外的收获：快餐是一个非常大的产业，是现代文明的生活方式，随着中国改革开放步伐的加快，随着城市化和现代文明的到来，这种全新的快餐方式，必将大行其道，成为中国未来最赚钱的行业之一。于是他决定创办快餐企业。

决定创业以后，乔赢开始有意识地多接触一些生意人或经营方面的事情，以弥补自己在这方面的不足。从1989年开始，他开始做兼职代理，领会了"请吃请喝，信息特多，一到关键，啥都不说"的商场规则，懂得了"从简入手，切忌贪多、贪大、贪快"的赚钱法则。之后，乔赢又利用假期去广州考察餐饮经营，承包朋友的酒店，以致出任郑州有名的亚细亚大酒店副总经理。经过几年的实战准备，乔赢不但懂得了人在社会中的生存法则，而且对餐饮业的方方面面都有了较全面的理解和自己的看法。更为重要的是：他在餐饮业有了自己的人脉关系，悟出了"你想成为名人，你就要多读名人的书，多交名人朋友"的含义。

创办企业

1994年年初，乔赢为了创办自己的快餐店——红高粱，辞去总经理的职务，进京实地考察麦当劳。半年后，他带着红高粱的创业计划书回到郑州，开始了选址、筹资、组建团队的工作。广泛的人脉关系和详细可行的商业计划书使他很快找到了开办快餐的最佳地点、所需的40万资金和优秀的团队，其中包括有30多年实战经验，并且是河南羊肉烩面配方持有人的专业人士。

1995年4月15日，郑州红高粱正式开业，取得了预想以外的成功。第一天的营业额为6600元，超出了当初预测值6000元，为全天准备的材料在仅仅3个小时内销售一空。第一个月的营业额为24万，第二个月则猛增至68万元，远远超出了1.2万元的预测。在高峰期，顾客要排队等候15分钟~20分钟。

巨大的成功使乔赢决定提前实施进军北京的计划。1996年2月16日，位于王府井麦当劳旁边的红高粱正式开业，在"红高粱挑战麦当劳"的宣传下，日销售额很快达到了3.5万元。红高粱在郑州和北京的成功使乔赢相信：自己的快餐店有很大的发展潜力。

成长管理

1996年6月，乔赢与另一家公司合作，决定在全国发展20家分店。为此，乔赢投入了所有的资金，预付了400多万的租金押金。但是在约定的时间内，合作伙伴没能按照合同规定投入2000万元的资金，致使红高粱陷入了骑虎难下的境地：如果不继续投入资金，则先期投入的押金等付诸东流。在一些投资机构相续拒绝入资后，乔赢不得以向员工和一般市民集资，于是红高粱开始在薄冰上快速成长。1998年，红高粱已经步履蹒跚，负债上千万元，由于无法按期还款，1999年年初，乔赢被告上法庭，2000年被正式逮捕。红高粱的快速成长期很短，甚至可以说刚开始就因为遇到了典型的资金问题而结束了。

挑战极限

创业过程是一个从无到有、从混沌到清晰的过程，充满了各种风险和不确定性。正像上述案例所描述的那样，这个过程一般可以分为机会识别、新企业创立和成长管理三个时期。寻找和提炼商机是创业的开始。所谓商机，即没有被满足的市场需求或没有被充分利用的资源，前者称为机会驱动型商机，目前大多数的创业都是基于此种类型；后者称为资源驱动型商机，比如柳传志当年创办联想时并没有明确的商机，只是因为中科院的计算技术研究所冗员过多，而且又面临科研体制的改革，所长曾茂朝请他利用中科院的金字招牌、优秀的科研人员和众多的科研成果在市场中创出一片天地，所以才有最初卖旱冰鞋和电子表的故事。但是商机与科研成果不同，基于商机的产品或服务一定要有市场，而且能够获得财务上的回报，而不单单是技术上的先进性。对商机进行分析的重点是盈利模式，即（1）自己要服务的对象是谁？（2）自己要为这个顾客群提供什么？（3）如何针对已经瞄准的顾客及其特定的需求提供足够好的商品或服务？（4）如何在上述活动中获得回报？

上述问题有了清晰或较为清晰的答案以后，创业者开始筹备设立企业，包括积攒经验、撰写完整的商业计划书、筹措资金、招募创业团队与核心员工等。是否愿意为自己的信念承担风险、能否将设想付诸实践是区别创业者与空想者的试金石。可以说遇到或想到同样商机的人可能很多，但是肯为其付出时间和精力，最终将其转化为有形产品的人却不多，乔赢是其中的一个。

在一切准备就绪以后，新创企业就像一艘离开港口的小船，开始迎接市场风暴中的惊涛骇浪。如何选择航线、采用什么样的方法应对各种危机成为不可回避的挑战。针对新创企业而言，常见的危机主要包括：管理危机、人才危机、技术危机和财务危机。随着企业的快速成长，其规模不断扩大，原有的创业者及其团队应该从事必躬亲逐步转为合理的授权与监督，并开始建章立制，完善组织结构，但是不能适时改变管理模式的新创企业不在少数，形成侏儒式管理，最后导致企业危机。同样，无法培养或招聘到与组织规模相适应的各种人才、由于路经依存而使企业技术无法适应市场的变化、无法筹措到企业快速成长所需的资金等同样是新创企业的致命软肋。

尤其是在我国，设立初期的中小企业普遍存在着资金不足的现象，而此时的企业既无资产又无足够的正现金流，因此既不适合于信贷融资，也无资格进行公募股权融资，只能选择私募股权融资——即接受创业投资。但是由于缺乏有效的退出机制和相应的法律法规，我国的创业投资产业发展缓慢。在上述案例中，除了本身问题以外，当时严重滞后的资本市场是迫使红高粱非法集资的主要原因之一。

如果企业顺利地克服了上述危机，那么它的核心产品会逐步在市场上占有较大的份额，正的现金流会越来越多，这意味着企业终于渡过了危机丛生的快速成长期，开始进入了成熟期。

创业过程是一个动态的创新过程，它需要投入相当的精力与热情来进行创新并实施新的构想和新的解决办法。创业者要承担各种风险——时间、资本和职业；要向自己的能力极限挑战：成立一个高效的风险团队、整合所需资源、制定一份可信的商业计划书、学会远见卓识，能够在别人认为是混乱、矛盾和迷惑的地方发现和创造机遇。

二、商业机会的评价——富金矿与热山芋

商业机会来源于没有被满足的市场需求或没有被充分利用的资源或能力。也就是说商业机会可以是需求拉动型的，也可以是资源推动型的，这些资源包括没有找准市场需求的发明创造等。商业机会的选择非常重要，因为

拥有良好技术与市场空间的商业机会可以吸引最优秀的创业团队，进而获得发展中所需要的包括资金在内的各种资源，最终使创业者获得事业和人生的成功。但是如果选择了错误的商业机会，创业者可能在持续几年的高强度工作之后仍然一无所获，甚至因为每天十几个小时的工作和推托不掉的各种应酬而失去了健康。

那么如何评价商业机会的好坏呢？如何判断你所选择的商业机会是给你带来财富与成功的金矿，还是烫手的热山芋呢？

蒂蒙斯评价体系

杰弗里·蒂蒙斯（Jeffry A. Timmons）是美国富兰克林·欧林创业学杰出教授与百森商学院普来兹–百森商学院伙伴项目主任，是全美公认的创业管理学研究第一人，他于1974年在美国出版了第一部《创业学》教科书，以后多次再版，并被翻译成多种文字。2005年由周伟民等将该书的第六版翻译成中文，并由人民邮电出版社出版发行。《创业学》的第三章详细列出了蒂蒙斯商业机会评价体系，本文以此为据，进行简要的介绍和分析。有必要说明的是，该框架虽然是在美国的制度背景下形成的，但是框架中所选用的指标体系是完全适用于中国的，至于每个指标的具体标准，则会随着国家背景的不同而有一定的变化。

蒂蒙斯评价体系共涉及8大类53项指标，它的基本逻辑是：首先商业机会所在的行业要有足够大的市场，然后是行业整体赢利水平要高；其次是依据该商业机会创建的企业在行业内要有竞争优势；最后是要有一个优秀的创业团队能够将上述的潜在优势转变成现实的竞争力和经济效益。

第一类指标主要考察行业和市场状况，涉及市场结构、市场规模、成长率和可获得的市场份额等指标。这里的市场结构主要指竞争者的数量、规模、进入销售渠道的容易程度等。那些高度垄断或高度竞争、处于成熟期或衰退期的行业是典型的没有吸引力的行业。有吸引力的商业机会应该是向大规模和成长型的市场销售产品。因为这样大的市场规模意味着即使只抓住了5%的市场份额，就可以达到相当可观的销售额，而且不会因此威胁到其他竞争者。如果市场规模在不断增加，这意味着你与竞争者在进行增量竞争，而不是分享他的囊中之物，因此也不容易引发竞争者的报复行为。最后是可能获得的市场份额，美国的创业投资家认为，无论市场规模如何大，成为市场大份额的占有者，即至少获得20%的份额对衡量商业机会的质量是很重要的。

第二类指标主要关心商业机会的盈利性，包括毛利率、税后利润率、投资收益率、内部收益率、资金需求量、达到盈亏平衡点和正的现金流所需要的时间等。如果单纯从投资者的角度来看，当然是潜在的盈利性越高，则商业机会越有吸引力。按照蒂蒙斯的观点，一个被美国创业投资家看好的商业机会的毛利率应该在40%以上，税后利润率、投资收益率、内部收益率则分别在15%、25%、25%以上。另外，所需资金越少越好，同时达到盈亏平衡点和正的现金流的时间则最好在3年以下。

第三类指标是关于如何回收投资资金的，涉及该商业机会的战略重要性、资金退出机制的有无、退出时的公司价值、资本市场环境等。对于外部的投资者而言，其投资的主要目的是获得收益，而且这种收益通常是通过资本利得，而不是股票分红的方式实现的。假设投资者以每股1元的价格购入创业企业的5000股，那么他会希望以尽可能高的价格售出股票，从而实现投资收益。依照赢利性的大小，售出股票的方式（也就是资金的退出机制）有企业上市、被其他公司出于战略和/或财务目的并购、转售给其他投资者、被公司以事先商定的价格回收、最后是破产清算。在这些退出方式中，影响股票价格的因素除了企业自身的经营状况和战略重要性以外，还有外部资本市场的状况，在其他条件相同的情况下，牛市行情时企业的价值会比熊市时高出很多。

第四类指标主要考虑竞争优势的问题，主要包括成本、对供应商和分销商等的控制程度、是否具有对其他潜在竞争者的进入壁垒等。真正有吸引力的商业机会应该有潜力成为低成本的产品或服务的提供者，而且对原材料的价格、自身产品的价格和分销渠道有较高的控制能力。假如创业企业拥有对产品关键部件的独家采购权，那么即使在其他方面较弱，它仍可以获得对市场的主导地位。一般来说，这种带来垄断优势的控制力主要来源于法律或合同方面的保护，也可能来源于创业者或团队的社会网络或关系，这些因素形成了潜在竞争者的进入壁垒。

第五类指标是关于创业者和创业团队的，主要从行业和管理经验的有无、成员之间在能力、性格和其他方面是否互补、是否有良好的职业道德和声誉、是否对自己的优缺点有明确的认识以及抗压能力等。尽管创业团队和商业机会是两个没有交集的概念，但是如果从外部投资者的角度来看，创业团队是评价商业机会时的一个重要组成部分，因为无论商业机会本身如何具有投资潜力，如果没有一个合适的团队是实施它，则商业机会永远不会转化成现实的经济效益。所以创业投资家会通过团队成员的教育和工作履历、面谈、咨询以前的同事或领导等方式判断他们能够胜任。值得关注的是，无论是国内还是国外的投资者都非常关心创业者和团队成员的人品，他们会非常挑剔地选择德才兼备的创业者。

以上是评价商业机会的一些主要指标，除此之外还包括战略差异性、致命缺陷的有无等。毫无疑问，商业机会的评价在创业过程中非常重要，那么商业机会又来自何处呢？

三、商业机会的来源与识别

美国哥伦比亚大学副教授Rita McGrath 等在 The Entrepreneurial Mindset 一书中提出了如何发现和创造商业机会的几种方法，其核心观点包括细分现有商品功能、重新划分细分市场等，书中所提的观点与W. 钱·金在《蓝海战略》中的观点与许多相同之处。在《蓝海战略》中，作者提出了6种创造蓝海——也可以说是发现商业机会的方法。其中包括跨越他择产业、跨越战略集团、跨越买方链、跨越互补性产品和服务项目、跨越针对买方的功能与情感导向和跨业时间等。

他择品指目的相同而功能和形式不同的产品和服务，如果能够把这两种产品或服务的主要元素进一步细分，然后再有效地结合起来，就等于创造了一个新的商业机会。比如商务人士出差时可选用的飞机主要有公司自备飞机和航空公司的商务飞机，自备飞机的优点是节省时间，但缺点是购入和保养费用太高；与此相比商务飞机的特点是费时经济。那么能否开发出一种既相对经济而又节省时间的服务呢？书中所举的NetJets公司发现了这个没有被满足的市场需求，经过反复论证和评估后，公司提出每16家公司共同拥有一架飞机，换句话说，只要客户支付37.5万美元的首付后，可以拥有一架价值600万美元的飞机的一股，可以享有年间50小时的飞行时段，如果碰巧多个客户在同一时间需要服务的话，NetJets公司可以通过租用飞机满足客户要求。通过对主要元素的重新排列组合，NetJets公司创造了新的商业机会，并且得到了迅速发展。跨越战略集团的方法与上述相似，不过其着眼点不是不同产业之间，而是同一产业的高端、中端和低端产品，通过细分产品或服务的主要元素，然后进行重新排列组合，从而发现新的商业机会。至于其他4种方式，《蓝海战略》也都做了详细的分析，感兴趣的读者可以查看原著。

商业机会的识别包括3个过程，即感知、发现和创造。感知是指感觉到或认识到未被满足的市场需求和/或未得到充分利用的资源。发现是指挖掘资源等来满足已经发现的市场需求或找到充分利用资源的机会。创造是指实现需求和资源间的独特配合，而且在商业上可行，也就是说有利可图。

商业机会是客观存在的，为什么是某些人而不是另外一些人发现和利用了它们呢？这是因为创业机会的识别、评价和利用因创业者个人的性格、能力和资源不同而各异。一般而言，创业者的工作经验、管理经验、以前的创业经历、教育背景、家庭状况以及所在区域的价值观等会在很大程度上影响商业机会的识别和利用能力。

商业机会的识别与评价是创业过程的起点，也是最关键的一部，选择了一个好的商业机会等于创业成功了一半。

四、新创企业的资金需求与预测

一些新创企业虽然盈利，但是由于无法在合适的时间筹措到必要的资金而倒闭的现象被国内外的研究者所证实，所以说包括资金在内的财务预测对创业者而言是必不可少的"家庭作业"。合理的财务预测不但可以未雨绸缪，防止新创企业陷于现金危机，而且可以增加企业的价值，使创业者以较小的成本（包括资金成本和对企业的控制权）获得企业发展所必需的资金。具体而言，财务预测的意义可以概括为以下5点：（1）对每个时点的资金需求量做到心中有数；（2）可以进一步计算企业在某一时点的价值；（3）从多个备选的发展战略中选出最优（根据创业者所得价值最大原则）；（4）缓解创业者和外部投资者之间的信息不对称；（5）作为新创企业的标杆，为创业者发现企业在实际运行中存在的问题提供线索。

企业现金流循环

企业可以被看作是把今天的投入——原材料、产房设备、员工——转化为明天的产出——产品或服务——的黑匣子。在这个过程中，创业者发挥自己的才能和智慧、利用企业这个特殊的制度安排，尽可能多地以较少的现金支出换来最大的现金收入，这个投入产出比反映了企业的运行效率，也同时决定了在市场竞争中的胜败。

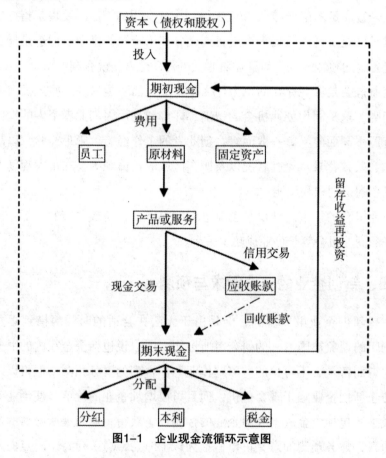

图1-1　企业现金流循环示意图

现金在企业中的循环模式大致相同，如图1-1所示。企业在设立之初，利用通过股权或债权筹措到的现金购买各种资源（主要包括原材料、厂房设备等固定资产和雇佣员工），然后组织生产。企业生产出来的产品或服务通过现金或信用方式卖给顾客，货款回收后，企业将期末现金用于支付股东红利、对债务的还本付息和交税，并将剩下的资金转为留存收益用于再投资。针对企业的现金流问题，本图中有两点值得注意：其一是不同的售货方式对企业利润和现金流的影响；其二是不同的筹资方式对现金流的影响。对于企业的利润而言，现金销售和信用销售没有区别，也就是说在实现销售的同时，即可作为计算当期利润的数据予以使用；而对于现金流而言，当期不能回收的应收账款坚决不能作为现金流入予以使用。这种不同的处理方式可以部分地解释为什么当期利润与现金流在数值上不相等，为什么看起来盈利的企业会因为现金断流而破产。

在对期末现金的分配上，针对股权融资部分，企业可以根据实际情况决定是否分红和分红的比例；但是对债权融资部分，企业通常必须支付当期利息和到期的本金，这意味着有一部分现金要流出企业，对于视现金如命的新创企业而言这是一种无奈的选择，因为它增加了企业外部融资的频度和数量，从这个角度看，如果可能的话，新创企业应该尽可能通过股权融资获得初始资金。

决定资金需求量的要素

通过第一部分的分析可以得知，新创企业的销售方式和融资方式能够通过现金流量影响企业的资金需求量。实际上除此之外，还有一些其他重要因素影响着企业对资金的需求量。

最小效率规模。不同产业所属的新创企业对资金的需求量是不同的。为了达到规模效益，企业通常要从长远的角度决定初期的投资额。经济学上的规模经济指随着单位时间内产量的增加，产品的长期平均费用在一定范围内递减的现象。假设图1-2是某个厂商的长期平均费用曲线。该图表示随着产量的增加，企业的长期平均费用处于递减的趋势，而且当产量在Q和W之间时长期平均费用最低，然后又是一个上升的趋势。

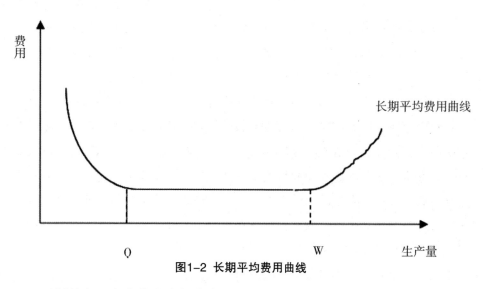

图1-2 长期平均费用曲线

无须赘言，在竞争的市场条件下，企业必须将生产能力设计在Q和W之间，其中Q点就是该行业的最小效率规模所需要的产量。新创企业为了能在竞争中生存，至少要筹措到能够使企业在Q点上进行生产的所需资金。通常而言，不同产业达到最小效率规模所需的产量是不同的，比如房地产业、石油精炼产业、汽车产业等典型的资金密集型产业，相对于咨询服务业而言，这些产业的新创企业在决定开始投产前需要巨额的资金。

如果新创企业所提供的产品在市场没有竞争对手，则企业要达到最小效率规模的重要性会降低，对资金的需求也会相应地减少。有的时候，新创企业在正式投产以前要进行一段时间的研究、开发，对于这类企业而言，设备投资所需的资金也许并不多，但是由于研发的不确定性，因此通常很难计算最小效率规模所需要的产量。当然，缺乏资金支持的创业者对资金密集型产业的创业和需要大量前途未卜的研发的创业可能有着本能的反感。

利润率。在其他条件相同的情况下，利润率越高，企业对外部资金的需求越少。这是因为高利润率意味着在销售额相同的情况下，企业可以得到更多的利润（具体情况参见下文）。而当折旧、运营资本相同的情况下，更多的利润意味着更多的现金流入，在企业对资金需求总量不变的条件下，这些内源性融资可以替代对外部资金的需求。

运营资金。即使企业的利润率很高，如果运营资金管理不当，企业反而可能增加对外部融资的依赖程度。如上所述，内源性融资主要来源于当期可以自由支配的现金流，而企业的现金流等于当期税后利润减去当期纯运营资金（流动资产与流动负债的差）与当期净投资（固定资产投资额减去折旧）之和，因为由于政策规定等原因，净投资可变动的范围有限，所以内源性融资的大小主要取决于当期利润和纯运营资金。

那么，运营资金又是由哪些因素决定的呢？图1-3是一张简化了的运营资金关系图，它表明了应收账款、库存等流动资产是如何与应付账款、应付工资等流动负债共同影响企业运营资金的。如上所述，纯运营资金等于流动资产与流动负债的差额，而当这个差额为正时，意味着企业的现金流在减少，也就是说，企业应该从外面筹资了。

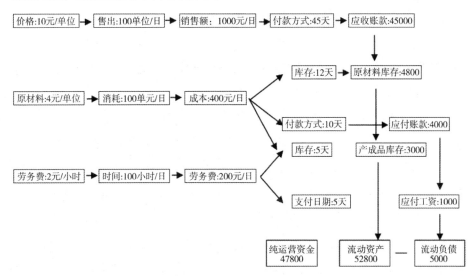

图1-3 企业运营资金关系图

因此企业在实际的运行中，应该努力减少流动资产，而增加流动负债。直接的手段就是增加应付款项，减少应收款项，这涉及原材料的付款方式、库存政策、销售政策等。但是通常而言，新创企业在这方面的谈判能力是有限的，从而只能遵守行业的既定习俗，甚至为了建立关系不得不制订出有利于对方的政策。但是无论如何，创业者应该认识到营运资金政策直接影响着企业对外部资金的需求量。

销售增长率。当一部分新创企业为打不开市场而苦恼时，那些在市场上高歌猛进的企业往往为筹措不到资金而坐卧不安。因为销售额的增加意味着企业需要投入更多的原材料、准备更多的库存，进行更大规模的设备投资。从上面的公式可知，当企业维持运营资金政策不变时，流动资产和流动负债的成倍增加会使纯运营资金相应地成倍增加，从而使企业的现金流减少，大规模的设备投资会进一步加剧这种趋势。

资金需求量的预测

上面我们定性地研究了影响企业资金需求量的几个重要因素。那么究竟如何预测新创企业在某个时点的资金需求量呢？这项工作需要通过编制财务预测表，特别是企业的现金预算表来完成。尽管计算内容繁多复杂，但是总的原则是期初可供使用的现金（期初现金余额与现金销售收入之和）减去当期各项现金支出之和，即为现金余额，如果这个余额为负，则意味着需要从外部筹措相应数量的资金，现金余额与外部筹措资金之和为当期期末现金余额，也就是次期期初的现金余额。

在实际工作中，为了便于计算，通常假定当期的各项现金收入或支出额分别为销售额的一定比例，比如假设应收账款为销售额的g%，销售成本为h%，等等。这样现金余额的表达式就会转变为销售额与一个或几个比率的乘积的形式，这种计算方式通常被称为POSM（Percentage of Sales Model），不言而喻，其准确程度取决于销售额的预测和各个比率的取值。

关于销售额的预测，主要是根据各种资料估算当前的市场规模和企业所能达到的市场份额，二者的乘积即为企业当期的销售额，然后乘上一个合理的成长率，以此来计算次期的销售额。至于成长率的计算，多是参照类似企业的以往数据，计算出类似企业的销售成长率，然后运用统计学的手法（简单平均、加权平均、指数平缓、回归分析等）估算出将来的销售成长率。

从上面的计算公式可知，在资金需求量的预测上我们使用了相当多的推测值，这使言之有据成为衡量计算结果是否可信的关键要素，否则，通篇的假设很可能变成通篇的假话。为了提高预测的可信度，同时为了应对客观环境的不确定性，我们通常会利用单变量的敏感度分析法（Sensitivity Analysis）、多变量的脚本分析法（Scenario Analysis）和计算机仿真法

（Simulation Analysis），等等。

现金是新创企业的血液。在这个问题上创业者要时刻明白3个问题，即（1）在何时需要多少现金；（2）从哪里可能获得所需的现金；（3）以什么条件获得这些现金。

五、创业资金——企业前进的动力源

资金对创业企业的重要性等同于燃料对机车的重要性。然而由于创业企业本身以及外部环境的原因，企业在发展初期又很难获得足够的资金。早在20世纪30年代，英国金融产业委员会就发布了《麦克米伦报告》，提出了著名的"麦克米伦缺口"（Macmillan Gap），即中小企业在发展过程中存在着资金缺口，对资金的需求高于金融系统愿意提供的数额。

融资困境

究其原因，一般认为引起"麦克米伦缺口"现象的主要原因是信息不对称和激励不对等。对于债务资本而言，由于中小企业（包括创业企业）缺少必要的担保，其还本付息能力主要由将来的盈利状况和现金流状况来决定，而对于企业的这些情况，外部银行家远没有创业者及其团队了解得更清楚。在这种信息不对称的情况下，假如企业的发展状况不如人意，银行可能本利俱损，颗粒无收；即使企业发展良好，获利颇丰，与股权资本不同，提供债权资本的银行也只能按事先约定的利息收取回报。也就是说，债权资本可能付出的最大损失为全部贷款；而可能得到的最大收益仅为贷款额与利息（通常比1要小很多）的乘积。为了弥补这种潜在损益的不对等，银行要通过企业提供担保来保证自己的潜在收益，而无法提供担保的中小企业当然也就会被排除在外。当然，银行也可以通过提高利息来增加自己的潜在收益，但是在这种情况下，那些确信成功可能性较大的创业者会通过其他途径寻找低成本的资金，相反高息下仍来贷款的则是那些失败可能性最大的劣质企业，从而使银行将面临更大的风险，这也就是通常所说的信息不对称下的逆向选择。

与债权资本相比，从报酬机制上看，股权资本协调了资金提供者和创业者之间的利益，不存在激励不对等的问题，也就是说他们之间的主要问题是信息不对称。如果资金提供者能够通过特殊的制度安排慧眼识英雄——挑选出好的项目，那么股权资本可以部分地解决"麦克米伦缺口"的问题。

融资体系

对创业企业而言，在整个融资过程中始终要考虑的问题有3个，即（1）何时需要多少资金？（2）从何处筹措资金？（3）以何种条件融资？

关于资金的需求预测，一般是以企业的销售额为基准，再加上其他一些假设条件，通过现金流预测计算而得。比如假设创业企业在某一年的销售额为S，在以后的5年中按a%的速度增加，税前利润为销售额的b%，净固定资本投资为销售额的c%，运营资本为销售额的d%，根据这些数据可以计算出每一年的现金流量，当现金流量为正时表示企业不需要外部融资，为负时表示企业需要外部融资及其具体金额（实际上企业还要有一个现金的最低持有额），计算现金流所需的数据全部来源于商业计划书。值得一提的是，在预测企业的销售额时，通常有3种方法，即整体市场规模乘以公司的市场占有率法、企业的生产能力法、同类企业类比法，其他百分比的取值则多要参考本行业的平均值和企业的个别情况而定。为了获得相对准确的数值，一般要求创业者有丰富的从业经验或者得到行业资深人士的帮助。

针对企业不同的发展阶段，其所对应的风险也不相同，因此获得资金的渠道也有所差异。创业融资体系是指由向创业企业提供创业资金的金融中介机构或个人组成的有机整体，通常包括3F（Founders、Family、Friends）、有关政府机构、天使投资者、创业投资企业、战略投资者、银行和股票发行市场等（请参见图1-4）。构成这个系统的不同主体根据创业企业在成长过程中（从创业到公开上市）的风险程度，选择适合于自己的投资阶段和投资手法，并在必要时向创业企业进行管理输出，以帮助其迅速成长。其中，创业投资企业和天使投资者是创业融资体系中的重要组成部分。

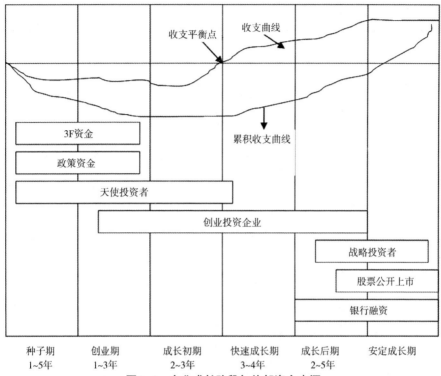

图1-4　企业成长阶段与外部资金来源

　　创业投资企业，指向处于创建或重建过程中的成长性企业进行股权投资，以期所投资企业发育成熟或相对成熟后主要通过股权转让获得资本增值收益的企业组织。创业投资企业对创业企业进行投资时，同样面临着缺少担保、没有正的现金流和缺少行业标准等问题，但是由于它们有一套独特的投资手法，所以可以解决或缓解上述问题带来的风险，完成对创业企业的投资。

　　创业投资企业在投资以前，首先要通过与创业者团队的面谈、研究商业计划书、实地走访和向第三者咨询等方式对创业企业进行全面的审查。审查重点包括创业团队是否有足够的经验和能力、产品是否有创新性、市场是否足够大。由于创业投资家通常是成功的创业者或有着丰富行业经验和管理经验的专业投资者，他们有能力通过上述手段对创业企业的质量进行判断，选出最具投资价值的创业企业。

　　在决定对创业企业进行投资后，创业投资企业还要通过选择投资工具、股权安排和特约条款等方式协调与被投资企业的利益，最大限度地减少"委托-代理"成本。如果从企业的角度来看，这就涉及融资成本问题。创业企业的融资成本通常包括两个部分，即资本成本和对企业的控制权问题。资本成本与企业的价值评估紧密联系在一起，比如同样是100万元的投资，在换取企业的20%和30%股权时的成本是不一致的，在其他条件相同时，显然后者的融资成本更大些；对企业的控制权通常是通过合同中的特约条款来体现，这些条款明确规定被投资企业的哪些行为必须要获得投资者同意，比如后续投资、反稀释条件等。至于投资工具，创业投资企业通常会选择有特别投票权的普通股、可转换优先股、可转换债券或附加认股权债券的方式进行投资，通过这些特殊的投资工具，创业投资企业可以实现：（1）在重大问题上享有一票否决权；（2）当创业企业没能达到预期目标时，可以优先于创业团队（普通股的持有者）获得财产分配权；（3）当创业企业取得成功时，可以与创业团队一起分享收益。

股权安排通包括两个方面的内容：其一是确保创业者团队持有一定数量的股份，满足其控制企业的需求，促使其与企业荣辱与共；其二是对创业团队的期权安排，主要是赋予团队成员在达到一定的经营目标后，可以获得以事先约定的较低价格购买企业增值后的股票甚至无偿增持股份的权利。由于期权安排使创业团队的利益与被投资企业的价值增长紧密地联系在一起，从而使创业团队的利益与创业投资企业的利益联系起来，减少了代理成本。特约条款是为约束创业团队的某些行为而制定的，包括的内容较多，主要涉及：（1）董事会席位及表决权的分配；（2）有关追加投资及反摊薄条款；（3）管理层雇用条款；（4）有关回收投资的条款；等等。

融资误区

通过大量的案例研究，学者们总结了创业企业在融资中的3个常见误区。第一个是假设中的数据取值过于乐观，缺少依据。因为大多数的创业投资机构希望投资的目标企业有望在未来的几年内成为具有一定市场规模的行业三甲，因此，为了满足这个条件，一些创业者人为地夸大企业的销售能力，比如计划通过跨地区经营或多元化等方法增加收入，但实际上，在这些成长战略的背后却很少有必要的支撑条件——竞争优势，无论是来源于规模经济下的成本优势，还是基于技术创新的差异化优势。在这种情况下，任何完美的财务预测都等于空中楼阁，根本经不起投资家的推敲，因此也很难获得他们的资金。针对这个问题，创业者与其临渊羡鱼，不如退而结网，静下心来，重新思考自己的商业模式、考虑如何构建自己的核心竞争力。从某种意义上讲，你应该感谢拒绝给你投资的人，因为他们使你冷静下来，避免了更大的损失。

第二个常见误区是在融资时只接触一个外部投资者，"从一而终"。由于缺少信息和接触渠道，创业者始终与一个投资者讨价还价，结果耽误了大量的宝贵时间，最后往往是不了了之，或是在极端不利的条件下接受投资。只与一个投资者接触的弊端有时是致命的，由于缺少比较对象和融资经验，创业者往往没有足够的知识去判断投资者提出的条件是否合理。而另一方面，投资者每天都要接触大量的投资案件，他们则要利用自己的优势地位，首先提出苛刻的条件，等着创业者讨价还价。结果在双方的拉锯战中（有时投资者可能故意拖延时间），创业者手中的现金越来越少，最后为了避免现金流断裂，不得已接受极其不利的投资条件。针对这种现象，创业者必须：（1）及早规划，从1年前就开始做融资准备；（2）同时与多个投资者接触，从谈判中判断自己企业的价值，决定可接受的投资条件；（3）将实际的融资额度超过预测的一定比例（比如25%~50%），以应对本次融资后意外事件的发生。

第三个常见误区是高估企业价值，低估风险，这个现象与第一个误区有一定的联系。多数的投资者都认为，只有为数很少的创业企业（不到10%）能够实现最初商业计划中预测的销售收入和利润，因此他们通常将创业者自己制定的财务增长指标调低，进而得到一个较低的作价。在这种情况下，如果创业者坚持自己的意见，双方往往会造成很大的分歧，融资计划也会因无法调和而搁浅。针对这种想象，创业者可以通过第三者比较客观地对自己的企业进行价值评估，或是通过接触多个投资者进行比较，也可以与投资者签订企业价值的动态调整方案：首先请投资者同意自己的估价，如果在规定的时间内企业在一些财务指标上没有能够达到双方约定的数值，创业者同意重新调整股权。比如，在亚信接受创业投资机构的资金时，双方针对企业的价值发生了分歧，最后决定：投资者接受创业团队的意见，用1800万美元换取18%的股份，但是双方同时约定，如果1998~1999年的财务指标与创业团队的预测一致的话，股权维持不变；如果未能达到，则要按照投资者的方案进行调整。后来的结果证明，企业的发展与投资者的预测更为接近，最后投资者的股权由原来的18%调整为36%。

资金对创业企业的重要性无论如何强调都不为过，但是由于企业自身和金融机构的各自特点，融资过程中充满了矛盾和冲突。这要求创业企业在寻求外部资金之前，首先要做好"家庭作业"：对自己的融资方案反复推敲，发现其中的瑕疵；同时通过各种渠道了解各类投资机构在金额、阶段和行业的偏好，有的放矢节省融资时间和成本。同时对融资中的条件，要分清哪些条件是为了双方共同的利益，哪些条件只是在调整投资者和创业者之间的利益分派，自己应该如何应对。

六、创业投资——资金与管理的结合

关于创业投资的概念并无统一的定论，刘健钧博士在其著作中认为：创业投资系指向具有高增长潜力的未上市创业企业进行股权投资，并通过提供创业管理服务参与所投资企业的创建过程，以期在所投资企业相对成熟后即通过股权转让实现高资本增值收益的资本运作方式。由国家发展和改革委员会等10部委联合公布的《创业投资企业管理暂行办法》（2006年3月1日起施行）基本上采用了这个定义，并且明确将创业企业定义为处于创建或重建过程中的成长性企业，但不含已经在公开市场上市的企业。与此相对应，从事创业投资的组织被称为创业投资机构（以下简称VC）。

投资过程及投资技巧

为了克服存在于投资者和被投资者之间的信息不对称和激励不对等，VC经过长期的实践，针对投资过程的不同阶段摸索出了一套完整的投资技巧。

1. **案件来源**：VC通常通过3种途径获得投资案件（Deal），即创业者主动提交商业计划书、通过第三者介绍得到的案件、投资家自己寻找的投资机会。向VC介绍案件的途径较多，但是不同的途径往往意味着不同的质量，因此所受的重视程度也不同。一般而言，其他的VC、接受过创业投资的企业家、经常接触创业投资业务的会计师事务所、律师事务所、投资银行、孵化器负责人等专业人士所介绍的案件会受到很大的重视，相反创业者自己带来的案件，特别是被其他机构拒绝过的案件通常会被当作劣等候选。

2．初审：因为大多数的VC人手有限，所以为了提高效率，他们通常将投资案件的评审（也叫尽职审查=Due Diligence）过程分为初审（Screening）和复审（Evaluation）两个步骤，经常被采用的初审指标有4个，即所需要的投资金额、投资案件所处的技术领域和市场、地理位置和所处的发展阶段。为了在追求规模效益同时避免风险，大多数的VC设定了自己投资金额的区间范围，只有在此区间内的投资案件才会被考虑。将投资领域和市场限定在自己熟悉的范围之内的目的是为了使VC和创业者之间有共同的知识，以减少相互欺骗的可能性。因为"即便是喜欢冒险的VC，也不愿意读天书"。规定地理范围的目的也是为了投资后的沟通，因为这种沟通不单单是通过电话完成，而是实地考察和面对面的对话，如果距离太远的话，会增加成本。企业在不同的发展时期所对应的风险程度不同，需要的管理技能也不相同，比如初创期的企业面临的风险主要是产品开发，即能否开发出满足市场需求又有利可图的商品，这需要敏锐的市场需求探知能力。而处于快速成长期的企业所面临的主要风险是财务管理，特别是现金流的管理能力。不同的VC所擅长的领域不同，这就决定了他们在投资阶段上有所偏好。

3．复审。经过上个阶段的初审以后，大多数的投资案件被VC拒之门外，剩下来的则要进一步接受复审。复审的具体标准可以参照《商业机会的评价——富金矿与热山芋》一文中的蒂蒙斯评价体系，该体系共涉及8大类53项指标，它的基本逻辑是：首先投资案件所在的行业要有足够大的市场，然后是行业整体赢利水平要高；其次是该企业在行业内要有竞争优势；最后是要有一个优秀的创业团队能够将上述的潜在优势转变成现实的竞争力和经济效益。

与商业机会的评价相比，对于投资案件的复审多出了几项标准，其中包括法律审查和财务审查。法律审查可以分为一般性审查（企业的法律形式、注册地等）、知识产权专项审查（知识产权的有无、形式、价值、保护状况、是否有潜在的法律纠纷）和其他方面的审查，比如现有投资者是否被赋予了审批权（Approval Rights：早期投资者被赋予的大于董事会决议的权利）、反稀薄化条款（当公司股票贬值时，早期投资者有权按新价格扩大持股份额的权利）情况、投资工具（股票的种类、可转换债券的转换条件等）、对公司的控制机制（董事会席位、一票否决权、各种特约条款等）、关于回收投资的相关内容等。财务审查的重点是企业的财务报表，目的是为投资定价提供依据。审查的内容包括早期投资者的价格及其份额、本轮投资所需金额及其用途、将来所需资金额及其时期等。

VC进行上述审查的主要依据除了商业计划书以外，还包括到企业的实地调研、与创业者及其团队的多次面谈、与创业者及其主要团队成员的前任老板、雇员或朋友等的交谈、VC自己的各种信息渠道等。

4. 签订条约。经过几轮谈判以后，如果创业者与VC之间就所有的问题达成了共识，则双方会在律师的帮助下签订正式的投资合同。正式的投资合同可能长达几十页，甚至上百页。但是核心内容可以分为两类：一是增加双方共同利益的规定；另一类是调整创业者（或公司）与VC之间利益分配的规定。合同的主要内容包括：投资金额、投资工具、每股价格、股权安排、各种权利或优先权（比如清算时的优先分配权等）、关键员工的持股情况等。

为了协调双方的利益，最大限度地减少"委托-代理"成本。VC通常会选择有特别投票权的普通股、可转换优先股、可转换债券或附加认股权债券的方式进行投资，通过这些特殊的投资工具，创业投资企业可以实现：（1）在重大问题上享有一票否决权；（2）当被投资企业没能达到预期目标时，可以优先于创业团队（普通股的持有者）获得财产分配权；（3）当被投资企业取得成功时，可以与创业团队一起分享收益。

股权安排通常包括两个方面的内容：其一是确保创业者团队持有一定数量的股份，满足其控制企业的需求，促使其与企业荣辱与共；其二是对创业团队的期权安排，主要是赋予团队成员在达到一定的经营目标后，可以获得以事先约定的较低价格购买企业增值后的股票甚至无偿增持股份的权利。由于期权安排使创业团队的利益与被投资企业的价值增长紧密地联系在一起，从而使创业团队的利益与创业投资企业的利益联系起来，减少了代理成本。特约条款是为约束创业团队的某些行为而制定的，包括的内容较多。

5. 监督与管理输出。VC将资金注入后通常会积极参与企业的管理，所以它们又被称为积极的投资者（Active Investor）。这种参与包括定期参加企业的董事会、为企业的重大决策提供咨询、为企业配备更为合适的团队、帮助企业介绍销路、为后续融资提供帮助、为企业的上市或并购提供服务等。VC的参与有着双重的目的，其一是为企业提供增值服务。因为经验丰富的VC不但有管理企业的能力，而且有着良好的社会网络关系，企业能够获得它们的认可本身就是一种具有发展潜力的保证，所以可以极大地减少获得各种所需资源的成本和时间。其二是监督企业的行为，避免合同后的道德风险（moral hazard）。因为在现实条件下，双方签订的合同不可能是完美无缺、包罗万象的（成本太高）；同时按照经济人的假设，每个人都有追求自我利益最大化的动机，因此如果没有合适的监督机制，投资人的利益无法得到保证。

6. 回收投资。创业投资是一个循环的过程，在这个循环过程中，退出渠道的作用不仅在于使VC可以回收所投资金，使创业投资进入良性循环，它还是创业投资家向投资者和创业企业传递信号（Signaling）的重要手段之一。因为通过上文的描述可知，VC的能力决定着它们是否能够筛选优质企业并提供增值服务，而创业投资家表现其能力的主要方式就是能够将被投资企业培育成上市公司或被大企业以高价收购，实现较高的投资收益，并以此获得投资家和创业企业的信赖。如果缺乏退出机制，显然上述目的无法达到。

大体而言，创业投资的退出机制可以分为以下几种，即，首次公开招股（Initial Public Offering）、收购、二手转让（Secondary Sale）、被投资企业回购和破产清算。其中，首次公开招股和被大企业收购有较高的收益，意味着创业投资取得了成功。二手转让是指创业投资企业将持有的被投资企业股票转卖给其他投资者（包括一些战略合作伙伴），它和剩下的两种退出方式一样，意味着创业投资没有成功，甚至是失败了。

创业投资机构的法律形式

在美国和日本，创业投资企业通常采取有限责任合伙制基金形式。即创业投资家或符合条件的法人作为无限责任合伙人，负担1%左右的基金金额；养老基金、保险公司等机构投资者或个人作为有限责任合伙人，负责99%的基金金额。无限责任合伙人收取一定数量的管理费，同时分享一定数量（比如15~25%）的投资收益（见图1-5）。

有限责任合伙制基金的非对称性分配机制使VC的报酬与基金的投资收益——也就是有限责任合伙人的利益紧密地联系在一起，从而有助于减少委托—代理成本。但是由于管理费是以基金的规模为基数，乘上一个约定好的比例（通常为2~3%），所以创业投资家总是尽可能地扩大基金规模，扩大单项投资金额，以便获取规模效益。在这种情况下，所需金额较少、成功确率较低、回收期间较长的初创企业越来越难以获得创业投资企业的投资。

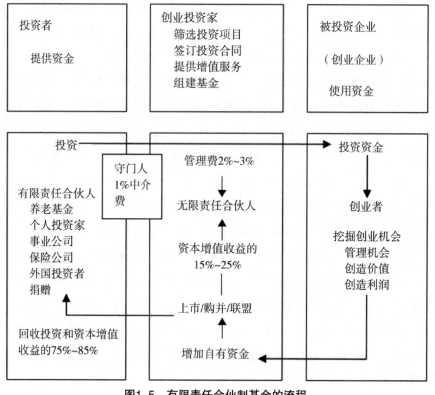

图1-5 有限责任合伙制基金的流程

创业投资企业的投资金额大型化和投资阶段的后期化，使初创期的企业无法获得足够的外部资金，在一些发达国家，填补这一空缺的投资者通常是一些富裕的个人。这些被称为天使投资者的个人大多是成功的创业者或有着丰富的行业经验和管理经验的适格投资者（Accredited Investor），这些个人投资者在选择被投资企业的标准、减少"委托—代理"成本的方法和为被投资企业提供增值服务等方面，与创业投资企业并无明显差别，不同的是他们使用自有资金向创业企业投资，而且单项投资金额较少。

我国的创业投资体系

完整的创业投资体系包括投资者、创业融资体系、被投资企业和退出机制4个部分。自1985年中国首次引入"创业投资"概念以来，创业投资在中国的发展已有30余年。近几年，随着《创业投资企业管理暂行办法》等专项法规的颁布，以及《合伙企业法》《公司法》和《信托法》等相关法律的修改，中国的创业投资业进入了一个迅速发展的时期。截至2018年年底，在创业板、中小企业板上市的企业中分别有70%和40%的企业有创投背景，这些企业绝大多数都是高新技术企业。在美国上市的中国概念股企业90%有创投背景，在国内都有技术创新和商业模式创新特色。此外，在美国，创业投资所投的上市企业市值占美国总市值的三分之一，其中市值最高的前10名企业中有9家是高科技企业，并且大多有创投背景。事实证明，创业投资是助推科技成果转化为现实生产力不可或缺的新引擎。2018年11月5日，在首届中国国际进口博览会开幕式上，国家主席习近平宣布设立科创板，它是独立于现有主板市场的新设板块，并在该板块内进行注册制试点。设立科创板并试点注册制是提升服务科技创新企业能力、增强市场包容性、强化市场功能的又一项资本市场重大改革举措。通过发行、交易、退市、投资者适当性、证券公司资本约束等新制度以及引入中长期资金等配套措施，增量试点、循序渐进，新增资金与试点进展同步匹配，力争在科创板实现投融资平衡、一二级市场平衡、公司的新老股东利益平衡，并促进现有市场形成良好预期。2019年1月30日，证监会发布《关于在上海证券交易所设立科创板并试点注册制的实施意见》。3月1日，证监会发布《科创板首次公开发行股票注册管理办法（试行）》和《科创板上市公司持续监管办法（试行）》。2019年6月13日，科创板正式开板，7月22日，科创板首批公司上市。2019年8月，为落实科创板上市公司并购重组注册制试点改革要求，建立高效的并购重组制度，规范科创公司并购重组行为，证监会发布《科创板上市公司重大资产重组特别规定》。至此，中国也基本上解决了以往创业投资退出机制不健全的问题。①

从世界各国的情况来看，创业投资的组织形式主要有3种，即有限合伙制、公司制和信托制。创业投资企业应该如何根据自己的实际情况，选择适合自己的组织形式，这是中国政府和企业都要面对的一个问题。关于创业投资企业的最佳法律形式问题，日本和美国的实际经验以及委托–代理理论表明，有限责任合伙制基金可能是目前最适合的选择。与公司制相比，有限责任合伙制基金具有以下优点：（1）在实现了专家理财的同时，不对称的分配机制诱使无限责任合伙人为了增加个人报酬而努力提高基金整体的投资收益，从而缓解了因为经营权和所有权的分离引发的代理成本问题；（2）拓宽了投资渠道，使养老基金等机构投资者进入创业投资产业成为可能；（3）避免了双重纳税问题；（4）管理费收入使基金的日常支出有了保障，从而可以投资于回收期较长的早期企业。另外从日本的经验来看，1982年创业投资公司JAFCO首次引入日本版有限责任合伙制基金是诱发第二次创业投资高潮的一个主要原因。

在创业投资"募投管退"的运行活动中，"募"即募集设立基金，它需要一个发达的长期的资金市场；"投"即投资项目，需要较大规模创新产业聚集；"管"即提供增值管理服务，需要相对发达的多元化的配套市场，包括技术设备、人才管理、市场营销及会计、律师、投行等中介服务；"退"

---

① 根据实际经验，创业投资企业的最长投资时间一般为7年。如果企业从设立到公开上市所需的平均时间为30年，那么这种情况下它只能投资企业年龄为23岁的相对成熟企业。但是，如果假设企业从设立到公开上市所需的平均时间为10年，在其他条件不变的情况下，则可以投资企业年龄为3岁的早期企业。因此说上市标准不但关系到创业投资产业的投资数量，而且可以决定一个国家创业投资产业的质量，即是否能对最需要资金支持的早期高科技中小企业进行投资。到20世纪90年代后期为止，日本的创业投资企业主要以成熟企业为对象，原因之一就是日本对公开上市的要求过于严格（东京证券交易内企业从设立到首次公开上市所需的平均时间为30年，纳斯达克仅为4年左右）。日本政府为了改善创业投资体系，对既存的二板市场进行了改革，并陆续设立了新的二板以及三板市场，从而直接导致了日本创业投资产业的好转。

即退出变现，获得投资收益，需要一个发达的多层次资本市场和并购市场。这方面，美国为世界树立了榜样，提供了成功经验。20世纪70年代，美国传统产业开始衰退，经济处于滞涨，德国、日本产品大举进入美国市场，引起美国的恐慌，无论是政府还是民间都意识到美国经济结构需要调整，产业需要升级。美国政府大力推行供给制改革，一方面放宽市场管制，发挥市场作用，出现了以杠杆并购为主的收购浪潮，另一方面采取一系列措施鼓励支持信息产业发展，并将资本利得税由49.5%降到28%，后又降到20%，推动创业投资的蓬勃发展，此外还允许养老基金的5%投资创业投资基金。多层次资本市场是创业投资的黄金退出通道。美国利用电子交易新技术，于1971年创办了纳斯达克市场，并分为纳斯达克全国市场和纳斯达克小型股市场，吸引不同层次的企业上市，为不同成长阶段的科技企业提供融资服务。特别是美国证监会每年召开一次中小企业上市研讨会，解决中小企业融资难问题，从而构建了高效的创业投资生态体系。有一种观点认为，有限的资金来源也在阻碍中国创业投资体系的完善，他们主张像美国一样，放宽对养老基金和银行投资领域的限制，许可其将部分资金投入创业投资产业，并经常援用美国的事例支持这种观点。这种解释实际上是一种误解，从美国的事实确实可以看出，1979年和1980年对职工退休所得保证法（ERISA，Employee Retirement Income Security Act of 1974）的修改，极大地影响了美国创业投资产业的发展（Bygrave & Timmons，1992; Gompers & Lerner，1998）。但是不要忽视这一因果关系存在的前提：当时的美国有着很好的退出渠道（纳斯达克），有很多投资机会，有经验丰富的创业投资家。①而现在中国的机构投资者和创业投资企业间存在巨大的信息不对称，而且社会信用欠佳。笔者认为，在这种情

---

① 1979年，当时的总统卡特发表了创新宣言（Innovation Message），提出了促进技术转移的新科技政策。1980年以后，美国议会通过了一系列法律以促进高校和国立研究所的技术转移，这些政策促进了科研成果的产业化活动，为创业投资产业提供了很多投资机会。从1946年第一家真正意义上的创业投资公司诞生以来，美国的创业投资产业已经有了30年以上的历史，特别是60年代美国政府支持设立的中小企业投资公司（Small Business Investment Company）的大量衍生虽然带来了很多问题，但是却在客观上为美国培育了一批有经验的创业投资家。

况下贸然许可养老基金以及银行等机构投资者进入创业投资产业，其政策效果并不明显。

七、创业者及其团队——大海航行中的舵手

创业者是创业行为的主体，是发现和利用商机，筹措所需资源，组建团队，设立组织，创造和分配价值的决策者和主要执行者。他（她）们承担创业过程中遇到的各种风险，追求成功所带来的物质上和精神上的回报。

那么是什么原因促使他（她）们成为创业者？那些成功创业者具有什么样的性格特征（或行为方式）？需要什么样的能力？他（她）们又应该如何组建自己的创业团队呢？无论对于潜在的创业者还是现实中的创业者而言，这些问题都具有非常重要的意义，因此笔者主要从这几个方面进行讨论。

创业动机：推与拉

国外学者常用"Push"和"Pull"来形容两种不同类型的创业动机，到底是什么意思呢？请看下面的两个例子。

所长曾茂朝感觉到肩上压力越来越大。计算所的财务状况非常糟糕，来自军事部门的研究计划没有了，也没有任何资金拨下来。1000多科技人员和500个工人闲着没事做，让他寝食难安。……（计算所的）财政拨款将在1985年削减20%，还将在5年之内全部取消。倘若这是真的，就意味着1500多名员工不仅不能开展正常的科研，连自己的饭碗都成了问题。

在计算所里，一群急红了眼的人侵入自行车的空间。他们把这自行车棚分成一间间方格子，用泥巴掺着芦苇赶填补四维缝隙，就这样为自己建造了一排新家。在过去的几十年里，大约40户人家住进这里，还有像柳传志这样年轻资浅的科研人员。

以上文章节选自《联想风云》（凌志军著，中信出版社），它描述了柳传志创业前所在单位面临的危机以及窘迫的个人生活情况。实际上，类似的描述在其他国内外创业者的传记中也经常看到，可以说柳传志这种现象代表了一类人的创业缘由：对现状的不满促使其通过创业来改变现状，而且这种不满或危机往往来自于工作。因此这种创业动机常被称为"Push"型创业。

与上述这种"逼上梁山"式的创业者相对应，还有一类创业者源于"他行，我也行"的想法。下面的描述节选自《读者》中的一篇文章。

昨天见到他时还在骑自行车闲逛，可是今天再见面时却告诉我他已经决定创业了，问他在哪个行业发展，他说不清楚，要先上车后买票。古人说"三日不见当刮目相看"，可是这才只有一天之别呀！为了搞清楚其中的缘由，我决定间接地问一下他的父亲。"我也不清楚，昨天晚上回来说遇见一个高中同学，还给他一张名片，好像什么公司的总经理。"我豁然明白了，从小争强好胜的他不甘心落在同学的后面，所以"拔剑而起"了。

尽管这种"他行，我也行"式的创业者可能失于莽撞，但是他代表了另一类创业者的创业缘由，即"Pull"型创业。同时也很好地解释了创业活动的扎堆现象：越是有成功创业者的地方，创业活动越频繁，创业的成功率也越高。比如浙江的温州、北京的中关村以及美国的硅谷是比较典型的创业聚集区。

性格特征：神话与事实

蒂蒙斯在其《创业学》中指出：关于创业者有许多神话。其中排在第一位的神话就是认为创业者是天生的，不是后天造就的。幸运的是这种说法并没有经受住时间的考验和研究领导与管理的研究人员的探究。确实如此，我们身边的许多事实告诉我们，成功的创业者并不是天生的。那么这些人之间是否有某些性格上或说行为上的共性呢？换句话说，创业者具备了什么样的性格、有了什么样的行为才有可能获得成功呢？综合国内外的研究结果，可以总结为以下几点：

1. 想做点事，不甘于默默无闻。安于现状、安贫乐道者很难成为创业者。在现实生活中，对工作不满，甚至是强烈不满的人以及身边具有成功榜样的人不在少数，但是为什么最终决定创业的只是凤毛麟角呢？在排除了其他各种客观条件的影响之后，因为主观上不敢接受挑战、迎接风险，而宁愿委曲求全的人应该占有一定的比例。那么一个人如何才能做到"想做点事，不甘于默默无闻"呢？"孟母三择其邻"的典故告诉我们：改变自己的环境，接受新的价值观。当外界的影响还没有达到临界点时，无法引起性格和行为的变化。但是由于环境的变化而使这种影响频繁出现而且强度不断增大时，将会引起质的变化。"一方水土养一方人"实际上包含了外部环境所推崇的价值观深深影响地区居民性格和行为的意思，比如我国山西省流传着这样的民谣："买卖兴隆把钱赚，给个县官也不换""做官入朝不如为商入市""秀才学生意——改邪归正"。在江浙一带也有同样的民谣："崇商敬贾，以富为荣""义利并重，工商皆本""草民从商，报国富乡"。这些民谣生动地反映了当地居民的价值取向，鼓励年轻人弃文经商，虽然与当时普遍认同的"学而优则仕"的观点完全不同，但是却造就了我国历史上的晋商和浙商。在这种环境下，即使是外来者也比较容易形成积极向上、崇尚冒险的价值观。

2. 挫折能耐，内心平衡。创业过程是一个问题百出和充满不确定性的过程，而且在创业初期尤为严重。但是创业者处理问题的能力却不可能在短短的时间内得到迅速提升，这就产生了创业者所需能力和实际能力之间的差距，进而使挫折感和失败感不可避免。如果不能正确对待这些问题，势必影响创业者的身心健康。那么应该如何面对这些问题呢？美国的一个创业者引用戒毒协会的一句话较好地回答了这个问题：请给我勇气，使我能够改变应该而且可以改变的事情；请给我力量，使我能够接受无法改变的事实；请给我智慧，使我能够区分什么事可以改变，什么事不可以改变。同样，柯维博士在《成功人士的7个习惯》中表达了相同的观点：对自己可以直接控制的事情，自己去改变；对自己可以间接控制的事情，通过他人去改变；对完全无法控制的事情则改变自己的态度，不加抱怨地接受。

3. 会给自己找乐，看瓶子的另一半。既然对创业者来说，挫折和失败不可避免，为什么不换个思考方式呢？爱迪生发明电灯钨丝经历过上千次失败，试验了6000多种材料。在一次宴会上，一位贵妇人对他说："尊敬的发明家先生，我听说你失败了一千多次，是这样吗？"爱迪生想了想说："我没有失败，我已经成功地发现有6000多种材料不适合做灯丝。"美国一位创业者在自己的办公室里写着这样的一段话：我比亚伯拉罕·林肯幸运很多。下面是林肯的失败清单：22岁做生意失败；23岁，竞选州议员，又失败；24岁，他重操旧业做生意，又赔得一无所有；26岁，他的情人不幸离开人世；

27岁，他的精神完全崩溃，几乎住进疯人院；29岁，他再次竞选州议员失败；31岁竞选国会议员失败；39岁，竞选国会议员再次失败；46岁，他竞选参议员失败；49岁，他竞选参议员再次失败。就这样，他失败了，爬起来，再失败，就再爬起来，终究战胜了命运，闯过了生命的黑暗，将生命之舟划向了辉煌的彼岸，在他51岁那年竞选总统成功。创业者学会给自己找乐不等于取笑他人的失败，而是为下一次迎接挑战准备精神动力。

4. 知道学习，不知道辛苦、劳累。学无止境适用于包括创业者在内的任何人，唯一的区别就是工作性质不同，因此所学的内容各异。对于年轻的创业者而言，首先要学习的就是如何适应社会的技能，这种技能很难从学校的间接学习中获得，而只有通过不断的实践，甚至是失败才能掌握，所以英语用street savvy来表示这种技能的实践性。此外，企业在不同的成长阶段所面临的问题也不同，从最初的评价商机到设立组织、组建团队以至后来的开拓市场、筹措资源、分配价值都需要专门的知识，纵然创业者不必样样精通，但是作为企业的门面需要谈得头头是道。既要学习社会的游戏规则，又要掌握各种专业知识，还要处理各种问题，所以说辛苦劳累是避免不了的。温州商人曾经用4个千万表达创业的艰难：走遍千山万水、想尽千方百计、说尽千言万语、历尽千难万险。同样一个幽默的美国创业者自我嘲笑地说：我每天工作27小时（因为美国跨越多个时区）。

5. 讲诚信，善于交往。诚信生财，没有人愿意跟一个骗子打交道；同时创业本身是一个社会性活动，性格孤僻、落落寡欢者很难胜任。但是对创业者而言，诚信需有方。在《乔家大院》里，受人鼓动的股东听说乔志庸在外地生意受挫，纷纷要求退股。此时乔志庸根本无钱退股，而且他相信挺过这一关后能有大的发展，于是他将第一车装满银子给股东看，而其他车里装的全是石头，最后他成功了。在美国一个硅谷的小企业想把产品广告登在业界有名的杂志上，当杂志社的记者来企业做实地调研时，创业者故意让员工在不同的房间互相打电话，让人觉得业务非常繁忙，结果他成功了。史玉柱在20世纪90年代初起开发了第一套软件后，已经身无分文，为了登广告推销产品，他提出多付广告费但是推迟一周付款的要求，幸亏在广告登出后马上有客户购买软件，于是史玉柱用货款付了广告费。

以上5点是成功创业者须具备的性格特点或行为方式。但必须强调的是，它只是成功创业的必要非充分条件。也就是说有了这些特点，创业者不一定成功，但是如果不具备这些性格特点或行为方式，则失败的可能性很大。

接下来，我们继续介绍《创业者及其团队》所要涉及的另外两个重要问题，即创业者需要什么样的能力以及他（她）们应该如何组建自己的创业团队。

核心能力：精神领袖

理想状态下，创业者一般需要在市场营销、生产制造、技术研发、企业财务或人力资源等不同领域工作数年，已经形成了坚实的基础、广泛的经营能力和技术诀窍。不过，现实中很难有一个创业者在以上各个领域都很出色，更多的情况是他（她）们在某个领域具有优势，但在其他方面并不突出。通常来说，一名优秀的创业者应该具备以下两大方面的能力：凝聚人心的技能（精神领袖）以及某些方面的专业才能。

汉高祖刘邦曾说："夫运筹帷幄之中，决胜千里之外，吾不如子房；填国家、抚百姓，给馈馕，不绝粮道，吾不如萧何；连万百之众，战必胜，攻必取，吾不如韩信。三者皆人杰，吾能用之，此吾所以取天下者也。" 刘邦认为他的成功并不是因为自己有多大的本事，而是因为获得了这些天下奇才。从企业管理的角度翻译来看，汉高祖这句话的实质是我们常说的"管理是借力、创业靠人气"。那么下一个问题就是为什么这些人才愿意跟随刘邦一起打天下呢？在现实中，当时中科院外事处处长马雪征为什么愿意放弃原来的工作而投身于柳传志的联想呢？为什么伊利的很多高级管理人员愿意放弃现职投奔刚刚起步的牛根生呢？

在这种破地方，柳传志能讲出他怎么"进军海外"。一共两个半人，野心还挺大，好像已经指挥者千军万马似的。我（指马雪征）心说："你这儿跟海外差远了！"但是让我惊讶的地方也在这里：这么差的条件，却有这么大的一个志向！你在惊讶之余，就会觉得这公司挺有意思。（凌志军著《联想风云》）

王富当时担任伊利冰淇淋公司销售部副部长。1999年4月14日，他决定加盟蒙牛。牛根生说：伊利工资高，企业大，待你也不薄，蒙牛现在啥也没有……你为什么要过来？王富答：我相信跟着牛总肯定差不了，肯定能好……万一做不好，讨吃要饭也认了……我虽然没有直接与牛总打交道的机会，但你所说的话，所做的事，我都知道。（张治国著《蒙牛内幕》）

究其原因，固然可以讲出多个理由，但是柳传志和牛根生的个人魅力无疑是最大的原因：这些创业者本人的性格和行为使其坚信他们的企业一定能成功。

组建团队：互补渐进、动态公平

俗话说，一个好汉三个帮。创业是一个充满危机和苦难的过程，因此无论是从经营还是从业务的角度来看，成功创业往往需要的是一个团体而非个人。那么组建创业团队时应该遵循什么样的原则呢？

互补性原则。这里的互补包括两个方面，即能力上的互补和性格上的互补。理想状态下，一个完整的创业团队应该包括技术、营销、财务、人力资源、生产运营等各个方面的人才；在性格上应该是外向型和内向性、急躁型和稳健型的组合。如果创业团队中有一个能起到"刹车"作用的唱反调者，则可以避免绝对权威下的一意孤行，从而使企业的决策机制更为健全。在创业投资较为发达的美国，这个善意的"冲突制造者"往往是担任外部董事的投资者。

渐进性原则。上面我们列举了创业团队的理想构成，但是这并不意味着在创业之初就要一蹴而就，而应是按需逐步配备齐全。为了加深相互了解，在吸收新的创业团队成员之前，可以设立3个月到半年的磨合期，在这期间，团队的原有成员和新成员相互磨合，发现在能力和性格上的互补点与冲突点，最后通过双向选择决定是否续留。从团队的长期稳定性来看，这样的一个过程是非常必要的，可以避免由于信息不对称引发的善意和恶意的欺骗。另外，从成本角度来看，创业之初的企业还可以采用兼职与专职相结合的原则。也就是对一些业务量不大的部门，可以聘请外部的专业人士以兼职的形式加入公司，随着规模的扩大和业务量的增加，再聘请专职人员。

动态性原则。《三国演义》中讲，天下大势，合久必分，分久必合。随着企业的发展，团队成员中出现分歧乃至冲突完全是可能的，也是正常的。因此人员流动也是不可避免的，冯仑在回忆和潘石屹的分手时说："我们俩不叫分家，是'协议离婚'。为什么'离婚'，因为大家对下一步怎么走都没有底。他执意要往东走，就可以活下来。我说往西走，可以突围。谁也说服不了谁，只好兵分两路。"为了使团队成员能够尽可能愉快地分手，事前建立一个合理的退出机制必不可少，它应该规定好成员在退出时应该得到的利益和必须遵守的条约，比如禁止同业竞争条款和技术保密条款等。

公平性原则。这里的公平不是指利益的平均分配，而是指根据贡献大小决定创业团队成员的应得利益，主要表现在股权的分配上。创业者在创业过程中始终都要考虑的问题是：如何更合理地激励创业团队？这是创业团队成员极为关注的话题。因为毕竟取得合理的收益是创业收获的具体表现，因此能否解决好这个问题直接关系到创业企业的存亡。一般而言，创业者应该从两个方面考虑这个问题，即：（1）团队成员对企业在时间和精力上投入的多少；（2）在引入外部资源等方面给企业所带来的贡献。另外，为了保持创业团队的活力，企业可以设一些虚职，用以安排那些早期的团队成员，这样做既可维持企业高层的和谐，同时可以新陈代谢团队的成员，使其能力等更适合企业发展的要求。

在创办企业的实践中，当创业者选择团队成员时，往往面临着德和才哪一个更为重要的难题。关于这个问题，牛根生的观点是：有才有德破格使用；有才无德限制使用；有德无才培养使用；无才无德坚决不用。

八、商业计划——舵手中的航海图

假如你计划从沈阳或其他地方驾车去北京天安门，那么在出发前你通常要考虑一些问题，比如距离有多远？在哪儿加油？在哪儿吃饭？哪里有收费口？大约需要多少钱？哪里最危险？等等。为了回答这些问题，你需要在网络上了解从沈阳到北京的交通路线，制定详细的旅行计划，尽管由于突发事故等原因，你所依据的线路规划可能与现实的交通路况有些出入，从而使你的旅行计划与后来的执行情况有所不同，但是通过制定旅行计划，你无疑加深了自己对沿途路况的了解，在心理上做了相应的准备，甚至可能通过征求朋友意见，进一步改善了旅行计划。

显而易见，这种旅行计划对于确保旅途的安全、顺利等是大有裨益的。那么在创办企业的过程中，创业者是否也可以制定一个类似旅行计划的商业计划呢？答案显然是肯定的。

种类与作用

广义的商业计划主要是对企业活动进行详尽的全方位筹划，从企业内部的人员、制度、管理以及企业的产品、营销和市场等各个方面展开分析。狭义的商业计划专指创业的商业计划，它是创业者或企业为了实现未来增长战略所制定的详细计划，主要用于向投资者说明公司未来发展战略与实施计划，展示自己实现战略和为投资者带来回报的能力，从而取得投资者的支持。

从根本上讲，商业计划有3个方面的作用，即：（1）加深创业者及其团队对商业机会的认识；（2）缓解创业者和投资者之间的信息不对称；（3）指导企业发展的路线图。如下文所述，商业计划的内容涉及商业模式、市场与行业、产品与技术、竞争对手、团队成员、资源状况等方方面面的每个细节，创业者通过主导和参与制定商业计划这个过程，对商业机会的认识从感性上升到了理性；从定性升华到了定量；对企业相对于竞争对手的优劣势以及相应的战略有了更为清晰的认识，做到了未出茅庐已知天下三分。

对于商业机会的优缺点、团队成员的能力与人品等，创业者与外部人，比如外部投资者之间存在着严重的信息不对称，而且通常是以创业者为代表的内部人占有优势。在这种情况下，如果缺乏缓解信息不对称的方式，使外部投资者认为创业者有圈钱或其他不良企图，则很难产生投资的意愿，从而使本来可以给双方带来收益的交易行为无法实现。此时详细记述了方方面面每个细节的商业计划无疑是使创业者和投资者实现信息共有的重要方式，通过仔细阅读商业计划，投资者可以了解创业者所描绘的（不一定是现实中的）市场机会、盈利能力、退出渠道、竞争优势、团队组成、营销战略、财务状况等，如果投资者认为值得进一步考虑，他（她）会通过实地采访、与创业者面谈、向其他人电话咨询团队成员能力等手段进一步验证商业计划的可靠性和可行性。但是无论如何，商业计划是吸引外部投资者的第一块也是最重要的奶糖。

一旦创业企业获得了必要的资金等资源，开始了正式的海上航行，那么对企业发展路线图的需求则更加迫切：企业应该在何时试销第一批产品？如何根据市场反应调整产品的设计？原材料应该保持多少的库存？应收账款维持在多大的比例？何时第二次募集所需资金？等等。针对这些问题，商业计划都有明确的规定，因此它可以成为指导企业发展的路线图。同时通过对比实际情况与商业计划的差异，创业者及其团队可以进一步挖掘产生差异的原因：是外部环境的变化超出了原来的设想，还是内部管理等方面出现了问题，从而发现产生问题的原因，对症下药。

基本内容

因为商业计划的主要目的是吸引外部投资者，所以它的内容构成也是为达到这个目的而设计的。通常而言，一份完整而规范的商业计划应该包括以下内容：即（1）封面封页；（2）索引目录；（3）执行总结；（4）企业介绍；（5）产品服务；（6）技术研发；（7）管理团队；（8）市场分析；（9）营销计划；（10）生产计划；（11）财务计划；（12）风险管理；（13）退出策略。

执行总结被称为吸引投资者阅读商业计划全文的灯塔，其重要性不言而喻。从效果来看，执行总结要向投资者传递以下信息，即：（1）在产品、服务和技术方面具有竞争对手所没有的独特性；（2）商业机会和开发战略是有科学根据和经过充分论断的；（3）企业有很强的管理能力；（4）进入和退出市场的时机合适；（5）企业的财务预测分析值得信赖。企业介绍的内容相对简单，主要包括企业名称、注册地点、营业地点、法律形式、联系方式等一般性信息，此外还有公司的发展史、组织结构图、主要产品或服务、业务展望等内容。

第五部分的内容比较重要，主要展示本企业产品（服务）的名称、功能、价格，特别是创新性及其相对于竞争产品的比较优势，合理解释为什么顾客会购买本企业的产品而不是竞争对手的。

第六部分的技术和研发与第五部分相互联系，主要分析公司需要在哪些方面改善或突破现有技术，以适应未来的技术和市场发展变化；展示研发队伍的力量，可以列出主要技术骨干的背景、经历和研究成果；制定为推出新产品所需进行的研发计划，包括企业研发预算，时间进度以及产品更新换代计划等，最后还要阐述企业计划通过采取何种措施来保护知识产权。

管理团队和组织的写作内容主要包括4个部分，即：（1）管理层展示；（2）创业所需要的外部支持和服务；（3）激励约束机制；（4）组织机构。这部分内容的核心作用是使投资者相信：管理团队的专业知识、从业经验使其有能力胜任企业的重担，同时合理的激励机制还会使其努力工作。

市场分析一般从3个方面进行阐述：整个市场的大小和市场走势；创业企业的目标顾客群体；企业面临的竞争态势。在分析市场走势时，要重点分析影响产业发展的关键因素，包括技术进步、宏观环境、政府政策、社会文化、市场需求等。如果可能的话，尽量用具体数据说明整个市场的状况，包括行业的总体规模和未来5年的预期，行业的平均回报率和未来5年的预期等。在分析竞争对手时，要列出所有的竞争对手，用数据说明这些竞争对手的市场份额、年销售量和销售金额、产品质量和价格的比较、生产规模、产量、设备、技术力量、销售利润、竞争战略、推销方式和售后服务等。最后将竞争的范围缩小，锁定1~3个主要的竞争对手进行比较，充分掌握企业自身的优劣势。

商业计划中的营销计划一般按照4P理论撰写，即产品（Product）、价格（Price）、渠道（Place）和促销（Promotion）。在商业计划中，生产计划虽不如其他部分那么夺目，但是它的重要性是不言而喻的，它构成了财务计划的基础之一，是商业计划不可缺少的一部分。在这一部分，尽可能向投资者展示企业拥有和需要的生产资源，将怎样安排这些资源进行生产，以及生产目标是什么。

财务计划常常被认为是商业计划的核心和灵魂，投资者通过财务计划可以看到一个好的创意终将如何转化为盈利。需要提醒的是，这部分写作相对专业，涉及资产负债表、利润报表和现金流量表等，可以委托会计师事务所完成。财务计划有两大使命：一是通过财务分析进行财务预测，说明融资需求（包括时间和金额），并以此为依托谈判融资的具体事宜；二是通过财务分析所揭示的数据，向投资者展示创业企业未来的财务状况和获利能力，使投资者有信心投资。本部分的融资计划主要阐述：（1）预计的资金需求是多少？（2）以什么样的条件实现融资？（3）企业未来的资本结构如何安排？（4）资金将如何使用？（5）投资收益将如何安排？（6）投资者如何介入企业的经营活动？（7）投资者有哪些控制权和决策权？

创业的高风险是众所周知的，创业投资者在向创业企业投资前总是希望尽可能多地弄清企业可能面临的风险，风险的大小程度及如何降低或防范风险、增加收益等。成功地消除和减轻投资者的顾虑，将有助于获得投资者的青睐。因此在商业计划书中客观地描述风险的来源和将要采取的控制方法是非常必要的。

创业投资者通常对创业投资的退出策略极为关注。常见的退出方式主要包括公开上市、并购和企业回购等。通常公开上市（IPO：initial public offering）的收益最高，是创业成功的标志，兼并收购（M&A：merger and acquisition）是指把企业出售给大企业或集团，回购指企业根据预定的条件回购投资者手中的权益。

注意事项

商业计划是建立在一系列假设基础上的。美国的一位投资者曾说，商业计划通常要比天气预报准确10%。因此创业团队必须针对投资者的这个问题采取相应的策略，主要是周到细致的事先调研。调研的内容包括行业、环境和政策背景、竞争对手和客户、供货商等；调研对象包括行业协会、客户、供销商、营销商、竞争对手；调研方法可以采用实地观察、专家访谈、问卷调查等。另外，在语言表达上也需要注意。比较如下两段的描述："我们的机器设备会是市场上最好的。"和"我们的机器设备不仅拥有目前市场上同类产品所具备的功能，还添加了x、y、z3个特点，售价则比我们最接近的竞争对手低m元。"又如，"我们餐馆的食品和用餐分为是最好的。"和"由于餐馆名气很大，在周五和周六的晚上，平均要等45分钟才能等到一个座位，即使在其他几天的傍晚用餐时间，也需要花15分钟~30分钟等到座位。"显然，后面的描述比前面的描述更有说服力。

为了提炼精华，最好在完成商业计划书之后再写执行总结，而且要请外部专家阅读，提出修改意见。同时撰写商业计划要有针对性，也就是说根据阅读者的不同，调查出其感兴趣的东西，适当修改摘要的内容，比如针对投资者的应对产业和市场、产品和技术、风险和盈利、管理和组织及竞争战略等问题进行重点说明。并对资金的需求、使用方式、回报和退出措施等加以说明。而针对政府机构的，则要对创业活动的经济和社会意义加以说明，同时对希望给予的具体支持也应尽可能详细说明。

从整体而言，要在语言上通俗易懂，尽量少用专业词语；同时写完之后要反复检查、修改，不要有错别字。因为撰写商业计划的主要目的之一是吸引外部投资者，因此为了确保成功，最好在正是推销之前聘请外部人士进行模拟辩论，从中发现问题，同时事先准备可能的提问及其答案。

九、新创企业的危机管理

2006年9月5日，当香港上市公司路劲基建有限公司宣布出资12.8亿元购入顺驰55%的控股权时，几乎所有熟悉顺驰的业内人士均表示"卖得太便宜了"。因为从路劲基建有限公司的公告中可以看到，顺驰在全国16个城市拥有42个项目，土地储备700多万平方米建筑面积。在土地价格飙升的当时，12.8亿元未必能拿到一块地，却轻取了整个集团55%的股权。

顺驰的创始人孙宏斌以富有传奇色彩的人生经历被称为中国房地产界的黑马，2003年在北京的第一次大宗国有土地拍卖会上，顺驰曾以9.05亿元的价格，击败北京籍企业天鸿集团及来自全国各地的20多家开发商，一举拿下北京南郊大兴一块起拍价为4.3亿元的500亩熟地；2004年，顺驰更是以100亿元的销售回款排名房地产首位，超过了房地产界的大哥大企业——万科。

曾经气势如虹的顺驰，为何在短短的两年后却要如此"贱卖"？当时美国人詹姆斯·柯林斯和杰里·波勒斯的《基业常青》正风靡中国，然而中国科学院的民营企业调查报告却表明：中国企业的平均寿命为7年左右，民营企业平均寿命只有3年，被称为中国硅谷的中关村电子一条街5000家民营企业的生存时间超过5年的不到9%。进军世界500强、创建百年企业是众多创业者的梦想，可是为什么事实却是如此残酷呢？新创企业发展的软肋究竟在哪里？

新创企业的成长阶段划分

Flamholtz & Randle在其著作 "*Growing Pains: Transitioning from an Entrepreneurship to a Professionally Managed Firm*"（中译本为《企业成长之痛——创业型公司如何走向成熟》，清华大学出版社）中将企业的生命周期分为7个阶段，包括新创期、成长期、规范期、成熟期、多元化期、调整期、衰退或再创业期。就一般新创企业而言，关注的重点在新创期、成长期和规范期。新创期始于企业成立之日，在这个阶段企业经过多次的产品（或服务）改良后已经能够满足目标市场的需求；在成长期这一阶段，企业在市场上已经站稳了脚跟，关注的重点是如何满足日益增加的需求；规范期指企业在管理方面开始出现各种问题，单纯依靠增加物质投入已经无法应对发展的需求，建章立制成为这个阶段的重点。表1-1列出了3个时期的重点领域和企业规模。表中的数据来自美国的样本，如果在中国的背景下考虑，可以把单位从美元换成人民币，也就是说生产型企业在3个时期的销售收入大约分别为小于100万元人民币、100万元到1000万元之间和1000万到1亿元之间。表1-2为企业在3个不同时期的主要特征，它可以帮助创业者更好地理解每个时期的主要工作。

表1-1 新创企业不同成长阶段的特征和规模

成长阶段	关键发展领域	企业规模（销售收入，万美元）	
		生产型企业	服务型企业
新创期	识别市场、开发产品	小于100	小于30
成长期	获取资源、开发运营体系	100~1,000	30~330
规范期	建立管理体系	1,000~10,000	330~3,300

表1-2　新创期、成长期、规范期的主要特征

区别要素	新创期	成长期	规范期
利润	把利润视为副产品	以业务增长为主导，利润为辅助	以利润为导向，把利润作为明确的目标
计划	不规范、非正式的计划	对计划开始重视、逐渐规范	规范、系统的计划过程，涵盖了战略规划等
组织	职位重叠、责任不明	机构增加，分工开始专业化	规范、明确的职位描述，分工专业化
控制	局部非正式的控制，很少使用规范的评估	开始关注对业务单元整体绩效的评估和控制	规范的、有计划的组织控制系统
培训	非正式培训，主要为在岗培训	应急式的培训，以应对业务增长的需要	有计划的培训，建立完善的培训体系

市场开拓危机

新创企业的关键是生存，因此寻找目标客户、开拓市场成为重中之重。企业在这一阶段遇到的危机可以分为两大类：第一类是进入市场的时机失误，致使市场开拓效果不明显；第二类是为了扩大市场盲目冒进，可是企业后进不足，导致扩张失败。

在搜狐、新浪、网易等门户网站激烈竞争的今天，恐怕很少有人知道瀛海威这个名字，然而它却是中国最早的门户网站企业。根据吴晓波《大败局》的记载，1995年5月，从美国考察回国的张树新和丈夫姜作贤出资设立了北京瀛海威科技公司，该公司推出的"瀛海威时空"网是挂在中科院之下的全中文界面的交互网络，是当时国内唯一立足大众信息服务、面向普通家庭开放的网络。"进入瀛海威时空，你可以阅读电子报纸，到网络咖啡屋同不见面的朋友交谈，到网络论坛中畅所欲言，还可以随时到国际互联网络上走一遭……"。

在当时尚未成形的网络市场中，瀛海威义无反顾地担当了启蒙者的角

色。出于历史原因，当时整个行业的资源、环境都很不成熟，网站、ISP、电信平台、国际互联网这些概念还是少数专业人士用语，因此为了普及网络知识，瀛海威需要从"小学的基础教育"开始。公司在北京魏公村开办了中国第一家民营科教馆，所有人都可以在这里免费使用瀛海威网络，免费学习网络知识。在培育市场的同时，瀛海威还要呼吁改革妨碍公司发展的电信政策、呼吁法制建设、呼吁资本市场，同恶劣的生存环境做斗争。从某种意义上讲，张树新不是在为自己的公司呐喊，而是在为整个行业呐喊，而这一切都需要巨额成本。在当时的瀛海威，公司员工中流传甚广的一句话是"我们知道2000年以后公司会赚钱，可我们不知道现在应该做什么"。

日后张树新在《我们是这个行业中犯错误最多的人》一文中总结说：现在回过头来看，瀛海威不幸生得太早。从美国的网络产业发展历史看，网络服务供应商是信息产业高度细分的产物。而在中国，几乎每家网络服务供应商都要投入巨资去铺线路或租线路，还要自己投入力量开发相应的软件。如果一家企业什么都要自己去做，就更像一间作坊，而在作坊里是不可能形成产业的，更谈不上信息产业。她的结论是：1994年底到1995年初，我们走入IT行业是一种不幸，从先驱变成了先烈。

与瀛海威相比，A公司是大连一家成立于2006年的服务型企业，主营业务为中医按摩。经过1年左右的运营，公司在大连逐步站稳了脚跟。2007年的3月，浙江省一家装修公司的B老板投资1000万元买了近千平方米的门市房，进行了精心的装修，想在中医按摩业有所发展。因为不懂推拿行业的日常经营管理以及按摩师的技术管理，迫使其向外寻求帮助，他通过网站了解了A公司，认为A公司所走的路符合他心目中所设想的发展模式，所以他想通过自己提供硬件、A公司提供技术和管理的形式进行合作。

A公司创始人之一的L院长了解了这些情况后，认为这是一个良好的市场开拓机会。他觉得A公司发展市场的目标就是利用一切可以利用的资源，尽快使公司在东北地区乃至于整个中国有一个稳定的发展后，再向海外扩张，以实现中医推拿事业的全球化服务。通过几次的交流，彼此的信任感也不断增加。于是L院长决定到南方进行实地考察，从立地条件来看，这个店处在浙江省一个华侨之乡，经济十分富有，而且健康服务也越来越被大家所接受，所以潜在的市场空间非常广阔，于是双方一拍即合。

为了尽快开业，合同要求A公司在一个星期内完成人员的招聘、店内的日常经营管理和正规的礼仪、技术培训等工作。但是由于刚刚起步的A公司没有现成的后备力量，致使准备工作非常不充分，漏洞百出。公司不但没有按时招聘到合适的按摩师和管理者，而且连尚未纳入正轨的大连公司的经营也出现了问题。看到这种情况，B老板对于A公司这家还处于新创期的企业彻底失去信心，提出了重新分配利润的要求，而且条件十分苛刻，在权衡利弊后，L院长不得不放弃了这次市场开拓的机会。

从市场开拓的角度来看，两个案例的结果都是失败的，然而错误的性质却不同：瀛海威的错误在于在外界条件不具备的情况下进入IT行业，成为大雾中的领跑者；而A公司的失误在于在内部条件不成熟的情况下盲目冒进，成为瘸腿的赛跑者。

市场开拓危机的解决办法

针对市场开拓危机的不同情况，需要不同的解决办法。

先谋后动、慎思敏行。在前述《商业机会的评价——富金矿与热山芋》中详细介绍了蒂蒙斯评价体系，指出了行业和市场状况（涉及市场结构、市场规模、成长率和可获得的市场份额等指标）的重要性，特别强调了市场的客观存在性。为了全面地了解市场状况，创业者需要对计划进入的行业有全面的了解，其中包括该产业的价值链是如何构成的、是否具有资源或成本方面的壁垒、是否存在技术标准的壁垒、企业的盈利点在哪里，等等。针对当时的互联网服务行业而言，张树新应该考虑的主要问题包括：美国的互联网企业是如何运行的？具体而言，美国的同类企业通过互联网向用户传递的是何种信息？这些信息来自何处（公司自己收集整理、还是购买其他媒体的现成资料）？企业通过何种方式将网络延伸到用户的家庭或办公地点（自己铺设网络，还是租用电话公司等现成的网络）？企业的盈利模式（或说商业模式）是什么（向用户收取上网费用还是收取企业的广告费用）？企业所使用的软件是自己开发的还是购入其他企业的？为什么是那种方式？企业达到盈亏平衡点平均需要多长时间？企业从何处以何种条件获得资金？在完完全全地清楚了上述问题以后，张树新要考虑的最后问题是：网络服务业成功的关键条件是什么？中国是否具备了运行上述商业模式的条件？

我们不知道属于网络服务产业门外汉的张树新在创业前是否认真做了这些必要的功课？但是我们知道在成功的创业者中，日本软银的孙正义先生用了1年的时间研究了20多个行业的具体情况，最后选择进入从事个人电脑应用软件的流通买卖行业。1980年大学毕业后，孙正义从美国回到了日本，并决定自己创业。他首先设定若干项事业选择标准，如行业前景、是否创新、入行门槛、竞争情况、个人兴趣等标准，然后再把自己认为有前途的几十个领域或相关项目找出来，并对这些项目做了长达1年的市场调查和经营计划，并在调查研究的基础上，根据选择标准，终于选择了最符合条件的"软件流通事业"，从而全力以赴地投入此行业，并获得了巨大的成功。从此走上了一条成功的人生道路。

学会等待、善于放弃。对于一个处于成长期的行业而言，市场机会也许很多，但是这并不意味着每个企业都能够利用好这些机会，关键要看企业自己的实力如何。在A公司的异地扩张案例中，浙江省的市场机会是现实存在的，但是为了利用好这个机会，它需要A公司具有相对成熟的运行模式、有必要的管理人才和骨干的专业按摩师、有经过实践检验的管理制度。因为只有在这种情况下，A公司才可能将大连的成功模式复制到浙江市场，同时能够派出关键性的管理人员去实施这些具体措施。然而现实情况却非如此，实际上A公司是一家刚成立1年的起步企业，它在大连的营业面积为180平方米，只有11张按摩床位，而且刚刚经历了员工散伙和薪酬体系的调整，也就是说事实证明它还没有一套行之有效的管理模式，也根本没有人才储备。在这种情况下，要挑战创办、管理1000平方米的按摩设施，显然是勇气可嘉、后果可怕。

在这方面，海尔的做法也许值得学习。从张瑞敏接管海尔的1984年到1991年间，海尔专心于冰箱的生产、营销和服务，积极探索和积累企业管理经验，总结了一套可移植的管理模式。在这一时期，海尔先后提出了"有缺陷的产品就是废品"的产品质量理念、"三工并存、动态转换、赛马不相马"的用人体制、"诛大为威、关键的少数决定非关键的多数"的干部员工关系原则、"在位要受控、升迁靠竞争、届满要轮岗"的干部聘用体制、"日事日毕、日清日高"的工厂管理原则等。7年的试行错误和总结积累,使海尔不但在市场上赢得了美誉,而且在公司内部积累了一套行之有效的管理体制和大量的人才储备,这使海尔在后来的跨地区、跨行业的市场开拓中无往不胜,创造了多个激活"休克鱼"的经典案例。

"量力而行、有所不为"不仅是大公司在实施多元化战略时应该牢记的警句,而且也应该是新创企业在市场开拓(包括选择进入何种市场)中要时时刻刻思考的问题。面对现实的诱惑,创业者必须学会等待、善于放弃。对创业者而言,市场开拓失败只是众多危机中的一个,它既不是最重要的,也绝不是最后的一个。失败是创业者职业生涯的中的一部分,比成功更具必然性,它是一件让人遗憾但并不可耻的事情。尽管如此,我们仍奢求成功能够降临每个真心付出的创业者。

接下来,我们继续介绍新创企业经常遭遇的另一种危机——现金流危机和针对危机的解决办法。

现金流危机

现金为王(Cash is king)是在现代企业家中流传甚广的格言警句,然而在现实中因此翻船的企业却不在少数。随着新创企业市场份额的增大,企业需要更多的原材料、机器设备和员工,然而货款的回收却并不一定像想象中那样的顺利,实际的销售利润率也许比设想的要低很多,而原材料以及制成品的库存、意想不到的现金支出却可能比计划多出很多。从所研究的案例来看,导致现金流危机的原因有很多,但是从创业者的角度来分可以归为两大类:第一类是创业者缺乏财务知识、忽略了企业财务体系的建设和完善;第二类是创业者具备必要的知识,但是缺乏对客观规律的敬畏心理,铤而走险。

1997年8月,胡志标创办的VCD企业——爱多以2.1亿元的天价,摘取中央电视台第四届"标王"的桂冠,然而就在两年后的1999年,曾经风光无限的爱多却出人意料地进入了破产程序,从1995年7月成立到破产,只有4年多一点的时间，爱多又一次重复了中国企业昙花一现式的辉煌而又悲壮的经历（2000年胡志标被捕，2004年被法院终审以挪用资金罪、虚报注册资本罪等数罪并罚，判处有期徒刑8年，并处罚金25万元）。

从研究爱多的现有文献来看，与其他进入破产程序企业有所不同的是，1999年的爱多在管理、销售、投资方面几乎没有任何大的失误。比如爱多的现场和技术管理是一流的。胡志标以150万元年薪挖来的香港人李福光是康佳彩电的前任副总，他把爱多的生产管理得井井有条，还获得了VCD行业的第一个ISO9000认证，一直到破产，爱多VCD的质量几乎没有出任何问题。爱多的市场销售是良好的。由于整合营销策略的成功，到年底旺季时爱多仍出现了断货的现象。多元化给爱多造成的影响也是微乎其微的。尽管胡志标到处宣读"数字化宣言"，可在实际的运作中他是相当小心的，新组建的视频、影像设备、音响等子公司都是搞委托加工，胡志标给的政策是"只给品牌不给钱，每年上缴80%的利润"，因此除了人才输出外，爱多并没有投多少钱。爱多的人才队伍是非常稳定的，没有出现大规模跳槽的现象。

爱多的问题出在了财务管理上，它的现金流断链了。导致现金流断链的主要原因在于胡志标对财务知识的缺乏和对财务管理的忽视。创始人胡志标有着超出常人的市场直觉和亲和力。他本人所受的正规教育不多，但是对人才的渴望是十分强烈的。他曾出价150万元的年薪从香港挖来企业需要的高管人员，这些企业精英年龄比胡志标大，学历比他好，但是甘愿追随胡志标。但遗憾的是，爱多虽然人才济济，唯独没有一个擅长融资和资本运作的财务高管，1998年以后更是让没有多少财务知识的未婚妻担任财务总管。

爱多的财务管理是十分混乱的。记者孙云红在《风雨爱多》中写道：胡志标几乎不知道自己有多少钱，也不晓得自己欠了多少外债，他平时很少跟财务部门研究付款方面的轻重缓急，还常常把账上的利润当成现金。在经营活动中大手大脚，成本观念差，进入破产程序时，库存高达2亿元。除此之外，胡志标片面追求"产品零库存、银行零负债"。当其年销售额到达十几亿元时，爱多始终没有与银行接触，获得必要的资金支持或受信额度。

胡志标的悲剧在于对财务知识的无知和无视，以及对"财聚人散、财散人聚"的片面理解。与此相比，导致顺驰现金流断链的原因则在于创始人孙宏斌对客观规律的藐视。孙宏斌是清华大学的硕士毕业生，在1994年创业之前已经担任过联想的中层干部，曾经被柳传志作为接班人之一重点培养过。1999年，他还专门去美国哈佛大学商学院读了半年的AMP总裁研修班，系统地学了企业管理理论，当然也包括财务知识。

1994年，被提前释放的孙宏斌在天津创办顺驰房地产销售代理公司，随着公司的发展，顺驰的业务从销售代理扩大到二手房置换以及房地产开发。联想的工作经历和美国哈佛大学商学院的培训极大地丰富了孙宏斌的管理经验和技巧，郑爱敏在《解读顺驰》中写道：顺驰是一个学习型企业、信念驱动型企业，而不是规定驱动型公司。孙宏斌认为行动纲领的全部意义在于把信念转化为行动，体现出卓越的执行力，他主张企业文化和核心价值观造就企业的信念和氛围，企业战略确定发展方向，聚焦战略的管理体系可以实施和执行战略，而且要通过薪酬体系把个人利益与考核结果联系起来，实现个人利益与公司利益的统一。

2002年7月国家出台了土地的"招、拍、挂"政策，要求各地土地出让一律要实行招标、拍卖、挂牌等透明化、公开化的手段。至此偏居天津一隅8年之久的顺驰认为向全国扩张的时机成熟了。2003年9月，顺驰以5.97亿元将石家庄009号地拿下，一个月后以5.97亿元拿下苏州的金鸡湖地段。截至2004年年底，顺驰手中储备的土地面积达到近千万平方米。在1年之内，从一家地方性公司变成一个全国性的公司，企业的员工也从几百名发展到近万人，同时被同行称为"天价制造者"。有人计算过，这期间顺驰用于异地购地的资金需求为80亿元以上。

万科的王石认为：顺驰通过高地价的投资策略攻城略地，致使其在2004年的预付资金规模超过100亿元。从现金流上看，除非有强大的财团或银行做后盾，否则按期交付地款是不可能的，至此外界开始怀疑顺驰的现金流问题。

虽然年轻却久经沙场的孙宏斌当然理解现金流对于企业的重要性，但是以小博大的冒险，更确切地说是赌徒心理和极度的自信使其铤而走险，他开始上演现金流的生死时速。首先是充分利用预售制度，尽早而且大量地回收房款。具体手段包括通过高价快速拿地、然后快速建设、快速开盘（把普遍需要1~2年的开盘周期缩短到不可思议的6个月）、快速销售（高调运作、广告宣传），从而缩短现金流入的时间。然后是推迟付款，包括应该向政府交纳的土地转让费、应该付给建筑安装公司的各种费用等。其次是获得银行贷款或其他外部资金。最后是加强现金管理，手段是孙宏斌本人每天对各分公司的现金流状况进行统一调配，以提高使用效率。通过这些方式，孙宏斌试图用5个盖子盖好10口锅。

顺驰这种绷得过紧的资金链已经没有任何弹性，容不得任何风吹草动，否则马上就会断裂。然而处于众多不可控因素中的企业遭遇各种意想不到的环境变化已经是常识中的常识。2004年3月到5月，国家推出了一系列严厉的调控措施，包括紧缩银根、严格土地管理、控制银行风险等，其结果是银行惜贷、购房进入低潮。在外部宏观环境恶化的同时，顺驰的快速建设、快速开盘引发的住房质量问题开始浮出水面，销售回款进一步恶化。

2005年，孙宏斌试图筹资的另外两种方式——香港上市和私募也相继无果（原因是企业的利润率过低），而此时媒体曝光说顺驰拖欠的银行贷款等高达46亿元，至此顺驰的现金流危机开始全面爆发。一个视现金流为第一要素的企业家最后还是败在了现金的断流上，一个藐视规律的创业者最后还是受到了规律的惩罚：2006年9月，孙宏斌以12.8亿元的惊人低价让出55%的顺驰股份，2007年1月再次出让顺驰的39.6%股权，孙宏斌以一种极不情愿的方式让出了这个1994年由自己亲手创建的企业。

现金流危机的解决办法

大道至简。现金流危机的后果可能是严重的，然而预防其发生的方法却远非高深莫测。

才财并重、技能互补。汉高祖刘邦曾说："夫运筹帷幄之中，决胜千里之外，吾不如子房……三者皆人杰，吾能用之，此吾所以取天下者也。" 刘邦认为他的成功并不是因为自己有多大的本事，而是因为获得了这些天下奇才。从企业管理的角度来看，汉高祖这句话的实质是我们常说的"管理是借力、创业靠人气"。从爱多的案例来看，胡志标做到了招贤纳士，可惜他重才能不重财务：营销专家人才济济，而精通财务的专业人士却寥寥无几。

2006年北京大学出版社出版发行了乔赢所著《永不言败》一书，详细记载了以挑战麦当劳而驰名的短命快餐企业——红高粱的辉煌而又悲壮的经历。红高粱由解放军信息工程学院转业军人乔赢创立于1995年4月15日，首日3小时的营业额达到6600元，首月营业额为24万元，第二个月猛增至68万元。1996年2月16日，红高粱在北京王府井麦当劳的斜对面开店，经过短暂的导入期后，日营业额很快达到并维持在3.5万元前后。包括《人民日报》、中央电视台在内的多家国内媒体、美国《芝加哥论坛报》、美国有线电视新闻网（CNN）为代表的数十家国外媒体相继以中国快餐挑战世界老字号快餐店麦当劳为题，对红高粱进行了专题报道。但是由于现金流断链，红高粱于1997年开始非法集资，乔赢因此获刑入狱。

在狱中，乔赢出版了《永不言败》一书，并总结了自己的10大反思。其中的第四条反思是"不尊重理财'金律'，导致企业财务恶化"。他指出，无论你是经营一家快餐店，还是经营一个大的连锁集团，不是应不应该懂一些财务管理的问题，而是必须精通财务管理，企业应该把财务管理放到核心地位，绝不可以违背财务规律去经营企业。第八条的反思是"现代企业需要'四套马车'"。创办企业的亲身经历使乔赢认识到，现代企业要成功需要有4套马车的"合力"共同起作用。他们分别是：创业家、金融师（资本运营师：融资、投资、资本买卖等）、职业经理和技术总监，缺少任何一种，企业都难以成功。

敬畏规律、留有余地。规律是在长期的实践中总结出来的真理，规律是对成功经验的总结，但更是对失败教训进行反省的结果。因此对于规律，当然包括"现金为王"这样的金科玉律要有尊重，甚至是敬畏的心理，挑战规律的侥幸心理往往为失败埋下了伏笔。挑战规律取得成功是命运的恩惠，而失败才是顺情合理的结果。创业者需要冒险，但应该是有节制的冒险（Calculated Risk）。

孙宏斌实施了用收付实现制的会计原则来管理现金流，最大限度地利用了现金的早收迟付技巧，灵活运用了各种外部能够利用的资金，他精通现金流的管理，但是巧妇难为无米之炊，用5个盖子盖好10口锅的事实已经超出了操作技巧所能达到的极限。他精通规律，但缺少对规律的敬畏心。

管理大师德鲁克曾经说："目前快速成长的公司，就是未来问题成堆的公司，很少有例外。合理的成长目标应该是一个经济成就目标，而不只是一个体积目标。"乔赢在其反思的第三条中指出"生意是追求利润，不是追求规模"。"几年的实践，让他清醒地认识到，生意就是生意，必须追求利润，而不是追求规模和速度。量力而行、留有余地远远胜于全力以赴、志在必得"。健康地快速成长是每个创业者追求的最高境界，然而现实却常常让他们不得不在"健康的成长"和"快速的成长"之中做出选择。

正如前文所述，失败是创业者职业生涯的中的一部分，比成功更具必然性，它是一件让人遗憾但并不可耻的事情。我们奢求成功能够降临每个真心付出的创业者；我们愿意让失败者的教训成为后来人的营养；我们鼓励创业、宽容合理的失败，因为正是前仆后继的创业者在推动社会的发展。

从企业生命周期的角度来看，如果新创企业能够成功克服市场开拓危机和现金流危机，这也往往意味着企业已经渡过了新创期和成长期，开始进入企业发展的第三个阶段——规范期，同时也进入了组织和人才危机的高发期（这种危机也可能发生于成长期）。

组织和人才危机的事例

组织和人才危机是指由于新创企业在发展过程中未能建立合理有效的组织机构和与之相配套的人才培养与招聘等各项规章制度，致使企业的内部管理水平滞后于产品的市场开拓能力，从而阻碍了企业的进一步发展（如图1-6所示）。组织危机主要指新创企业内部部门的设置与职责、部门之间的协调等方面的问题导致的突发事件；人才危机则指由于缺乏培训和招聘机制，致使企业无法获得胜任各个部门职责的员工导致的突发事件，因为二者的关系互为表里，所以统称为组织和人才危机。

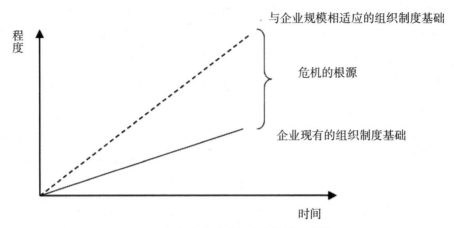

图1-6 组织和人才危机产生根源示意图

　　A公司成立于2000年，当时仅有4名正式员工，负责办理代理报关、报检等手续和港口现场业务，而公司的日常管理、业务操作安排、会计结算以及客户的开发和维护全部集中在创业者B一个人的身上。此后的几年中，公司的业务量和员工人数都有了较大的增长，创业者几乎没有休息过一天，有时甚至忘记了自己是否吃过午饭。每天在所有员工下班以后，他不是出去应酬客户，就是在办公室加班，既要考虑公司的总体规划，又要想好每天的具体工作安排，还要进行会计决算，通常都要忙到深夜才能回家。2005年初的一天下午，体力严重透支的B突然晕倒在办公室内，被送进了医院。医生的检查结果非常清楚，因为劳累过度，身体各项机能已经严重失调。A公司虽然已有40多名员工，但是缺少了B的现场指挥后，既无章可循，又无人可问，如同群龙无首，公司很快开始出现混乱。后来创业者B提拔C为公司主管业务的副总经理，C本人工作努力，为创业者减轻了不少负担，但是好景不长，大约半年以后，C突然提出辞职。辞职的原因也很简单：自从被提升为副总经理以后，他从来没有睡过一个安稳觉，觉得肩上的担子太重了，同时又缺乏必要的锻炼，他感到自己管理能力有限，每天被需要解决的问题弄得焦头烂额，已经无法再承受这么大的工作压力了。虽然B极力挽留，但是最终无果。之后，B尝试着培养D来负责公司的管理，结果D缺乏踏踏实实的工作作风，无法胜任这个职务。半年之后，A公司还是处于创业者B一个人的管理状态之中。

E公司是一家有600多名员工、年销售额达8000万元的民营制造企业，成立至今已有7年的历史，公司客户主要集中在欧美国家，创业者本人信守商业信誉，其客户中的70%都是5年以上的老客户。然而就是这样一家前景看好的企业，由于没能建立起规范的组织结构和相应的规章制度，创业者不得不面临卖掉企业的选择。由于历史原因，E公司没有统一的材料采购部门，而是分别由生产厂长和总经理助理负责标准件和特制件的采购，因此经常出现零部件不配套的现象。为了解决这个问题，车间主任甚至直接向供应商采购部品，造成重复采购的现象时有发生；在人力资源管理方面，各车间需要招聘员工时，不是由人力资源部统一组织招聘，而是各车间自行招聘，然后把名单上报，由于漏报现象严重，因此人力资源部不能准确掌握公司的员工总数，更不用说知识结构等详细信息；整个公司的日常运作全靠创业者F一个人来协调，一旦F因故不能来公司上班，很多事情就必须停下来。在这种情况下，公司每个月都有两三批客户要求退货，每个月的客户投诉都在10起以上，有时候一天就会有两三个客户投诉。由于国外客户经济索赔额巨大，致使E公司面对像雪片一样飞来的订单不敢接受，于是被竞争对手轻易获得。

A公司和E公司的情况代表了两种不同类型的组织和人才危机，前者是没有建立必要的组织机构和规章制度，从而使创业者B事必躬亲，更为严重的是，当创业者B意识到这个问题以后开始授权时，企业却缺少必要的人才。后者是因为没有建立有效的组织机构和规章制度，从而迫使创业者成为救火队长。从案例来看，E公司设立了一些职能部门，但是由于缺乏合理的组织机构、明确的部门职责划分、清楚的运作流程和整体管理体制，致使职能部门形同虚设，无法发挥应有的作用。

"创业靠产品，成长凭制度"。当企业发展到一定阶段以后，如果没有相应的组织和制度保障，就会出现成长中的不平衡，成为销售的巨人、制度的侏儒，其最终结果不言而喻。

组织和人才危机的解决办法

从创业者到管理者的角色转变。对于创业者而言，如何超越创建阶段建立一个保持灵活性的规范企业非常重要。这要求创业者必须记住两点：第一，为了鼓励创新和创造性，创业者需要继续通过言传身教把创新和创造力的精神传给尽可能多的员工，使新创企业保留某些创业特性，防止过早的机构官僚化；第二，逐步改变事必躬亲的做法，开始构思企业的组织框架、建章立制、育人用人，将自己的角色从运动员逐步转变为教练员和监督员。要做到这两点并不容易，特备是后者。素有卧龙之称的诸葛亮54岁魂落五丈原，究其原因固然很多，但"政事无巨细，咸决于亮""杖二十以上亲决"等工作方式恐怕是导致其心力交瘁的主要原因之一。当年主簿杨颙曾经劝谏诸葛亮说："我常见丞相亲自校对薄书，我认为没有这个必要。治理军国，自有体统，上下不可相互混淆。如果主人亲自劳作，必然形神皆惫，终一事无成。"诸葛亮听完后说："我不是不知道这些，但我受先帝托孤之重任，怕别人不像我这样忠心！"精神可嘉，然而效果可怕：诸葛亮的亲力亲为不仅直接导致了自己的英年早逝，而且间接地引发了"蜀中无大将，廖化作先锋"的人才现状。

治国如此，创业亦如此。在新创企业所有可能的不同转变中，最难做到、同时也是对企业发展最为重要的是从一个一人决策的创业型管理公司转变成为一个有组织的、有专业管理团队的公司。在这个转变过程中，创业者的主观转变愿望起着决定性的作用，因为只有愿望强烈才可能接受角色转变带来的种种变化与不安。

构建组织框架。在企业实践中，有3种组织框架可供选择。其一是职能制组织结构，它是按职能来组织部门分工，把承担相同职能的业务及其人员组合在一起，设置相应的管理部门和管理职务。例如，把所有同销售有关的业务工作和人员都集中起来，成立销售部门，由分管市场营销的副经理领导全部销售工作。职能制组织框架使企业的管理权力高度集中。由于各个职能部门和人员都只负责某一个方面的职能工作，唯有最高领导层才能纵观企业全局，所以，企业生产经营的决策权必然集中于最高领导层。其优点在于专业化分工有利于管理人员注重并能熟练掌握本职工作的技能，有利于强化专业管理，提高工作效率。缺点是各部门容易产生本位主义，造成摩擦和内耗，使职能部门之间的横向协调比较困难。

组织框架设计中可供选择的第二个方案是事业部。即一个公司按地区或按产品类别分成若干个事业部，从产品的设计，原料采购，成本核算，产品制造，一直到产品销售，均由事业部及所属工厂负责，实行单独核算，独立经营，公司总部只保留人事决策，预算控制和监督大权，并通过利润等指标对事业部进行控制。事业部制的优点在于总公司领导可以摆脱日常事务；实行独立核算更能发挥经营管理的积极性；事业部内部的供、产、销之间容易协调，不像在直线职能制下需要高层管理部门过问。其缺点在于公司与事业部的职能机构重叠，构成管理人员浪费；事业部之间的协作困难等。

第三种可供选择的方案是矩阵制组织结构。它是把职能划分的部门和按产品（项目）划分的小组结合起来组成一个矩阵，纳入矩阵式组织机构的人员既同原职能部门保持组织与业务上的联系，又要参加产品（项目）的工作。职能部门是固定的组织，产品或项目小组是临时性组织，完成任务以后就自动解散，其成员回原部门工作。它的特点是围绕某项专门任务成立跨职能部门的专门机构，力图做到条块结合，以协调有关部门的活动，保证任务的完成。这种组织结构形式是固定的，而人员却是变动的，任务完成后就可以离开，项目小组和负责人也是临时组织和委任的。矩阵结构的优点是将企业的横向与纵向关系相结合，有利于协作生产，同时各部门人员的不定期的组合有利于信息交流，增加互相学习机会，提高专业管理水平。缺点是项目负责人的责任大于权力，没有足够的激励手段与惩治手段，项目组成人员容易产生临时观念，对工作有一定影响。

伴随着组织机构的设立和完善，与之相适应的各种规章制度也要建立起来，比如《考勤管理制度》《人事管理制度》《财务管理制度》《岗位职责说明书》等。

构建组织框架的8原则。Flamholtz & Randle在其著书*Growing Pains: Transitioning from an Entrepreneurship to a Professionally Managed Firm*（中译本为《企业成长之痛——创业型公司如何走向成熟》，清华大学出版社）中给出了检验企业组织结构是否合理的8条原则。（1）功能决定形式。企业采取何种组织机构、设立哪些职能部门应该根据企业发展战略和目前状况而定。（2）现有的各职能部门是否在创造附加价值？为了完成企业目标是否需要增减、并分一些职能部门？（3）赋予每个员工的职责是否有利于企业整体目标的完成？主要的检验标准包括：《岗位职责说明书》是否存在？内容是否需要更新？是否被员工和公司重视？（4）企业内的上下级报告关系是否明确？员工是否具有足够履行职责的权利？为了提高效率和培养人才，决定权应该逐步下放到能够掌握实际情况的组织中的中低层。（5）企业内管理幅度和管理层次的设定是否有利于企业目标的达成？一般而言，管理幅度在3人到9人之间较为合适，管理层次与管理幅度成反比。管理层次越多，信息传递的时间越长、准确度越差。（6）每个岗位（包括领导岗位和一般岗位）所需要的技能是什么？这些岗位的干部或员工是否具备这些技能？如何通过培训或外聘达到适才适所？（7）相互依存的企业内各部门之间是如何横向协调的？常用的机制包括自发式、上级参与式、过程标准化式等。（8）为了使目前的组织构造充分发挥职能，企业需要什么样的支持体系？这些支持体系包括报酬、培训、企业文化等。

管理技能的开发。随着企业的发展壮大和组织框架的构建，人才问题越来越成为新创企业发展的瓶颈。主要表现为当初一起创业的员工缺少必要的管理技能，难以胜任新的岗位，同时他们对外部招聘过来的新员工（特别是他们的上级）不予合作，倚老卖老。因此管理技能开发的主要目的是挖掘现有员工的潜能，使其掌握充分的管理（特别是沟通）技能，能够适应新的角色并会与新人合作。这个过程通常分为3步：（1）重新认识自己在企业中的作用。从一线员工上升为管理者时，所要求的责任、技能以及对时间分配方法的理解有很大的差别，通过管理技能的开发，不但要使参加者认识到这个问题，而且还要落实到行动中去。（2）掌握新的技能。不同的管理岗位要求的技能不同，因此企业有义务帮助参加者根据需要通过各种途经获得必要的技能。（3）个人的心理变化。主要表现在3个方面，其一是从事必躬亲改为授权他人；其二是学会通过部下业绩评价自己；其三是从回避冲突转变为管理冲突。

表1-3　管理技能开发中的注意事项

管理层次	对角色的认识	要求的技能	具备的心理
首席执行官	对内管理高级经理，对外是企业的大使	如何使组织和个人向更高的层次转型	与高级经理一起分享企业的成功，管理好内外各种复杂的冲突
高级经理（事业部经理）	管理团队的核心成员，既是公司的高层领导、又是事业部门的最高领导，二者之间可能有角色冲突	制定战略、组织制定战略、企业文化管理	通过与中层经理的合作完成部门的目标，并从中获得满足，从全局出发管理冲突
中层经理	不仅需要员工的努力，而且需要其他一线经理的配合，绝大多数的时间用于计划、组织和指导	培育一线经理、制定部门战略、协调部门内关系	教育一线经理管好部下，满足感来源于优秀的部下及其完成的工作，管理冲突，向一线经理反馈自己的意见
一线经理	教练或教练兼运动员，作为运动员的时间减少，用于计划、教育、组织的时间增多	放权与监督、时间管理、教育培训、绩效评价、招聘	将工作交给部下完成，满足感来源于优秀的部下及其完成的工作，管理冲突，向部下反馈自己的意见
员　工	运动员角色，把所有时间用在自己的工作上	工作技能	直接控制工作结果、满足感来源于自我努力、回避冲突

资料来源：根据Flamholtz & Randle "Growing Pains: Transitioning from an Entrepreneurship to a Professionally Managed Firm"整理。

在回避和解决危机中前行

在《新创企业的危机管理》系列文章中，我们共列举了3种类型的常见危机，即市场开拓危机、现金流危机与组织和人才危机，并给出了相应的应对措施。我们希望这些应对措施能够防患于未然，而不是被动地去用于亡羊补牢。

在创业这个动态过程当中，创业者必须认识到：即使经营发展得很顺利，但成功不是永恒的，意想不到的危机可能在没有任何前兆的情况下突然发生，所以创业者必须有敏锐的洞察力，并且善于行动，做胜利者想做的事，始终保持进攻的态势，拿出足够的激情甚至是狂热，时刻关注周围的情况。为了企业的持续稳定发展，创业者必须突破现状并不断革新才会带来永远的繁荣。不可安于现状，这正是"商道"的本质所在。

危机不一定将你的企业打倒，它也有可能使企业变得更强大。

十、培育和完善我国的创业投资体系

前述我们反复强调了创业企业在整个融资过程中始终要考虑的3个问题：（1）何时需要多少资金？（2）从何处筹措资金？（3）以何种条件融资？这3个问题的答案一方面取决于各个新创企业的具体情况，同时更受外部环境，特别是外部融资环境的影响。下面我们将从宏观的角度考察创业投资体系，同时重点分析其他发达国家的经验与启示，以期对完善我国的创业投资环境有所借鉴。

创业投资也称风险投资，是指通过向没有公开上市的新创企业进行股权投资，并为其提供管理和经营服务，期望在企业发展到相对成熟后，通过股权转让收取高额中长期收益的投资行为。国家介入创业投资产业的理论依据不是因为该产业本身存在着市场失败，也不是因为该产业本身可以带来巨大的经济效果（比如创造就业机会，促进经济发展等），而是试图通过发展创业投资产业来扶持有创新能力的中小企业，从而在实现资源有效配置的基础上，通过被投资企业的创新行为扩大生产可能性的前沿。

从现实中看，试图通过制定政策来促进本国创业投资产业发展的国家很多，但是取得成功的却寥寥无几。在政府和创业投资产业之间的关系上，日本的事例值得研究。日本是一个以间接金融为主体的国家，其创业投资产业诞生于20世纪70年代初期，受国家政策以及产业内部条件的影响，日本的创业投资公司形成了一个经济效益合理、社会效益低下的运作模式（虽然这个产业的先驱者曾经试图把美国模式引进日本），这种运作模式影响了创业投资产业整体应发挥的社会职能（发掘和培育有创新性的高科技中小企业）。

下面，我们简单分析一下日本的案例①。

日本政府与创业投资产业之间恶性循环的形成

1972年公布的创业投资公司宪章②和严格的公开上市基准③是政府政策阻碍创业投资产业发展的集中表现。这种十分不利的初始条件以及其他特定的原因，促使日本的创业投资公司形成了虽然合理但是却没有社会效益的运作模式，即放弃本来应当承担的社会责任，而退化为非银行性金融机关（即：投资、融资、租赁等业务并存）；主要投资于成熟企业；对被投资公司很少提供经营服务（hands-off），这种运作模式使其没能在培育日本的新兴高科技产业方面起到应有的作用，反而在一段时期内卷入了违法的高利贷行业，④因此社会对它的评价一直不高。

在这种情况下，创业投资产业完全失去了使政府制定政策改变自身不利环境的理由（更不用说出台优惠措施扶持自身发展），使其只能充分利用市场机制，寻求自身发展的空间，从而形成和强化了下列恶性循环：不利的外

---

① 关于日本创业投资产业发展的具体分析，请参见由中国科技部创业投资研究所主编的《世界各国创业投资发展史及其启示》。

② 1972年11月，经过水面下的交涉，日本公正取引委员会（独占禁止法的执行监督机构）发表了对创业投资公司的管制意见（通称创业投资公司宪章）。其中包括：（1）投资的目的是为了支援风险企业的发展，而不是为了支配风险企业；（2）不得派员担任或兼任被投资公司的董事；（3）无论在何种情况下，创业投资公司的股权不得超过49%；（4）投资股权超过25%时，创业投资公司必须能实证没有支配其他投资者，等等。只有在这些前提条件下，日本公正取引委员会才会认定创业投资公司的经营是合法的。受此法影响，日本的创业投资公司无法像美国同行一样介入被投资公司的业务，无法强制被投资公司执行自己的战略，甚至无法参与被投资公司的经营管理。

③ 主板市场和二板市场的公开上市条件过严，从而使企业从设立到实现上市需要很长的一段时间。比如，1984年共有23家企业实现了主板上市，这些企业从设立到上市的平均时间为29年零5个月，10家二板上市的企业的平均时间为30年零2个月。与此相比，包括Intel，Microsoft等企业在内的10家美国主要企业的纳斯达克公开上市时间平均仅为4年。同时二板市场的流动性过低，使其经济效果不明显。

④ 在20世纪80年代初期包括JAFCO在内的一些创业投资公司为了生存纷纷卷入了高利贷产业，社会影响很坏。

部环境→歪曲的运作模式→微弱甚至负面的社会效益→失去政府的支持→依旧不利的外部环境。这种恶性循环严重阻碍了日本创业投资产业的健康发展，使其不能发挥应有的社会职能（发掘和培育有创新性的高科技中小企业）。

日本政府与创业投资产业之间恶性循环的打破

1994年，细川内阁发表了政府政策大纲，首次提出了通过创业投资公司来扶持风险企业的战略，对创业投资公司寄予了很大的期待。受此影响，日本公正取引委员会修改了1972年公布的创业投资公司宪章，从而为其介入被投资企业的经营（包括监督和帮助）提供了法律保证。之后，日本政府又从其他方面相继制定了一系列针对创业投资产业的法律，从而彻底改变了其不利的外部环境。

政府的政策可以分为4个方面。首先是从量上扩大创业投资产业的可投资规模。这包括促进民间机构者的投资和增加政府对创业投资产业的投资。第二个方面的措施是完善创业投资机构的组织形式，比如1998年，日本议会通过了《有限责任合伙制基金法》，并且公布了有限责任合伙制基金的合同样本，被投资企业价值的计算方式等相关文件。第三个方面的措施是扩大对创业投资的需求，包括促进高科技企业的创业活动①，为管理层收购企业（MBO）提供法律环境，等等。近10年来，日本的创业活动非常低迷，这不但不利于经济结构整体的更新换代，也自然减少了对创业投资的社会需求。为了促进高科技企业的创业活动，日本政府参照美国以及中国的经验，对大学等学术机关进行了改革，使其能够参加经济活动，具体措施包括制定《大学等技术转移促进法》等一系列法律法规。最后的措施是解决回收资金的出口问题。虽然被投资企业的公开上市不是唯一的资金退出渠道，但是成功的创业投资几乎全部是通过这种方式回收资金的。在这方面，日本政府已经为创业投资产业（区分产业和企业的不同）提供了很好的环境，并且在很大程度上诱导民间创业投资公司改变了其运作模式。

---

① 这与发展创业投资产业的目的是为了促进高科技企业的创业和成长并不矛盾，创业投资产业的发展与风险企业的数量和质量的关系是双向的。但是从根本来说，风险企业的存在是创业投资产业诞生和发展的前提条件。

综上所述，日本政府为了重振本国经济，根据国外的经验重新评价了创业投资产业的作用，并着手制定措施扶持其发展。由于外部环境的变化，对处于发展早期的高科技小企业和处于成熟期的中坚企业的投资所带来的相对收益发生了变化，前者正逐渐变得优于后者。正是在这种情况下，追求利益最大化的民间创业投资公司开始修正传统的运作模式，政府政策变化→外部环境改变→相对收益的变化→运作模式的修正→（社会效益的出现→扶持政策的正当化→扶持政策→外部环境的进一步改变）这一新的良性循环正在形成之中。

几点启示

经过30年的发展，日本的创业投资产业虽然规模扩大了，运作模式也发生了质变（正朝着社会所期待的方向发展），但是与日本的经济实力相比，其创业投资产业发挥的作用还很小，发展的潜力还很大。我们试想，如果日本在80年代就开始重视创业投资产业的作用并扶持其发展，使其能够更多地参与金融市场的资源分配活动的话，也许日本的银行根本就不会陷入巨额的不良债权之中。前车之鉴，后事之师，我们期望日本的教训能使包括中国在内的国家少走些弯路。

结合日本的事例和我国的具体情况，我们认为，在宏观上日本的经验和教训可以总结为3个方面。第一，包括二板市场①在内的出口措施至关重要，这不但关系到创业投资产业的量，而且决定一个国家创业投资产业的质（即是否能对最需要资金支持的早期高科技中小企业进行投资）。

第二，投资机构的法律形式问题有待研究。关于创业投资公司的最佳组织形式问题，美国和日本的实际经验以及代理人理论（Agency Theory）表明，有限责任合伙制基金可能是目前最适合的选择。

第三，促进资金流入创业投资产业的政策措施效果有限。我们来看日本的例子，1997年，日本政府模仿美国的先例，修改了养老基金运用法规，期待以此扩大日本风险投资产业的可投资规模，可实际效果如何呢？2003年7

---

① 但是，为了保证上市企业的质量和二板市场的流动性，完善各项措施，特别是对上市公司的挑选、对IPO时股票的定价、对上市企业的信息公开要求等非常重要，日本在这方面是有教训的。因此，我们说光设立二板市场是不够的，还要保证其效率性。

月，日本经济产业省公布了对养老基金的调查报告，结果表明，在724个回答的基金中，真正对日本国内创业投资产业投资的基金只有一个，因为基金运用者认为对日本的创业投资产业进行投资的条件还不存在。①在我国，有的学者主张应该尽早把蓄积在银行、证券以及养老保险业的资金导向创业投资产业。笔者不同意这种观点。这是因为：（1）资金短缺不是阻碍我国创业投资产业发展的主要问题；（2）为了实现资源的有效配置，我国应该逐步许可养老基金以及银行等机构投资者进入创业投资产业，因为这样做既可以分散风险，又扩大了创业投资产业的可投资规模。但关键是进入的时机，我们认为至少要到创业投资产业进入了良性竞争，社会上出现了大量的创业活动，而且投资者和创业投资公司之间出现了专业的中介机构（Gatekeeper），各个创业投资公司之间的投资业绩有了可比性等基础条件完备或基本完备后，再考虑养老基金以及银行等机构投资者进入风险投资产业的问题。这些条件虽然苛刻，但是完全必要的，而且是可行的。否则，贸然许可养老基金以及银行等机构投资者进入创业投资产业，其政策效果或是不明显或是灾难性的。

日本的事例表明，政府可以阻碍也可以促进创业投资产业的发展。追求利益最大化的创业投资公司不会因为舆论的说教而改变自己的嗜好（经济效益合理，社会效益低效的运行模式），只有通过政策措施，改善外部环境，创造出合理的社会激励体制（Social Incentive Structure），从而使创业投资公司的利润最大化行为客观上支持高科技风险企业的快速成长，才能实现公司目标和社会效益的统一，这才是最理想的政策效果和制度安排。

---

① 传统的观点认为，扩大资金供给可以促进创业投资产业的发展，并且援用美国的事例来说明这一点。确实，美国的经验表明，1979年和1980年对职工退休所得保证法（ERISA=Employee Retirement Income Security Act of 1974）的修改，极大地影响了美国创业投资产业的发展（Bygrave and Timmons 1993; Gompers and Lerner 1998）。但是我们不要忽视这一因果关系存在的前提：当时的美国有纳斯达克这个很好的出口渠道，有很多的投资机会，有经验丰富的风险投资家。无视这些前提条件，而主张把养老基金，银行存款引入创业投资产业的观点是片面的，这样的政策建议有巨大的隐患。

十一、美国大学创业企业与支援制度的形成

积极扶持大学创业企业，不仅有利于促进和扩大产学技术转移，而且对于实现技术革新和高新技术产业的发展，甚至对区域经济的活性化都具有一定的积极意义。在美国，产学技术转移和大学创业企业支援制度80年代初反映在克隆硅谷政策①中，但是真正开始产生效果是在90年代。1995年8月，以网景公司（Nescape）在纳斯达克成功上市为契机，以IT高新技术产业为始点的大学创业企业开始蓬勃发展，伴随着研究型大学卓越研究成果的不断涌现，大学创业企业的成长和聚集，带动着区域产业构造的转换和再生，实现了90年代后期到21世纪初美国长时间经济增长的奇迹。

我国正在实施自主创新战略，并把大力推进产学研结合作为加强国家创新体系建设、提高国家自主创新能力的重要途径和举措。推进产学研结合是一项十分复杂的系统工程，涉及国家创新系统各要素及其相互联系和作用，涉及经济、社会的方方面面。其中一个重要课题是如何形成一个有效的大学创业企业支援制度。结合我国现实国情，积极借鉴、吸取美国的相关经验，对我们进一步理清推进产学研结合进程中的基本思路，完善有关政策法规，健全运行机制和组织模式，都具有重要意义。

克隆硅谷政策和产学连携型研发中心的设立

70年代美国的产学技术转移政策被认为是实现美国经济再生的克隆硅谷政策的重要一环。当时，美国既存产业的国际竞争力正在不断丧失，作为高新技术产业重要投入要素的知识成为经济复苏的重大牵引力。此时，贝伊—

---

① 克隆硅谷政策就是指复制硅谷的产业集群和对大学创业企业的支援政策，具体详见西泽昭夫·福嶋路「大学発ベンチャー企業とクラスター戦略」（学文社，2005年）。

多尔法案①的颁布，无疑成为实现国家创新成长战略的重要推进器。但是，虽说致力于前沿技术的大学，具有对现存技术体系进行根本性破坏的革新能力（Disrutive Innovation），而且由此技术商业化所带来的产品革新（Product Innovation）可能性也很大。但是一般来说，大学研究的内容并不是直接以满足市场需要为目标，其研究成果往往停留在研究对象基本原理的揭示，并提示出应用的可能性（Proof-of-Concept），距离真实的商业化进程还有相当大的空间。而且，高新技术产业的形成，需要由显示其产业特征的中坚产品、由此派生出来的周边产品和应用产品以及具有阶段性的产品链共同来完成。因此，产品链中各种固有构造的基干技术（GenericTechnology）的创造以及基干技术实用化所需的外围技术（Infra-technology）的开发和导入不可或缺。②

对于高新技术产业形成最为重要的基干技术研究来说，没有一定应用研究成果的积累、没有产业界对其市场可能性的评价，就不会朝着商业化的开发研究迈进。为此，在承担着教育和研究这一基本使命的大学组织内，产学连携型研究开发必不可少。1984年，伴随着国家共同研究法（National Cooperation Research Art）的颁布和实施，在多个研究型大学里设置了产学连携型研究开发中心（以下简称为UIRC）。在该中心里，为促进基干技术的发掘工作，首先要评估基础研究和应用研究的成果向基干技术转化的可能性，然后使可能性高的研究成果转化为基干技术，并以此作为大学研究成果商业化的起始点。大学以UIRC为平台，通过与产业界开展各种共同研究项目，持续获得市场需求的反馈，从而寻找到了研究成果转化为产学技术转移资源的捷径。而担任对该资源进行评估、专利申请以及专利向产业界许可使用管理的专门组织就是技术转移办公室（Technology License Office，以下简称TLO）。

---

① 1980年以前，美国政府对其资助的大学研究成果的知识产权归属没有统一的规定，由资助机构和大学按有关的法律和政策确定。通常，除非资助机构放弃权利，一般来说，资助研究成果的所有权归政府所有。针对这部分知识产权，政府倾向于实施非独占许可。1980年，美国颁布了专利和商标修改法案贝伊—多尔法案，1987年又颁布了该法案的实施条例。该法规定，大学、小商业部门和非盈利机构等可持有联邦政府资助或订立合同的研究成果的专利权。

② G.Tassey，The Economics of R&D Policy，Quorum Books，1997.

TLO的设置与组织界限

为实现知识产权的转让和由此获得许可使用费等收入的目标，TLO要具备和原来的大学组织相异的构造和关系。在美国，大学与TLO的关系分成3类。其中学校内部组织型，由于受到大学内部组织惯性的束缚，技术转移专业人员待遇低，难以发挥其专业特长，只能根据研究者的意愿，以优先获得研究费为目标。而且，大学还存在诉讼等法律风险。与此相反，外部组织型，以收益优先为目标，为实现利益最大化难免会在运营政策上与大学发生摩擦，为此不得不牺牲大学的中立性和公共性。因此，TLO最为理想的组织形式是介于二者之间的中间形态。该中间形态，保持一定的自立性，并维持与大学的连携关系。大学按其政策实现技术转移，其专门组织TLO承担着运营责任，并获得一定的财政资助，与此同时，TLO以自主性为目标，在新型组织关系中，工作人员可以获得专业人员的待遇。总而言之，根据大学的现行政策，为提高技术转移的业绩，在营运目标、组织形态、激励机制和文化等方面，构筑与以往不同的TLO组织不可或缺。而且要发挥这种新型组织机构的机能，专门性人才同样是十分重要的。此外，由于技术转移业务需要专业人员具有不断提高业务水平的能力，为此，具有自我研修机制的职能团体AUTM（Association of University Technology Managers）得以设立。AUTM不仅仅停留在发挥专门人才间相互启发之功效上，而且还成为了专门人才职场转换的中介机构，由此形成了支持TLO长期发展的人才储备源。在美国，产学技术转移政策是一项相当大的制度变革，直至1987年，贝伊—多尔法案实施体制才得以确立。此外，由于作为支持TLO活动的人才培养也需要一定的时间，所以真正这些活动发挥作用的时间也就开始于90年代中期以后。

大学创业企业支援与区域连携的扩大

最初，TLO曾经构想以从产学连携研发中心诞生的研究成果经专利化后转移给共同研究的企业作为商业模型。但是，在实际运作过程中发现，某些研究成果即使获得专利，由于与商业化尚存差距，所以现存企业就会以该技术成熟度尚未达到原型标准产品试制阶段（Prototype）为由，拒绝接受该专利技术的转移。因此，在这个过程中，必要的技术革新不可或缺。在上述技术革新的担当者中，大学创业企业获得了广泛关注。如图1-7所示，现在美国大学TLO的技术转移模型依据技术成熟度的高低，采取不同的专利许可战略以转移给不同的目标企业。根据这一模型，技术成熟度可以区分为第一阶段（Early stage）、第二阶段（Proof-of-Concept）、第三阶段（Reduced-to-Practice）和第四阶段（Prototype）。在第一阶段，由于概念尚未获得证明，很难获得专利。这时的TLO应以获得专利为目标，着力于为达到提示出应用可能性的共同研究，加强外部知识的导入和外部研究费的取得，尽可能地实现与大企业间研究协议的缔结。大企业会以该"技术之窗"（Windows of Technology）为切入点，以高端技术信息的取得为目标，协同进行研究。在第二和第三阶段，TLO获得专利，虽然尝试着与现存企业进行技术转移，但是由于距离商业化程度不够，现存企业对于开发费用的投入尚存疑虑，为此，存在排斥技术输入的倾向。另外，即使某些现存企业接受了转移技术，但是由于该技术并非该企业自主研发（Not Invented Here），因此该企业内部技术人员也存在讳疾忌医，将转移技术束之高阁的可能性。结果是TLO无法获得专利许可使用费，同时也造成了研究与开发之间的鸿沟（Gap）。此时，大学创业企业成为了填补鸿沟的担当者。到了第四阶段，TLO将尽可能选择既有制造经验又有销售网络的大企业作为合作伙伴，这时技术转移的范围将进一步扩大，其中非独占的专利许可变得越来越多。

正如该技术转移模型所示，在目标市场尚未确定的未成熟阶段，大学创业企业期待发挥填补技术鸿沟的作用。[①]但是，由于大学创业企业存在经营资源匮乏，技术和经营风险大的问题，所以TLO的支援必不可少。其中面向创业企业的倾斜政策内容包括独占专利许可承诺、[②]削减许可使用费为参股创业企业等。从TLO的角度出发，这种支援政策，不仅有损于其运营业绩，而且

---

① D. Drake， "Creating a Start-up Climate： Ideas for Next-Generation Technology Transfer" Journal of Association of University Technology Managers，Vol. ⅩⅥ，No. 2，AUTM 2004.

② 根据美国AUTM2004年专利许可调查显示，面向创业企业，独占专利许可与非独占专利许可的比率分别为90.3%和9.7%；面向大企业分别为35.3%和64.7%。

意味着要承担一定的风险。因此，创业企业尽管在大学研究成果迈向商业化过程中发挥着重要的作用，但是如此大的经营风险，并不应该单独由TLO来承担。因此，面向大学创业企业技术转移战略的实施还离不开大学的支持和大学资源的共享。

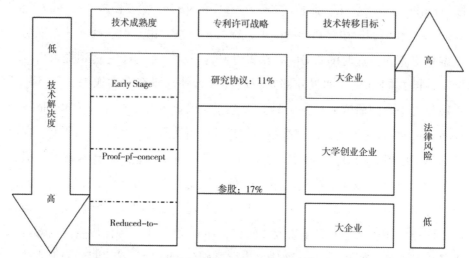

图1-7　美国产学技术转移模型

资料来源：G. D. Markman et al. "Entrepreneurship and university-based technology transfer" Journal of Business Venturing, Vol. 20, No. 2, Elsevier, 2005, P.257

在图1-7第二、三阶段的技术商业化过程中，我们还可以看出，大学创业企业可以被看作是一种最为合适的企业形态。这是因为，大学创业企业中不仅有技术发明者，还有能够促使技术商业化的优秀经营人才，两方面人才的组合，再加上弹性的组织结构以及为达到原型标准产品试制阶段而进行的市场开拓，就成为创业企业未成熟技术商业化的动力和源泉。但是，要想获得优秀经营人才的加入，至少要在达到原型标准产品试制阶段前配备充足的开发资金和专门用于研发的场地。如果没有研发基础，即使可以预见到商业化成功后企业的快速成长，经营人才也不会趋之若鹜。那么，这种创业企业的研发基础，也就是说研发资金和孵化器场所，就成为大学创业企业研究成果商业化成功的关键。

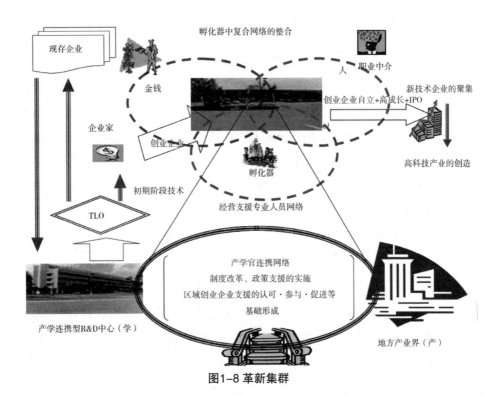

图1-8 革新集群

以上以研发基础为中心的支援制度综合起来也就是如图1-8所示的革新集群（Innovation Cluster）。革新集群就是以孵化器为节点，将人、物、资金和信息等经营资源集中向创业企业供给，通过产学官连携组织的复合网络，以促进和支持创业以及革新技术的聚集。说到资金，由于在这个阶段，VC投资积极性不足，创业企业如果仅仅依靠3F作为初始资金显然力不从心，优秀的经营人才也很难被招致麾下，所以追加的创业投资需要天使资金来补充，这就需要周围具有一定的个人投资家网络。人才支援网络来自于与地方大学的研究领域和技术特性相符合的专业人员所组成的职业中介机构。

革新集群的组成，大学的参与也必不可少。这是因为大学是区域革新力量的重要组成部分。与此同时，在革新集群形成过程中，TLO是催化剂，它与大学的参与也密不可分。为此，需要重新认识大学的使命。

主校区与科技园

大学是以知识创造、传承和普及为目的，开展教育活动的场所。教育首推公开性，不以收益性为评价指标。而产学技术转移是以专利为代表的知识产权，以一定期间内知识的专有性为前提，从希望使用该项专利技术的企业那里征收使用费的过程。可以看出，教育和技术转移从原理上来说是根本不同的。当然，目前对于大学来说，研究成果应该在公开的前提下应用于教育工作中，还是应该通过专有方式实现产学技术转移，尚存争论。但是，如上所述，为消除大学研究成果的未成熟性与技术转移之间的技术鸿沟，需要对大学创业企业进行支援，其中创业企业专利技术的独占和以技术参股，以及企业成长中的效益优先原则，都会对大学教育的公开性产生一定的恶劣影响。

产学技术转移的导入，与教育的责任相违，这种第二次大学革命（Second Academic Revolution）给大学的组织和运营带来了巨大的变化。为实现对大学创业企业的支援目的，大学设置了科技园（Research Park），它具有与过去大学教育和研究活动所在的校区不同的组织特征，成为产学技术转移和创业企业支援的基地（如图1-9所示）。与此同时，物理空间的区分，也给教职员工在教育、研究和产学连携上如何平衡，带来了利益相反管理的重要制度问题。

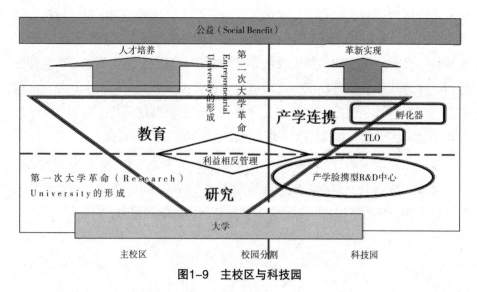

图1-9　主校区与科技园

科技园正是产学技术转移的现场，或者说上述各组织存在的场所，在这个场所里，产学研究者分工协作，将技术与市场嫁接，并从中挖掘出技术革新的种子。在美国，科技园和产学连携研究中心的增加具有一致化倾向，在主要的研究型大学，以包括校园在内的组织革新为前提，产学技术转移，通过对大学创业企业支援的方式，业绩不断获得提升，成为美国经济发展新的推动力。目前以研究型大学为中心的区域，高新技术产业规模还在不断扩大。所以，即使在金融危机等经济环境恶劣的时期，美国经济从总体看来，依然拥有发展的后劲。

第二节　创新与社会发展

改革开放以来，科技创新对我国经济社会发展发挥了重大作用，但是仍然存在科技创新与社会发展或多或少地相互脱节、融合不够，创新成果转化率不高，与市场结合度不够等问题，2019年政府工作报告提出坚持创新引领发展，培育壮大新动能，改革创新科技研发和产业化应用机制，促进新旧动能接续转换。同年，习总书记在两院院士大会上提出：要促进创新链和产业链的精准对接，加快科技成果从样品到产品再到商品的转化，把科技成果充分应用到现代化事业中去。

为此，要通过机制创新，深化科技创新与经济社会发展深度融合。一是牢固树立创新为第一动力的发展理念，创新全链条激励机制，激发各类创新主体的积极性与创造性。在供给侧结构性改革过程中，如何推进新旧动能的快速转换，关键是创新动力机制，真正把科技创新摆在国家发展的全局上。一是创新各级政府管理部门科技创新管理办法与激励政策，改革创新科研立项、研发、评价与成果转化、推广应用机制。建立健全科技创新服务体系与技术成果转移服务体制，为科技创新成果转化提供有力保障，使其成为连接科研院所与企业的"红娘"。二是进一步完善细化企业为创新主体的相关激励政策，强化企业技术创新主体作用，充分调动企业在市场竞争中以科技创新为主导的积极性、主动性。三是健全以企业为主体的产学研用一体化的新机制，构建共同体，共建国家级、省部级创新平台，激励企业牵头申请各类研发项目，形成共建、共管、共享、共赢的新局面。促使基础研究与产品研发、核心技术攻关与成果转化、技术产品孵化与推广应用紧密对接，实现技术链与产业链的密切对接，达到推进高校学科建设与企业提升同步发展，真正实现企业与高校的融合。

二要进一步完善细化适应各类人才的管理办法与激励政策，建立系统配套的激励机制。创新驱动的本质是人才驱动，核心要素是人才，应探索适应科技人才研究的环境、条件，建立具有创新活力与相互竞争的管理机制。一是将各类人才，尤其是高端人才列入政府组织管理系列，可以根据工作需要进行调整，容许人才流动，最大限度发挥其作用。二是"筑巢引凤"，积极吸引各级专家指导合作，从技术咨询、技术指导，到联合申请重大项目、共建研发平台、共享研究成果，帮助其建立第二工作室。三是营造崇尚科学、尊重人才的氛围，激励科技工作者敢于创新、勇于奉献，做到在政治上信任、工作上支持、生活上关心、环境上保障。四是科技工作者也要形成对自己从事科技工作的科学价值判断，紧密围绕加强科技供给、服务经济社会发展主战场来调整科研行为与研究方向，将科技成果真正转化为生产力。

三要构建以创新为主体、市场为导向、科技进步与经济社会发展相融合的科技创新管理体系。一是根据我国科技强国战略与高质量发展目标，对现有不同类型的科技研究体系和研究平台进行梳理调整。二是组建和培育一批更加适应我国未来发展需求的重大科技基础设施、科技创新中心，包括国家实验室、大科学装置等。特别是在涉及关键共性核心技术研究，面向未来前沿重大基础研究、战略性、颠覆性新技术与战略性新兴产业等方面应加大投入力度。三是围绕京津冀协同发展、粤港澳大湾区建设等区域经济协同发展战略，积极培育以区域经济发展为重点的协同创新平台，构建一批特色鲜明的创新体系。

一、创新的特点和趋势

2018年7月10日发布的《全球创新指数报告2018：世界能源，创新为要（Global Innovation Index（GII）2018：Energizing the World with Innovation）》揭示了全球创新发展的主要特点。报告认为，全球经过近10年的不均衡发展，全球经济增长势头已基本形成；当前全球经济面临的挑战，是如何保持一个持续、健康的"巡航速度"，以便实现未来的可持续发展。区域创新失衡加剧制约经济和人类发展：美国仍然是关键创新投入和产出的最大贡献者；欧盟内部的创新绩效的差异化现象严重，虽然在创新投入方面具有重要优势，但企业研发与创新产出方面的绩效较低，企业活动相对比较受约束，不过近年出现了新一轮的创业热潮；东南亚、东亚和大洋洲地区，东盟经济体在创新指标上取得了巨大的进步，但表现存在显著差异；中亚和南亚创新发展非常不均匀，印度在科学和工程专业的毕业生、生产率增长和ICT服务出口等方面，排名全球首位。多样化产业和出口组合有助于提升国家创新绩效：高收入经济体具有多样化产业和出口组合，创新得分更高。GII排名中人口数量较少且经济体量较小的国家往往进入榜单，创新绩效得分与人均GDP所衡量的经济发展水平之间呈现积极正相关性，且与人口规模所反映的国家规模在统计学上没有显著的相关性。当高收入经济体的经济结构，也就是它们的产业组合更加多样化时，它们就更具创新性。同样，在所有发展水平的经济体中，当它们拥有更多样化的出口组合时，它们的创新能力也会更强。将创新投入转化为高质量的创新产出是关键：实现高效创新的经济体大都能够将教育、研究和研发支出等方面的投资转化为高质量的创新产出。多个高收入国家的创新产出水平远远高于创新投入；而拥有大量丰富资源经济体在投入产出平衡上的表现往往相对较差。大多数经济体在创新投入和产出之间的线性关系上，并没有产出相应的创新成果。报告建议，政府在制定实现高质量的创新投入和产出的政策目标时，与其以大学研发投入、论文或专利数量为目标，不如将重点放在大学的排名领先性、高被引论文或国际专利的数量上。

报告中还揭示了全球创新发展的主要趋势：

（一）科技创新将是以充分发挥现有科技、信息、人才、资金资源基础上，通过综合集成为特点的，以提高核心竞争力为目标的潮流

一是全球现有成熟的先进技术专利800多万项，并以每年15%的速度增长，科技在经济增长中的贡献率，有的国家高达80%；二是全世界已有教授级专家200余万人，这将是提高国际竞争力所必然争夺的人才资源；三是有每天以数百亿计信息单元在全球发送传递，还将以每年 20%速度增长的信息资源；四是全球有2万亿美元的游资形式的资金资源。如何利用好上述4种资源，利用现有科技成果、科技资源，发挥科技体系的综合集成作用，使之转变成为企业真正的竞争力是需要认真研究与对待的。

（二）瞄准前沿科技将成为创新的主要焦点

一些国家和大的跨国公司正瞄准处于前沿的微电子、纳米技术、基因工程、细胞工程、高磁合金、核能、空间提纯、空间育种、海水淡化等课题，力图尽早尽快占领这些领域的制高点。中国也已明确电子信息、生物工程、新能源、新材料、航空航天、环境保护作为高新技术领域，应给予正确的引导。

（三）研究—发展—生产—利润将形成一条完整的创新链

研究发展并不是创新的终端目标。在日益讲究创新绩效的今天，研究发展必须通过生产才能提供产品，只有产品被市场承认才能变成商品，只有盈利才是企业拥有持续创新的资金保障。创新的终端目标是高的投资回报率和创建企业新的竞争优势。因此，完整的创新链应包括 R–D–P–P（Research–Development–Production–Profit）4个环节，并要以科技转化率和高的投资回报率作为检验的指标。

（四）培育企业持续创新能力十分重要

持续创新能力是指企业产生新思想（新概念）并运用研究与发展能力、工程化能力、营销能力和盈利能力，实现新思想，通过创新链支持技术创新战略的综合能力。它是以原则性、实用化、商业化、系统性和综合集成为特征的。技术创新能力不是一种单功能的能力，而是需要多种功能的组合。最主要的是研究开发能力、工程化能力（包括设计、工艺、工装、生产等能力）和营销、盈利能力。此外，还需要以下几种能力的支持：创新风险资金的筹措与运作能力、关键创新人才的吸纳和凝聚能力、企业家精神和战略、以界面管理为重点的组织与协调能力。界面管理能力主要是指技术与制造、制造与营销、营销与利润的整合。界面管理的好坏很大程度上关系到技术创新的速度、效率与成败。这种支持能力的平衡与协调不仅是静态的，而且是一种持续的动态平衡。

（五）科技创新中"注意力经济效应"

当今人类正逐步由工业经济社会进入以高度数字化与网络化为基本特征的网络经济社会（信息社会）。由于信息使用中的无损耗性、互联网的递增效应与信息使用的非竞争性，促使信息量以几何级数高速增长。目前，互联网通信量和网上交易量均以100天增加一倍的速度发展，加上计算机从上市第一天就遵循摩尔法则，即18个月计算机性能提高1倍，价格下降一半，由此大大促进了计算机的普及，更使得信息能够很容易地获得和实现大规模低成本的复制。信息社会中的信息非但不是稀缺资源，而且是大为过剩甚至泛滥，有时还会使人有无所适从之感。只有一种资源是稀缺的，这就是"注意力（Attention）"，经济学就是专门研究稀缺资源如何有效生产、组合和合理配置的。因此，要十分注意正在崛起的以网络为基础的新的"注意力经济效应"，这种经济形态认为最稀缺的不是信息本身，亦非传统的货币资本，而是相对于无限信息供应而言的有限需求——注意力。从内在机理上，信息传递有两重性，信息向一个方向传递，注意力则同时向相反方向传递。因此，为了吸引注意力必须发出信息；同样，信息要实现其价值必须获得人们的注意力。所以，对于零边际成本无限复制的信息来说，衡量其价值必须以注意力为标准。随着互联网已发展成为信息社会的基础信息平台，它将获得注意力资源的很大吸引力和一定的控制权，这也意味着它的巨大价值和财富所在。为了更好地为科技创新服务，企业必须作好情报信息的收集，尤其是分析工作，以减少科技创新人员在信息收集方面的精力花费，而将精力集中在关键问题上，以避免低水平、重复的研究，使研究处于高水平的前沿起点上。为此，企业必须强化科研情报机构的建设，配备高水平的情报分析专家。

（六）研究和制订科技发展战略既是引导国家的发展与进步所必需，也是企业当务之急

许多国家和企业普遍关注全球科技创新和发展的趋势、进程、前沿成果，使自己立足于高的起点；关心政策与策略措施配套；用激励手段和措施

引导持续的创新活动。这里特别值得引起中国重视的是如何正确处理竞争与合作的关系、自主创新与借用外力的关系等问题。近年来，大规模的跨国之间频频出现公司购并、供应链、资本运作、参股控股、虚拟企业、战略联盟，借用别人强项与核心能力，取长补短成为重组创新能力的有效战略途径。当各个创新主体在激烈的市场竞争中，在市场、人才、技术、资金争夺中，大伤元气、两败俱伤时，变竞争关系为竞争合作关系，借用别人的强项，通过联合建立新的竞争优势，成为许多公司新的思维模式。一是根据市场需求，利用信息网络，采用虚拟人员、功能、工厂形式对市场做出快速灵活的反映，提高市场占有率；二是用供应链建立企业供应方、销售方的合作关系以避免由于需求信息的不确定性而造成的库存膨胀，建立双赢或多赢关系；三是在战略联盟中为了避免企业间文化冲突与摩擦，而采取比较灵活的非契约模式；四是为提高科技创新效率而改变组织结构形式、实施创新流程再造，使组织结构形式由金字塔型转变为扁平型与网络型，创新过程由过程分割转变为建立综合的专项小组，对连续的科技创新过程采用并行工程方法以缩短开发周期和提高成功概率；五是用期权方式稳定科技创新人员，并使之具有持久的激励作用。这些都是新的可以借鉴的有效创新战略的措施。

二、创新的路径

过去10年，中国从两方面经历了非常重要的结构转型，一方面是从出口导向的增长模式转到以国内需求为主的增长模式。2010年之前，拉动中国经济增长的基本上是三驾马车，出口、房地产、其他各贡献中国经济增长的三分之一左右。2012年之后，出口对中国经济增长的贡献越来越低，国内需求大大增加。另一方面的转变是中国工业化时代的高峰基本上过去。人类经济史有一个规律：工业增加值占GDP的比例和工业就业占全部就业的比例一般都先上升，峰值在35%左右，然后下降。中国2010年达到35%，然后2012年也开始缓慢下降。上面这两个转型都说明我们外延式扩张的时代已经结束，今后要转向内生型发展。要实现这个转换，创新就一定要跟上。

创新是引领发展的第一动力，我国已经进入依靠创新驱动空间高质量发展的阶段。创新空间形成与发展是一项复杂的系统工程，虽然全球主要创新空间的尺度有所区别，但科学的创新战略规划，以及构建由创新环境、创新人才、创新产业、创新制度体系组成的创新生态体系，是实现其成功发展与良好治理的共同条件。

（一）创新战略规划是创新空间发展的指引。从国际经验看，创新空间建设要规划先行，长远规划资源开发、利用边界和尺度，明确量化指标，以科技创新为中轴，以经济社会发展为目标，以土地空间为基础，通过三者匹配、融合，将经济社会发展的动力转移到科技创新上，将科技创新功能的实现体现到空间布局上。同时，基于区域特有的科技比较优势和竞争优势，以及未来科技发展的新动向，对创新空间进行前瞻性定位，明确创新活动的主攻方向和保障措施，将创新规划打造成空间公共价值观和发展理念的载体，实现各创新主体创新目标、行动和效果的有机统一，为空间创新活动提供长期、稳定的预期。

（二）创新环境是创新空间发展的基础。全球主要创新空间都把创新环境作为基础性工程来推动。一是配套现代化的基础设施，完善市政、交通、信息和物流基础设施，有针对性地满足高新技术产业的特定需求。二是打造强大科研基础设施与平台，重点布局建设科学研究中心、工程（技术）创新中心，支持空间内外优秀研究机构、企业打造世界级知识、技术创新中心。三是设计特色创新空间，强调对第三空间、共享空间、功能分区和通达性设施的着力打造，加强各类设施的连通性，包括功能区和楼宇之间的通达性，以促进人与人交流的便利性。

（三）创新人才是创新空间发展的根本。支撑创新空间发展的最大资源不在于物质条件是否丰裕，而在于是否具有能够适应创新发展需要的"创新人"。全球主要创新空间都把人才视为第一资源。一方面，重视优化创新发展的科研、产业和生活环境，通过研究机构、企业平台，引进空间创新发展需要的国际专业技术人才、领军人物、创业团队等。另一方面，注重创新精神传播与终身教育，通过推动政府、科技企业与高等院校、社会专业机构等合作，加强技能型人才教育培训，形成多元人才支撑。

（四）创新产业是创新空间发展的支柱。全球主要创新空间重视把握科技革命和产业变革大趋势，以高端切入、全面突破、超前布局、引领未来为基本思路，构建以新兴产业为核心、未来产业为先导、高端制造业和服务业为支撑的创新型经济体系。对以知识资本为核心竞争力的高科技、高附加值知识密集型产业进行培育的同时，鼓励其他产业共同、融合发展，注重培育交叉学科、衍生新兴产业，完善创新产业持续发展机制，确保强大产业发展优势。

（五）创新制度是创新空间发展的保障。创新空间的健康有序发展需要合理利用政府与市场双重力量形成高效治理机制。一是建立现代产权保护制度，以其激励机制充分调动科研人员创新积极性。二是建立高效的创新成果转化机制，确保"产学研"创新网络连通，创新成果转化顺畅。三要建立完备的法律服务体系，以法治化的思维和方式为创新创业提供更加公平、安全的环境。四是建立现代科技金融服务体系，为科技型企业、成长型企业提供融资服务。五是建立完整的中介服务体系，为科技企业提供从项目形成、转移到实施的各个环节的服务。六是建立灵活的财税服务体系，为科技企业发展提供税收优惠与财政补贴。七是建立便捷行政服务体系，综合运用现代信息技术提供便捷高效的日常行政综合性服务。

三、创新推动经济增长

在经济学的历史上，熊彼特是较早从创新的角度理解发展的一位经济学家。在1912年出版的《经济发展理论》一书中，熊彼特提出了"循环流转"的概念，用以概括那种只有数量扩张而没有创新、没有质的突破的现象，认为这种状况并不是发展。熊彼特把发展定义为创新，是质的突破，是对"循环流转"的打破。依据当时的情况，他将创新概括为5个方面：一是开发一种新产品或一种产品的新特性；二是采用一种新的生产方法；三是开辟一个新市场；四是控制原材料或半成品的一种新供应来源；五是实现工业的一种新组合。

近代以来，正是那些里程碑式的创新，引发了一个个较长时期的经济发展，即经济发展的长周期。据考察，大约从1783年到1842年是第一个长波，这是第一次产业革命的时期；从1842年到1897年是第二个长波，这是所谓蒸汽机、钢铁以及铁路化的时代；从1897年到20世纪30年代末是第三个长波，这是所谓电气、化学和汽车对于经济发展发挥重要作用的时期。

另一位着重于从经济史和统计分析的角度研究经济发展的美国经济学家库兹涅茨，在其著作《长期运动》中更为详细和形象地描述了创新引领经济发展的过程：先是出现一种新技术，接着产生扩散效应，引发一个部门、一个国家、一个时期的经济增长。他说："在许多工业中，在某个时期，基本技术条件发生了革命性的变化。当这种根本性变化发生时，一个时代就开始了"。从实践来看，那些在一波接一波的以科学发现为基础的技术创新方面，进而在技术创新商品化方面走在前列的国家和地区，一定是经济发展较快的国家和地区。一系列连绵不断的创新推动了经济发展。那么，技术创新的主体是谁呢？历史证明，在市场经济下，企业是技术创新的主体。

对此，熊彼特概括道："我们把新组合的实现称为企业，把职能是实现新组合的人们称为企业家。"历史发展到当代，大型企业更是通过在研发活动上的巨额投资而成为技术进步的主要推动者，有的企业甚至专事技术的创新和转让。

经济学分析表明，在市场经济条件下技术创新的主体之所以是企业，就在于企业必须源源不断地将消费者的潜在需求变成现实需求，将消费者的抽象需求变成具体需求，在这个过程中企业才能生存、发展和壮大。从一定意义上讲，所谓企业的核心竞争力，就是能够引领消费者需求、不断开拓新产品和新服务并将其推向市场的能力。这样的能力是以创新为基础的。当然，市场经济条件下的企业之所以要源源不断地创新，还在于激烈的竞争如同逆水行舟、不进则退，不创新就等于死亡。

企业更适合作为市场条件下技术创新的主体，还在于较之于其他主体，企业在创新方面更为有效。具体表现为：第一，技术产品商品化是企业创新的目的所在。企业就是要尽可能地把一切可以商品化的东西商品化，早期是把产品和服务商品化，当代则还要极力将技术产品商品化。技术产品商品化，意味着不仅要研究，而且要开发，因为新技术的价值主要在于后期的开发。第二，项目的选择、资金的来源都严格进行投入和产出的比较，衡量的标准是产出必须大于投入。第三，有健全的、充满活力的创新机制，其中包括风险投资对项目的市场评价和支持、人力资本的来源和使用市场化等，所有这些因素的有机组合形成了一个充满活力的机制。有了这样的机制，加之政府和社会所提供的公共产品，如保护知识产权、鼓励竞争、发展教育等，创新推动经济发展就能够由理论变成现实。

普林斯顿大学经济学家威廉·鲍莫尔出版的新著《自由市场的创新机器》一书中，在熊彼特和马克思观点的基础上，他认为，市场经济体系能够不断推动创新浪潮，这使其成为推动经济增长的最佳制度体系。这主要有两个原因。首先，创新活动在其他经济体系下，往往是偶然的和随机的现象，而在市场经济体系下，则变成企业强制的、生死攸关的事情。其二，在市场体系下，新技术传播的速度大大加快，别人分享发明人的成果必须付费，并且时间就是金钱。如果把市场体制看作是"主要生产经济增长的机器"，那么这样机器的零件又是什么？规章制度，特别是财产保护的法规，以及合同的强制执行效力，当然是这台机器的组成部分。这些规章制度保护革新者，可以从自己的努力中获得收获，从而激发他们为之奋斗。

第三节 "大众创业、万众创新"的理论和现实意义

推进大众创业、万众创新，是发展的动力之源，也是富民之道、公平之计、强国之策。党的十八大明确提出实施创新驱动发展战略，将其作为关系国民经济全局紧迫而重大的战略任务。党的十八届五中全会将创新作为5大发展理念之首，进一步指出，坚持创新发展，必须把创新摆在国家发展全局的核心位置，不断推进理论创新、制度创新、科技创新、文化创新等各方面创新，让创新贯穿党和国家一切工作，让创新在全社会蔚然成风。李克强总理在2015年政府工作报告中提出，推动大众创业、万众创新，培育和催生经济社会发展新动力。2019年6月，国务院颁布了《关于大力推进大众创业万众创新若干措施的意见》，明确指出，推进大众创业、万众创新，是培育和催生经济社会发展新动力的必然选择，是扩大就业、实现富民之道的根本举措，是激发全社会创新潜能和创业活力的有效途径。这是认真总结国内外发展实践经验和理论认识的结果，符合当今世界发展实际和创新潮流，具有重要的

理论意义和现实意义。

一、揭示了创新创业理论的科学内涵和本质要求

经济学家熊彼特认为，创新是企业家对生产要素的重新组合。后来，创新的概念和理论不断发展。美国管理学家德鲁克认为，创新是赋予资源以新的创造财富能力的行为，创新主要有两种：技术创新和社会创新。著名经济学家诺思认为，世界经济的发展是一个制度创新与技术创新不断互相促进的过程。相对于创新理论，创业研究起步较晚，目前尚未形成统一的分析框架，一般认为，创业是指一个人发现和捕捉机会并由此创造出新产品或服务的过程，主要标志和特征是创建新企业或新的组织。创业不仅仅局限于创办新企业的活动，在现有企业中也存在创业行为。创业者既可以指新创企业的创办人，也包括现有企业中的具有创新精神的企业家。

在经济学界，创新和创业是两个既有紧密联系又有区别的概念。二者在某种程度上具有互补和替代关系，创新是创业的基础和灵魂，而创业在本质上是一种创新活动。但创业和创新也是有所区别的，从现有的经济理论和研究看，创新更加强调其与经济增长的关系，比较著名的是经济学家索罗对经济增长中技术进步贡献的定量测算。而创业的内涵更丰富，不仅有创新的内容，还涉及就业和社会发展以及公平正义。

影响创新创业的因素有很多，包括国民素质、基础研究水平、科研基础设施条件、体制政策环境等方面，但核心是人的因素，关键是创新型企业的发展壮大。从某种程度上讲，推动创新发展，就是坚持以人为本推进创新，要提高国民的教育水平，充分调动和激发人的创业创新基因。就是坚持以企业为主体推进创新，要大力推动创业企业发展，强化企业作为创新发动机的作用。

大众创业、万众创新的提出把创业、创新与人、企业这几个关键要素紧密结合在一起，不仅突出要打造经济增长的引擎，而且突出要打造就业和社会发展的引擎，不仅突出精英创业，而且突出草根创业、实用性创新，体现了创业、创新、人和企业"四位一体"的创新发展总要求，揭示了创新创业理论的科学内涵和本质要求，为创新创业理论和实践研究开辟了崭新的新天地。

二、反映了人类创新发展历史和经济发展的一般规律

创新创业究竟应由哪些人来干，如何选择创业者，政府应该干什么，这些是我们在推进创新创业发展中常常碰到的问题。现在，有的人认为，创业是少数"天才式"人物的事情，必须具备这样那样的素质和条件。事实上，这是一种误区。

人类社会发展史实际上就是一部大众创业、万众创新的历史。比如，蒸汽机革命中许多重大技术都是由技工发明的。我国改革开放以来的实践也充分说明了这一点。比如，20世纪80年代初以家庭联产承包制为核心的农村体制改革后，极大激发了农民的创业热情，一大批乡镇企业异军突起，成就了今天以万向集团为代表的一批创业企业。此后，随着经济体制和科技体制改革，又有一大批科研人员和国有企业职工"下海创业"，使一大批民营企业异军突起，成就了今天以华为、联想、海尔等为代表的一批创业企业。这其中许多都是"草根创业"，是大众创业、万众创新。而且，现在来看，许多成功的企业往往都是"草根"完成的。

因此，推进创新创业必须要改变"选运动员"的方式，应在全社会高扬创新和企业家精神，营造公平竞争的市场环境，让广大人民群众参与创新创业的大潮，使大量优秀人才在创新创业的伟大实践中脱颖而出。

三、坚持创新发展、实施创新驱动发展战略的关键实现途径

李克强总理在出席国家科技战略座谈会时指出，实施创新驱动发展战略，要坚持把科技创新摆在国家发展全局的核心位置，既发挥好科技创新的引领作用和科技人员的骨干中坚作用，又最大限度地激发群众的无穷智慧和力量，形成大众创业、万众创新的新局面。要依托"互联网+"平台，集众智搞创新，厚植科技进步的社会土壤，打通科技成果转化通道，实现创新链与产业链有效对接，塑造我国发展的竞争新优势。要把科技与人民群众的创造力在更大范围、更深程度、更高层次上融合起来，既要"顶天"，努力突破核心关键技术，勇攀世界科技高峰，又要"立地"，通过大众创业、万众创新将科技成果转化为现实生产力。这就要求我们必须着力提高教育质量，推

进科技体制改革，强化创新发展的人才和科技基石，要深入推进大众创业、万众创新，在全社会大力弘扬创新创业精神，使创业企业不断涌现和发展壮大，包括新创办企业和现有企业的创业创新，不断为企业这部创新发动机注入新生力量和活力，汇聚形成经济发展的新动力。

一方面，要大力推动初创企业不断涌现和规模化发展。大量研究表明，初创企业是创新的源泉。历史上许多重大技术和发明的商业化最初都是由这些企业完成的。同时，初创企业也是就业增加的引擎。据美国一个最新的分析报告，近年来在美国新增的20%就业中，创业企业占3%。正是那些创业者不断创造出新的产品和服务，深刻改变了我们的生产和生活方式，创造了大量就业机会。当前，也正是那些在清洁能源、生物医药、先进制造、信息技术等领域的创业者，推动着新能源、生物、新一代信息技术等新兴产业发展，解决我们全球面临的资源、环境、健康等重大挑战。

另一方面，要大力推进现有企业特别是大企业的创业创新。对创业理论和实践的研究表明，尽管许多创业者都是白手起家，但创业也可以在现有企业内部进行。现有企业特别是大企业更需要弘扬创业精神，才能赢得更多的利润和企业长久的发展，大企业由于具备人才、技术、品牌、市场等优势，是创新发展的"野战军"，在推进大众创业、万众创新中具有举足轻重的地位，不仅表现为大企业可以通过收购中小企业使创新产品快速实现商业化，还表现为大企业本身可以培育、孵化出许多小企业。从我国看，目前许多大企业也正在积极推进创业创新，在大众创业、万众创新中发挥着重要作用。例如，腾讯、金发科技、达安基因等大型企业围绕全产业链需求，有针对性地创办孵化器，孵化培育了大量科技型创业企业并形成集聚效应。海尔提出要把企业员工由原来的雇佣者和执行者，变成创业者和合伙人，大力推进企业内部"自创业"，实现企业由出产品到出创客的转变。

四、推进供给创新的重大结构性改革

推进供给侧结构性改革，是当前我国经济发展的重大任务。综合来看，供给侧结构性改革，主要是指对要素投入侧和生产侧的重大改革、关键性改革。核心是要通过推进金融、土地、产权和数据等要素改革和生产端的改革，提升企业效益和竞争力，焕发企业家精神，创造出能够激发消费者需求的优质产品和服务，满足新需求，开拓新市场，推动新技术、新产业、新业态蓬勃发展，加快实现发展动力的转换。最重要的是通过政府体制改革，让更多社会资本参与投资，充分激发微观经济主体活力。

大众创业、万众创新，可以大幅增加有效供给，增强微观经济活力，加速新兴产业发展，又可以扩大就业、增加居民收入，还有利于促进社会纵向流动和公平正义，是经济发展的引擎。在当前形势下，要紧紧围绕打造大众创业、万众创新这一中国经济增长的新引擎、新动力，大力推进政府监管、投融资、科技体制等关键环节和生物医药与健康、新能源、节能环保、通用航空、文化旅游等重点领域的改革。比如，要围绕培育小微企业和促进大企业创新，大力推进投融资和资本市场的改革，着力解决企业融资难、融资贵的问题。要大力推进能源电力、物流等体制机制改革，着力降低创业创新成本。要"放水养鱼"，推动财税体制结构性改革，降低小微企业的税负水平。在生产侧方面，要放开服务业市场准入，扩大开放，使更多新企业公平进入，增强服务业发展动力作用。要深入推进传统产业创业创新，鼓励广大企业职工积极利用"互联网+"、大数据等新技术，推进工艺创新和设备更新改造，广泛开展技术革新，加快传统制造业向中高端迈进。要适应当前新技术、新产品、新业态迅猛发展趋势，完善政府管理体制，加强人才、技术、金融等要素支撑，着力营造有利于新兴企业不断涌现和发展壮大，有利于新技术、新产品、新业态快速商业化的良好生态。

不积跬步无以至千里，不积细流无以成江海。当前，全球新一轮科技革命和产业变革蓄势待发，我国经济进入速度变化、结构转型和动力转换的关键时期。面对新的形势，我们必须深入推进大众创业、万众创新，着力营造有利于杰出科学家、发明家、技术专家和企业家不断涌现，大众创业、万众创新蔚然成风的社会环境和文化氛围，让每一个充满梦想并愿意为之努力的人获得成功，实现经济平稳持续增长、国家强盛、人民富裕和社会公平正义。

第二章

"大众创业、万众创新"的软环境建设实证分析

2020年是"十三五"的收官之年。"十三五"期间，党中央、国务院深入推进供给侧结构性改革，通过一系列扶持政策，不断营造有利于实施创新驱动发展战略，推动大众创业、万众创新的生态环境，进一步激发了市场主体活力、培育了经济发展新动能。

第一节　体制机制改革

"十三五"期间，我国不断推动"放管服"改革，推进全面创新改革试验，深化科技、人才体制改革，促进普惠式降本增效，为创新创业提供良好的环境。

一、推动"放管服"改革

国务院印发《2016年推进简政放权放管结合优化服务改革工作要点的通知》，对简政放权、放管结合、优化服务做出了全局性部署，从2016年10月1日起继续深化行政审批和投资改革、扩大高校和科研院所自主权、推进综合监管、提高公共服务供给效率等方面着手，提出15项具体工作要点，着力降低制度性交易成本，优化营商环境，激发市场活力和社会创造力。

推动商事制度改革。国务院办公厅印发《关于加快推进"五证合一、一照一码"登记制度改革的通知》，要求全面实施"五证合一、一照一码"登记制度改革。国家工商行政管理总局、国家税务总局、国家发展和改革委员会、国务院法制办公室4部门发布《关于实施个体工商户营业执照和税务登记证"两证整合"的意见》，要求从2016年12月1日起，个体工商户登记只需填写"一张表"，向"一个窗口"提交"一套材料"即可办理个体工商户工商及税务登记，由工商行政管理部门核发加载法人和其他组织统一社会信用代码的营业执照。

取消职业资格许可。进一步减少对职业资格的许可和认定，发挥市场作用开展专业技能评价，使职业资格不再成为制约就业创业的门槛。截至2016年年底，国务院分7批累计取消433项职业资格，国务院部门设置的70%以上职业资格已取消。

进一步推动审批权下放。国务院印发《关于第二批取消152项中央指定地方实施行政审批事项的决定》，决定再取消一批中央指定地方实施行政审批事项，两批合计214项。截至2016年年底，国务院3次精简政府核准的投资项目。全面清理与现行法律法规不一致的、不利于改革发展的、设立审批事项已取消或下放的政策文件，截至2016年6月，共宣布失效并停止执行995件国务院文件。

构建良好的市场环境。国务院出台有关文件，加强信用体系建设，完善负面清单制度。国家发展改革委和商务部印发了《市场准入负面清单草案（试点版）》，初步列明了在中华人民共和国境内禁止和限制投资经营的行业、领域、业务等。

优化服务能力。国务院办公厅转发国家发展改革委、财政部、教育部、公安部、民政部、人力资源社会保障部、住房城乡建设部、国家卫生计生委、国务院法制办、国家标准委10部门《推进"互联网+政务服务"开展信息惠民试点实施方案》，加快推进"互联网+政务服务"，2017年初步实现各试点城市间政务服务跨区域、跨层级、跨部门协同，基本公共服务事项80%以上可在网上办理，给群众办事创业带来极大便利。

二、开展全面创新改革试验

中共中央办公厅、国务院办公厅印发《关于在部分区域系统推进全面创新改革试验的总体方案》，要求选择一些区域，开展系统性、整体性、协同性改革的先行先试，统筹推进经济社会和科技领域改革。1个跨省级行政区域（京、津、冀）、4个省级行政区域（上海、广东、安徽、四川）和3个省级行政区域的核心区（武汉、西安、沈阳）等8个省、区、市的全面创新改革试验相继获批，为我国探索发挥市场和政府作用的有效机制、探索促进科技与经济深度融合的有效途径、探索激发创新者动力和活力的有效举措、探索深化开放创新的有效模式提供了有力抓手。

三、深化科技、人才体制改革

制定科技体制改革的"十三五"规划。国务院印发《"十三五"国家科技创新规划》，对"十三五"时期科技创新的总体思路、发展目标、主要任务进行了全面规划，提出从深入推进科技管理体制改革、强化企业创新主体地位和主导作用、建立高效研发组织体系、完善科技成果转移转化机制4个方面着手，制定健全科技创新治理机制、进一步完善科研项目和资金管理、深化产学研协同创新机制、全面提升高等学校创新能力、建立健全技术转移组织体系、深化科技成果权益管理改革等18项重点任务。

加快推进科技成果转化。国务院印发《实施〈中华人民共和国促进科技成果转化法〉若干规定》，推动科技成果转化机制改革，为促进研究开发机构和高等院校技术转移、激励科技人员创新创业、营造科技成果转移转化良好环境提供动力。国务院办公厅印发《促进科技成果转移转化行动方案》，提出在科技成果信息汇交与发布、产学研协同开展科技成果转移转化、建设科技成果中试与产业化载体、大力推动科技型创新创业、建设科技成果转移转化人才队伍、大力推动地方科技成果转移转化、强化科技成果转移转化的多元化资金投入等方面共26个重点领域发力，系统化推进科技成果转化。国资委印发《国有科技型企业股权和分红激励暂行办法》，建立国有科技型企业自主创新和科技成果转化的激励分配机制，调动技术和管理人员的积极性和创造性，推动高新技术产业化和科技成果转化。2018年12月5日国务院常务会议，决定再推广一批促进创新的改革举措，更大激发创新创造活力。会议决定，再将新一批23项改革举措向更大范围复制推广，更大力度激活创新资源、激励创新活动，培育壮大发展新动能。其中，在全国推广的第一条就是强化科技成果转化激励，允许转制院所和事业单位管理人员、科研人员以"技术股+现金股"形式持有股权。引入技术经理人全程参与成果转化。鼓励高校、科研院所以订单等方式参与企业技术攻关。前期，以技术股+现金股组合的股权激励在部分省、市有试点，可以将科研院所的科研成果主要为无形资产，在混合所有制的背景下，一些科研院所开展股权多元化改革，积极推行股权激励方案。战略投资者参股方面，先后创投、国资等作为战略投资者以及合作伙伴进行投资，吸引他们继续投资组建新公司，形成更加紧密的战略合作关系；经营层和技术骨干持股方面，主要是通过设计股权激励方案，让员工利益与企业发展紧密联系，共享成果。配合着员工持股计划，可以促进科技成果快速转化。这样一来，员工通过现金入股，即某项科技成果在转化时，院所、科技人员、成果转化公司必须以一定比例的现金形式入股，使3方均产生实实在在的资金成本，以提高3方参与成果转化的积极性；同时，依据政策允许科技人员通过无形资产入股，将科技成果作价评估，按照政策要求比例分给个人。

完善中央财政科研项目资金管理等政策。进一步简政放权，扩大高校、科研院所科研项目资金、差旅会议、基本建设、科研仪器设备采购等方面的管理权限，同时推动放管结合、优化服务，为科研人员潜心研究营造良好环境。

深化人才发展体制机制改革。党中央印发《关于深化人才发展体制机制改革的意见》，提出人才管理体制改革、人才培养支持机制、创新人才评价机制、人才顺畅流动机制、人才创新创业激励机制、构建具有国际竞争力的引才用才机制、人才优先发展保障机制等7个方面改革和24条具体任务。

四、促进普惠式降本增效改革

国务院进一步推出政策"组合拳"，降低企业成本，提升经济效率，使大众创业、万众创新更好地服务实体经济。国务院出台《降低实体经济企业成本工作方案》，通过10个方面共制定了42条具体举措，引导各类资源回归实体经济，促进税费负担合理降低、融资成本有效降低、制度性交易成本明显降低、人工成本上涨得到合理控制、能源成本进一步降低、物流成本较大幅度降低。

全面推开"营改增"试点。经国务院批准，财政部、国家税务总局印发《关于全面推开营业税改征增值税试点的通知》明确，自2016年5月1日起，全面推开营改增试点，将建筑业、房地产业、金融业和生活服务业纳入试点范围，至此，所有营业税纳税人改为缴纳增值税。

降低企业杠杆率。国务院印发了《关于积极稳妥降低企业杠杆率的意见》，通过建立和完善现代企业制度，增强经济中长期发展韧性，从明确适用企业和债权范围、实施机构开展市场化债转股、自主协商确定市场化债转股价格和条件、市场化筹集债转股资金、规范履行股权变更等相关程序、依法依规落实和保护股东权利、采取多种市场化方式实现股权退出等7个方面提出了具体实施方式，积极稳妥地降低企业杠杆率。

五、深化知识产权领域改革

深入实施知识产权战略。提高知识产权的创造、运用、保护和管理能力；引导支持市场主体创造和运用知识产权，以知识产权利益分享机制为纽带，促进创新成果知识产权化；充分发挥知识产权司法保护的主导作用，增强全民知识产权保护意识，强化知识产权制度对创新的基本保障作用。健全防止滥用知识产权的反垄断审查制度，加强反垄断执法，防止滥用知识产权排除限制竞争。

营造激励创新的发展环境。完善知识产权法律法规，加强知识产权保护，加大对知识产权侵权行为的惩处力度，提高侵权损害赔偿标准，探索实施惩罚性赔偿制度，降低维权成本。研究商业模式等新形态创新成果的知识产权保护办法。2018年12月5日国务院常务会议明确，要进一步加强专利权人合法权益保护、完善激励发明创造的机制制度、把实践中有效保护专利的成熟做法上升为法律，会议通过《中华人民共和国专利法修正案（草案）》。草案着眼加大对侵犯知识产权的打击力度，借鉴国际做法，大幅提高故意侵犯、假冒专利的赔偿和罚款额，显著增加侵权成本，震慑违法行为；明确了侵权人配合提供相关资料的举证责任，提出网络服务提供者未及时阻止侵权行为须承担连带责任。草案还明确了发明人或设计人合理分享职务发明创造收益的激励机制，并完善了专利授权制度。这是继国家发展改革委、人民银行、国家知识产权局、银保监会、证监会等38部门和单位昨日联合签署了《关于对知识产权（专利）领域严重失信主体开展联合惩戒的合作备忘录》（简称《备忘录》）以来，对知识产权保护的进一步升级。健全知识产权侵权查处机制，强化行政执法与司法保护衔接，加强知识产权综合行政执法，将侵权行为信息纳入社会信用记录。建立知识产权海外维权援助机制。建立专利审批绿色通道。引导支持市场主体创造和运用知识产权，以中央财政科技计划（专项、基金等）的全流程知识产权管理，建立知识产权目标评估制度。构建服务主体多元化的知识产权服务体系，培育一批知识产权服务品牌机构。提高中小企业知识产权创造、运用、保护和管理能力，全面组织实施中小企业知识产权战略推进工程。

继续推进知识产权信用体系建设。完善知识产权保护相关法律法规和制度规定，加强对创新创业早期知识产权保护，在市场竞争中培育更多自主品牌，健全知识产权侵权查处机制，依法惩治侵犯知识产权的违法犯罪行为，将企业行政处罚、黑名单等信息纳入全国信用信息共享平台，对严重侵犯知识产权的责任主体实施联合惩戒，并通过。信用中国。网站、企业信用信息公示系统等进行公示，创造鼓励创新创业的良好知识产权保护环境。国务院办公厅印发《2016年全国打击侵犯知识产权和制售假冒伪劣商品工作要点》，在加强互联网领域侵权假冒治理、深入推进软件正版化工作、查处侵犯知识产权行为、推进行政执法与刑事司法衔接等29个重点领域提出整治目标。

第二节　完善扶持政策

我国政府进一步在财税、人才和金融等方面出台系列政策，为实施创新驱动发展战略、推动大众创业、万众创新提供更有力的资金要素支持。

一、加大财税支持

完善税收优惠政策。财政部、科技部、国资委联合印发了《国有科技型企业股权和分红激励暂行办法》，对相关企业进行股权和分红激励时所涉及的财税办法进行了详细的规定，形成了可供全国相关国有科技型企业适用的激励办法。财政部和国家税务总局联合发布《关于完善股权激励和技术入股有关所得税政策的通知》，规定对符合条件的非上市公司股票期权、股权期权、限制性股票和股权奖励实行递延纳税政策，对上市公司股票期权、限制性股票和股权奖励适当延长纳税期限，对技术成果投资入股、科技企业孵化器实施选择性税收优惠政策。财政部、国家税务总局、发展改革委、工业和信息化部联合印发了《关于软件和集成电路产业企业所得税优惠政策有关问题的通知》，对相关行业的税收优惠政策进行了进一步规范。

继续加大投入支持创业创新城市示范。财政部会同相关部门继续开展"小微企业创业创新基地城市示范"，在首批15个示范城市的基础上，2016年财政部会同工信部、科技部、商务部、工商总局通过公开竞争选拔，新增15个示范城市，安排资金64.65亿元，支持两批30个示范城市开展创新创业活动，基本实现了全国各省份全覆盖。

规范资金使用制度。财政部、科技部联合发布《中央引导地方科技发展专项资金管理办法》，从支持范围与方式、分配方法、下达与备案、监督与绩效等方面进行了详细说明，进一步规范中央引导地方科技发展专项资金管理，提高专项资金使用效益。

二、完善人才政策

加快培育集聚创新型人才队伍。中共中央办公厅、国务院办公厅印发《"十三五"国家科技创新规划》，从创新型科技人才结构战略性调整、培养和引进创新型科技人才、健全科技人才分类评价激励机制、完善人才流动和服务保障机制4个方面入手，对人才体系建设中的各个环节进行了部署，提出打造一支具有国际竞争力，与世界科技强国建设目标相匹配的人才队伍。

激发重点群体创新创业活力。国务院印发《关于激发重点群体活力带动城乡居民增收的实施意见》，提出要瞄准技能人才、新型职业农民、科技人员等增收潜力大、带动能力强的7大群体，实行收入分配激励政策、通过技能人才流动计划、新型职业农民激励计划、科研人员激励计划、小微创业者激励计划、企业经营管理人员激励计划、基层干部队伍激励计划、有劳动能力的困难群体激励计划，推动重点群体积极参与创新创业，在参与创新创业中增收致富，形成以增收为导向的人才培养和激励机制。

构建以增加知识价位为导向的分配政策。中共中央办公厅、国务院办公厅印发《关于实行以增加知识价值为导向分配政策的若干意见》，重点围绕科研人员群体定向激励制定一系列扶持举措，从提高收入、优化资金项目引导机制、提高科研自主权、提升内部激励、畅通晋升空间等方面人手，全面激发科研人员群体的创新创业活力，鼓励多出成果、快出成果、出好成果，推动科技成果加快向现实生产力转化。

推动外籍人才来华创新创业便利化。为方便外籍高层次人才、外国留学生以及来华创业团队外籍成员创新创业，2016年公安部相继推出了支持北京创新发展20项出入境政策措施、支持福建自贸区建设10项出入境政策措施、支持广东自贸区建设及创新驱动发展16项出入境政策措施、进一步支持上海科创中心建设出入境政策措施。

三、强化金融创新和服务政策

完善创业投资体系。明确促进创业投资发展的政策措施，支持行业骨干企业、创业孵化器、产业（技术）创新中心、保险公司等机构投资者参与创业投资，培育合格个人投资者，壮大面向种子期、初创期中小企业的天使投资。2018年12月5日国务院常务会议表示，推动政府股权基金投向种子期、初创期科技企业。创业创新团队可约定按投资本金和同期商业贷款利息，回购政府投资基金所持股权。鼓励开发专利执行险、专利被侵权损失险等保险产品，降低创新主体的侵权损失。这一规定，既能让处在种子期、初创期科技企业扩大资金来源，快速发展壮大，也能让企业在发展壮大后不至于让渡了股权而丧失控制权。同时，通过保险方式降低了创新主体的侵权损失，能够更好地保护科技创造。此外，按照内外资一视同仁原则，放宽准入、简化管理，鼓励外资扩大创投规模。从2016年10月1日起，不在国家规定实施准入特别管理措施范围内的外商投资企业的设立及变更，由审批改为备案管理。目前，95%以上的外商投资企业通过备案方式设立或变更，办理时限由20多个工作日缩减到3个工作日以内。外商投资的便利化、规范化水平显著提升，有效激发了外商投资企业创业投资的积极性。有序发展投贷联动、投保联动、投债联动等新产品。鼓励有条件的地方设立创投引导基金。发挥主板、创业板和地方性股权交易场所功能，完善全国中小企业股份转让系统交易机制，推动中国青年创新创业金融综合服务平台建设，规范发展专业化并购基金，支持证券公司柜台市场等开展直接融资业务，畅通创投的上市、股权转让、并购重组等退出渠道。支持有需求、有条件的国有企业依法依规、按照市场化方式设立或参股创投企业和母基金，支持具备条件的国有创投企业开展混合所有制改革试点。加大政策扶持。对专注长期投资的创投企业在税收优惠、债券发行、政府项目对接等方面加大支持力度。2018年12月5日国务院常务会议明确要创新科技金融服务，为中小科技企业包括轻资产、未盈利企业开拓融资渠道。目前规划中的科创板改革方案，是否对未盈利企业做制度倾斜正在密切讨论。大多数中小科技企业在发展初期，难以盈利且多为轻资产。科创板作为资本市场的增量改革，目的就是要补齐资本市场服务科技创新的短板，会将在盈利状况、股权结构等方面做出的差异化安排，增强对创新企业的包容性和适应性。在摸底科创企业的时候，多家机构也将有发展前景但尚未盈利的企业作为重点关注对象。一家券商投行人士表示，以往没有盈利的互联网企业、生物医药企业，受限于国内的上市门槛，多赴海外上市，国家当前明确要为中小科技企业包括轻资产、未盈利企业开拓融资渠道，这与正在涉及的科创板制度不谋而合。当前，资本市场的门槛，除了新三板，要登上A股盈利是基本条件，要开拓融资渠道，提高资本市场服务创新企业的能力，设置专门板块接受未盈利企业是大势所趋。在上市标准方面，科创板若开放未盈利公司、同股不同权公司的上市，既能为科技型、创新型企业提供融资渠道，支持科技创新，服务实体经济，又能吸引优质的科技型、创新型企业在A股上市，回报A股投资者。此前的CDR制度设计中，也为未盈利企业登上A股留下了制度的口子。中信建投证券首席策略分析师张玉龙认为，科创板在交易层面或与上交所现有制度相近，仍执行T+1和涨跌幅限制，但是杠杆交易是允许的，同时增持和减持的信息披露会非常严格。对于未盈利的上市企业，可能会设置盈利后才能减持的相关条件。近年来，全国各地股权交易中心都在陆续设立企业创新板、科技创新板等板块，探索如何进一步加大资本市场对企业创新支持力度、增强企业自主创新能力和核心竞争力。科技创新型企业普遍存在资产轻、前期研发投入大、资本投入密集等特点，亟需系统化的资本市场培育、辅导、孵化和融资支持。在创新型企业做大做强之前，特别是初创时，通过在区域性股权市场设置科技创新专板，可以促进科技企业规范治理，进一步为创业板和科创板市场孵化培育企业，尝试探索设置一个相对独立的科技创新板块，能够更加有效地促进科技创新型企业获得多层次资本市场服务，实现跨越式发展。

引导金融服务实体经济。引导金融机构加大对高新技术企业、重大技术装备、工业强基工程等的信贷支持，促进培育发展新动能。制定金融支持制造强国建设指导意见，支持制造业自主创新、提升基础、智能升级和绿色发展。鼓励通过并购贷款、发行优先股和可转换债券等筹集资金开展兼并重组，推动改造传统动能。支持大企业设立创投基金，支持地方开展小微企业融资担保代偿补偿等业务。积极推动相互保险组织开展针对小微企业的信用保证保险业务，降低小微企业融资门槛及成本。对长期亏损、失去清偿能力或环保、安全生产不达标且整改无望的企业及落后产能，坚决压缩退出相关贷款，支持化解过剩产能。拓宽融资渠道，鼓励扩大股权、债券等直接融资，大力发展应收账款融资。支持运作规范、偿债有保障的企业发行公司信用债调整债务结构。继续规范金融服务收费，严肃查处违规收费行为。支持银行加快不良贷款处置，惩戒恶意逃废债务行为，防范和化解金融风险。

加快推进普惠金融发展。国务院印发《推进普惠金融发展规划（2016-2020年）》（国发[2015]74号）。作为我国首个发展普惠金融的国家级战略规划、确立了推进普惠金融发展的指导思想、基本原则和发展目标、从普惠金融服务机构、产品、基础设施建设、法律法规和教育宣传等方面提出了系列政策措施和保障手段，亦对推进普惠金融实施、加强领导协调、试点示范工程等方面做出了相关安排。

构建良好的互联网金融发展环境。国务院办公厅印发《互联网金融风险专项整治工作实施方案》，鼓励和保护真正有价值的互联网金融创新，整治违法违规行为，建立监管长效机制，促进互联网金融规范有序发展。对P2P网络借贷和股权众筹业务、通过互联网进行资产管理及跨界从事金融业务、第三方支付业务、互联网金融领域广告等4个方面12项重点领域开展整治，为市场营造公平环境。

破解小微企业发展难题。努力实现小微企业贷款增速不低于各项贷款平均增速、贷款户数不低于上年同期户数、申贷获得率不低于上年同期水平。合理设定小微企业流动资金贷款期限，不得随意抽贷、压贷、断贷。推广无还本续贷。采取循环贷款、分期偿还本金等方式减轻企业负担。支持商业银行扩大应收账款质押融资规模，探索其他动产质押融资试点。坚决清理整顿融资过程中的各种违规收费，支持金融、融资担保机构优化绩效考评指标，为小微企业和"三农"减费让利。鼓励金融机构创新大额存单、可转换票据、集合债券等产品，引导更多社会资金投向小微企业，拓宽直接融资渠道。鼓励金融租赁公司发挥融资与融物相结合的特色功能，助力小微企业拓宽融资渠道。支持各地建立应急转贷、风险补偿等机制，更好发挥融资担保和保险的增信分险作用。鼓励主要服务小微企业的相互保险组织利用大数据、区块链等新技术，汇集具有同质风险的中小微企业，为特定产业链的中小微企业提供创新的风险评估、信用保证等全生命周期的风险管理服务，推动建立与完善中小微企业征信机制。

四、落实用地支持政策

召开会议提出要求。2016年5月，国土资源部组织召开了全国产业用地政策推进落实工作会。会议要求各地深入贯彻党中央、国务院经济工作部署，牢固树立创新、协调、绿色、开放、共享新发展理念，抓好大众创业、万众创新发展方面涉及用地政策的推广落实，充分发挥产业用地政策助推促改革、稳增长、调结构的动力作用，简化审批程序，着力提高服务水平。

发文指导地方工作。为进一步加大对包括大众创业、万众创新发展用地措施在内的产业用地政策落实力度，国土资源部经整理汇总，于2016年10月印发了《产业用地政策实施工作指引》（国土资厅发[2016]38），具体解释了各种涉地政策工具及其法律依据、概念内涵、适用情形、注意事项等，使《产业用地政策实施工作指引》发挥现有政策目录、政策工具包和各项政策工具使用说明书的作用，直接指导基层工作、提升政策实施效率，打通政策落实的"最后一公里"。

开设专栏扩大影响。在认真研究梳理已有政策的基础上，国土资源部在门户网站首页开设了"产业用地政策实施"专栏，内设"编者按""国务院文件""部门文件与解读""各方观点""典型案例"等栏目，将大众创业、万众创新发展等产业用地政策及各地工作中的有益经验精选收录，并建立了内容定期更新的长效机制，各方反响良好。

第三节　优化创业服务

"十三五"期间，各级政府积极优化创业服务，在创业的各阶段各环节优化创业服务政策，为各类人群创业提供便利和服务。

一、支持创业孵化

加快创业孵化机构建设。国务院办公厅印发《关于加快众创空间发展服务实体经济转型升级的指导意见》，对研究完善科技企业孵化器税收政策、鼓励龙头骨干企业、高校、科研院所与国外先进创业孵化机构开展对接合作提出服务要求。国务院办公厅印发《关于建设大众创业万众创新示范基地的实施意见》，提出了对促进各类孵化器等创业培育孵化机构转型升级、引导和推动创业投资、创业孵化与高校、科研院所等技术成果转移相结合等举措。人力资源社会保障部确定了第三批34家全国创业孵化基地（总数达到71家），通过区域合作、交流展示等形式，推广分享经验做法，对提升地区乃至全国创业孵化基地整体水平发挥积极作用。

推动创业孵化体系建设。《"十三五"国家科技创新规划》提出要围绕实体经济转型升级，加强专业化高水平的创新创业综合载体建设，完善创业服务功能，形成高效便捷的创业孵化体系。建设各具特色的众创空间，推进青年创业园区和青创社区建设，发展面向农村创业的"星创天地"，完善创业孵化服务链条。

吸引小微企业参与平台建设。国家工商总局印发《关于发挥职能作用进一步做好高校毕业生就业创业工作的通知》，提出要结合小微企业创新创业基地城市示范工作等，吸引小微企业积极参与、推进大学生创业孵化基地、大学生创业孵化园、众创空间等建设。

二、建设一批双创示范基地

国务院办公厅印发《关于建设大众创业万众创新示范基地的实施意见》，确立了首批28个双创示范基地，包括以北京市海淀区、天津市滨海新区中心商务区、辽宁省沈阳市浑南区、上海市杨浦区、江苏省常州市武进区等为代表的17个区域示范基地；以清华大学、上海交通大学、南京大学、四川大学为代表的4个高校和科研院所示范基地；以中国电信集团公司、中国航天科工集团公司、招商局集团有限公司、海尔集团公司、中信重工机械股份有限公司、共享装备股份有限公司、阿里巴巴集团为代表的7个企业示范基地。

三、加强创业教育与培训

加强高等院校创业教育。国务院办公厅印发《全民科学素质行动计划纲要实施方案（2016–2020年）》，提出要深化高校创新创业教育改革，引导大学生转变就业择业观念，支持在校大学生开展创新性实验、创业训练和创业实践项目。推动建立大学生创新创业联盟和创业就业基地，大力开展全国青少年科技创新大赛、"挑战杯"全国大学生课外学术科技作品竞赛、"创青春"全国大学生创业大赛、"中国大学生服务外包创新创业大赛"等活动，为青年提供将科技创意转化为实际成果的渠道、平台。

为返乡创业人员提供创业教育培训服务。国务院办公厅印发《关于支持返乡下乡人员创业创新促进农村一二三产业融合发展的意见》，提出开展创业培训等举措，包括实施农民工等人员返乡创业培训5年行动计划和新型职业农民培育工程、农村青年创业致富"领头雁"计划、贫困村创业致富带头人培训工程，开展农村妇女创新创业培训等。国务院印发的《关于激发重点群体活力带动城乡居民增收的实施意见》中提出的"技能人才激励计划"和"新型职业农民激励计划"从职业培训的层面对创业教育提出了任务要求。人力资源社会保障部会同农业部、国务院扶贫办、共青团中央、全国妇联等部门印发《关于实施农民工等人员返乡创业培训五年行动计划（2016-2020年）》，提出做好培训对象信息统计分析、开展有针对性的创业培训、积极开展互联网创业培训、依托优质资源开展创业培训、加强创业培训基础能力建设、建立创业培训与创业孵化对接机制、做好创业培训对象后续跟踪扶持。

第四节 拓展创业机会

在互联网技术加速渗透制造、医疗、能源、金融、物流、交通、教育等领域的背景下，中国政府进一步强调发挥"互联网+"的作用和功能，着力推动互联网服务民生和服务经济发展，加快发展新技术新模式，培育经济发展新动能。

一、推进"互联网+"

加快推进"互联网+政务服务"。国务院办公厅转发国家发展改革委、财政部、教育部等10部门的《推进"互联网+政务服务"开展信息惠民试点实施方案》，提出要加快推进"互联网+政务服务"，深入实施信息惠民工程，构建方便快捷、公平普惠、优质高效的政务服务体系。从简化优化群众办事流程、改革创新政务服务模式、畅通政务服务方式渠道3个方画部署了重点任务，并提出在2016年，要在80个试点城市内基本实现政务服务事项的"一号申请、一窗受理、一网通办"；在2017年，初步实现各试点城市间政务服务跨区域、跨层级、跨部门协同，基本公共服务事项80%以上可复制经验向全国推广。

"互联网+"推动流通体系转型升级。国务院办公厅印发《关于深入实施"互联网+流通"行动计划的意见》，提出加快推动流通转型升级、积极推进流通创新发展、加强智慧流通基础设施建设、鼓励拓展智能消费新领域、大力发展绿色流通和消费、深入推进农村电子商务、积极促进电子商务进社区、加快完善流通保障制度、发挥财政资金引导带动作用、增强流通领域公共服务支撑能力、健全流通法规标准体系、营造诚信经营公平竞争环境12项重点任务，并确定了各项任务的负责部门，推动线上线下融合发展。

开展跨境电商试点。国务院印发《关于同意在天津等12个城市设立跨境电子商务综合试验区的批复》，在天津市、辽宁省、上海市、江苏省、浙江省、安徽省、山东省、河南省、广东省、重庆市、四川省设立试验区。要求各试验区因地制宜，突出本地特色和优势，着力在跨境电子商务企业对企业（B2B）方式相关环节的技术标准、业务流程、监管模式和信息化建设等方面先行先试，为推动全国跨境电子商务健康发展创造更多可复制推广的经验，以更加便捷、高效的新模式释放市场活力，吸引大中小企业集聚，促进新业态成长，实施创新驱动发展战略，推动大众创业、万众创新，增加就业，支撑外贸优进优出、升级发展。

二、发展新经济培育新动能

"十三五"规划引领新支柱产业发展。《中华人民共和国国民经济和社会发展第十三个五年规划纲要》（简称"十三五"规划）发布，从实施制造强国战略、支持战略性新兴产业发展、加快推动服务业优质高效发展3个方面提出优化现代产业体系的总体规划。国务院印发《"十三五"国家战略性新兴产业发展规划》，提出形成新一代信息技术、高端制造、生物、绿色低碳、数字创意等5个产值规模10万亿元级的新支柱，并在更广领域形成大批跨界融合的新增长点。

加快培育发展二批新增长点。国务院办公厅印发《关于加快发展健身休闲产业的指导意见》，对发展健身休闲产业，推动体育产业向纵深发展进行部署。国务院印发《关于加快发展康复辅助器具产业的若干意见》，对发展康复辅助器具产业进行部署。国务院办公厅印发《关于促进通用航空业发展的指导意见》，提出到2020年，建成500个以上通用机场，通用航空器达到

5000架以上，培育一批具有市场竞争力的通用航空企业，通用航空业经济规模超过1万亿元。工业和信息化部、发展改革委、财政部印发《机器人产业发展规划（2016-2020年）》，提出到2020年，自主品牌工业机器人年产量达到10万台，六轴及以上工业机器人年产量达到5万台以上，服务机器人年销售收入超过300亿元，在助老助残、医疗康复等领域实现小批量生产及应用。

促进行业跨界融合发展。国务院印发《关于深化制造业与互联网融合发展的指导意见》，提出到2018年年底，制造业重点行业骨干企业互联网双创平台普及率达到80%，相比2015年，工业云企业用户翻一番，新产品研发周期缩短12%，库存周转率提高25%，能源利用率提高5%等目标，并围绕发展目标，在打造制造企业互联网双创平台、推动互联网企业构建制造业双创服务体系、支持制造企业与互联网企业跨界融合、培育制造业与互联网融合新模式、强化融合发展基础支撑、提升融合发展系统解决方案能力、提高工业信息系统安全水平等7个方面进行了任务部署。工信部印发《信息化和工业化融合发展规划（2016-2020）》，对推进信息化和工业化深度融合，加快新旧发展动能和生产体系转换，提高供给体系的质量效率层次进行了部署。

◀◀◀ 第三章

知识产权保护软环境建设优化研究

随着知识经济时代的到来，各种科技发明层出不穷，为了加强对这些科技发明者知识产权的保护，我国也和一些国家一样，引进了公权力，它在知识产权保护制度中起到非常重要的作用。这种方式不仅与知识产权权利人的利益密切相关，还关系到一家创业企业的生存，甚至影响关系到一个国家科技技术的进步和发展。

第一节　我国知识产权行政保护的现状与效果评价

知识产权行政保护作为国家公权力介入知识产权保护的一种方式，是行政机关依据法定职权，由国家行政部门和法律主动介入，这种形式，可以实现最大、最高效率的保护措施，相对而言是对知识产权最大利益的保护。而知识产权司法保护是一种更加注重权利人意愿的、相对更加公正的保护方法。这两种方式都各有各自的特色，相互扶持相互帮助，是一种"双轨道"互补关系，这种保护模式的运用能够进行很好的互补，充分发挥两者的优势。而且"双轨制"保护模式为我国知识产权的保护创造了良好的条件，给知识产权人带来更多选择。目前我国实行司法保护与行政保护并行的"双轨制"知识产权保护模式。

一、我国知识产权行政保护的发展态势

我国知识产权保护制度自80年代建立，经历了近40年的发展，可以说知识产权行政保护制度已经很好地适应我国社会的发展，并且行政保护在维护社会公共利益方面也做出了很多努力，在处理查处知识产权的侵权行为，规范市场竞争等方面都产生了一定的效果。

我国最先在商标领域确立了知识产权行政保护制度，赋予了相关行政机关查处侵犯商标权行为的权力以及处罚违法行为的方式。在之后出台的知识产权领域的相关法律如《专利法》和《著作权法》也对行政保护做出了具体规定，可以说，知识产权行政保护手段是适合我国基本国情的。并且在《商标法》《专利法》和《著作权法》这3部主要知识产权法律的历次修订中，行政保护制度不仅得以延续，而且从具体内容来看，行政保护的强度在不断加强，行政保护的范围也呈现扩张趋势。知识产权的行政保护制度除了在商标、专利和著作权这3个领域确立和发展，行政保护制度还扩大发展到了其他领域。目前，行政保护制度在我国所涉及的知识产权领域主要体现在以下法律、法规和规章之中：《专利法》及其《实施细则》、《商标法》及其《实施条例》、《著作权法》及其《实施条例》、《反不正当竞争法》《海关法》《知识产权海关保护条例》《计算机软件保护条例》《植物新品种保护条例》及《实施细则》（包括农业部分和林业部分）以及集成电路、专利、互联网、药品等各个行业的知识产权相关法律。从国家颁布的法律种类之多，条文之详细可以看出来，国家对知识产权的重视程度正随着社会、科技和文化的发展不断增强，按照这样的强度及速度，相信在未来的短时间内，知识产权领域内的法律法规就可以形成一个完整的体系，并且不断取得突破。尽管知识产权法的起步比较晚，但在经历了近40年的发展后，形成了自己专有的特色，并且已经成为我国知识产权保护体系和实践之中的重要保障制度。

二、我国知识产权行政保护存在的问题和原因分析

2017年，全国各级行政执法机关进一步提升行政执法效能，不断强化

知识产权保护。国家知识产权局继续加大专利行政执法办案工作力度，深入组织开展"护航""雷霆"专项行动，加强大型展会、电商领域及进出口环节的专利保护工作。全年专利行政执法办案总量达到66649件，同比增长36.3%。其中，专利纠纷案件28157件，同比增长35.0%；查处假冒专利案件38492件，同比增长37.2%。

原国家工商行政管理总局印发《开展打击商标侵权"溯源"专项行动方案》，在全系统部署开展打击商标侵权"溯源"专项行动，对商标侵权商品生产、销售，注册商标标识制造等环节开展全链条打击；指导全国各级工商和市场监管部门加强地理标志和农产品商标专用权保护，依法查处"洛川苹果"地理标志证明商标侵权案件。全国工商和市场监管部门全年共办理商标监管执法案件30130件，案件总值36544.63万元，罚没金额47042.32万元，其中，共立案查处商标侵权假冒案件26985件，案值33348.33万元，罚没金额44307.22万元，向司法机关移送涉嫌犯罪案件172件；共查处仿冒、侵犯商业秘密等侵犯知识产权的不正当竞争案件5839件，罚没金额6803万元。

国家版权局加大版权行政执法力度，强化网络领域版权监管，打击各类侵权盗版行为。印发《2017年全国新闻出版（版权）打击侵权假冒工作要点》，对开展著作权执法检查、深入推进软件正版化等工作进行部署；联合国家互联网信息办公室、工业和信息化部、公安部开展打击网络侵权盗版"剑网2017"专项行动，聚焦网络版权保护及电子商务平台和移动互联网应用程序（App）的版权整治，各级版权执法监管部门巡查网站6.3万家（次），关闭侵权盗版网站2554个，删除侵权盗版链接71万条，收缴侵权盗版制品276万件，立案调查网络侵权案件543件，会同公安部门查办刑事案件57件，涉案金额1.07亿元。狠抓大案要案督查督办，联合全国"打黄扫非"工作小组办公室、公安部、最高人民检察院组成5个督导检查组，对北京等10省（市）开展案件专项督导检查，全年督办浙江嘉兴"3·11"案、河南尉氏"12·15"系列案等重大案件23起。

国家版权局深入推进软件正版化工作，组织重点督查，推进软件正版化长效机制建设。2017年，组织联合督查组对北京、河北等10个省（区、市）软件正版化工作进行重点督查；组织专项督查组对辽宁、吉林等6个省（区、市）的全部省级政府机关软件正版化工作进行全覆盖督查。全年共检查单位389家、计算机26989台，同比分别增长35.54％、242.94％。各级政府机关全年共采购操作系统、办公和杀毒软件127.7万套，采购金额6.12亿元。企业软件正版化工作取得重要突破，中央企业和大中型金融机构基本实现软件正版化，全国累计37667家企业通过检查验收实现软件正版化，中央企业和金融机构全年采购、升级和维护操作系统、办公和杀毒软件金额共计21.45亿元。

原文化部指导监督各地加强网络文化市场监管，查办互联网文化案件712件，其中，网络游戏案件495件、网络表演案件157件、网络动漫案件29件、网络音乐案件22件。全国各级文化行政部门和文化市场综合执法机构全年共出动执法人员807.79万余人次，检查经营单位331.75万余家次，受理各类举报投诉1.5万余件，立案调查4.37万余件，办结案件5.59万余件，警告经营单位4.14万余家次，罚款1.8亿余元，责令停业整顿4525家次。

原农业部印发《农业部办公厅关于做好种子市场监管和品种保护工作的通知》，先后组织冬季企业督查、春节市场检查和基地检查，抽查了湖南、四川等9个重点省份，加大重点区域整治力度，种业市场秩序明显好转，侵权案件较2016年减少36％。加强农产品地理标志保护，加强证后监管，部署2017年农产品地理标志监测工作，对北京、黑龙江等6省（市）27种获证产品108个样品进行监测，全面验证获证产品质量安全和品质保持情况，监测结果显示安全指标合格率100％；在"3·15"国际消费者权益日期间，在全国范围内组织开展标志使用专项检查，有效维护市场环境；指导省级工作机构加大农产品地理标志现场检查工作力度，确保获证产品的品质和信誉。

原国家林业局印发《国家林业局科技发展中心关于继续开展打击侵犯林业植物新品种权专项行动的通知》，于2017年4月至11月组织专项行动，有效促进林业植物新品种权保护工作。

海关总署组织开展"清风"行动，联合公安部对3起系列案件开展督办，各级海关共查获侵权货物1.71万批，涉及货物数量3777万件，案值1.67亿元，向公安机关通报案件线索近百起，维护"中国制造"声誉；组织开展"龙腾"专项行动，对150家重点企业2 000余项知识产权实施重点保护，全国海关启动知识产权保护措施872次，扣留侵权货物253批，涉及侵权货物311万件，案值

4002万元，挽回权利人直接经济损失7442万元；开展互联网领域专项治理，在邮寄、快件渠道查获侵权商品15573批次，涉及货物数量13.57万件。全国海关全年共查获进出口侵权货物19192批次，涉及侵权货物4094万余件，案值1.8亿元。其中在出口环节查获18841批次，涉及侵权货物4040万件，案值1.79亿元；在进口环节查获351批次，涉及侵权货物53万余件，案值260余万元。

尽管近些年，我国知识产权行政保护取得了令人瞩目的成绩，但是在实践中仍存在林林总总的问题，我国知识产权保护制度不够规范，很多方面的处理也不够成熟，对知识产权的行政保护法律没有形成固定完善的体系使得行政职权的范围也不够明确，这就会导致各个知识产权行政保护机关有自身的一套管理制度与模式，职权范围也由各个行政管理机关自行的扩大或缩小，这既造成了某些方面的重复管理，同时也使有的地方管理不到。知识产权被赋予不同权力的行政机构管理，而赋予这些机构权力的方式来源也不同。没有系统化的管理，执法机构的权力来源不同——有效力等级不同的法典还有其他的规范性文件，使知识产权的法律规范体系的标准层次不齐，更是造成了最终的评判依据来源不一，在处理知识产权行政案件中，会出现交叉行政、行政越位、缺位等十分严重的现象。其中较突出的有以下几个方面：

（一）知识产权行政保护法律体系分散化

知识产权行政保护的法律体系十分分散，由于知识产权涉及包含多个领域，因此知识产权的管理和保护范围相对较广。我国目前通过对知识产权包含的多个领域内容的划分，在专利权、著作权、商标权等各个领域都分别设置了相应的法律法规和指导办法，不同的法律的完善程度也各不相同，并且分散立法使我国关于知识产权行政保护的法律无法形成统一的体系。而且，关于知识产权的具体规定和执法办法都被分散的规定在不同领域的法律法规或者规章当中，这就会造成在知识产权领域内行政执法标准不一、执法力度不均的问题。例如在《专利行政执法操作指南（试行）》中规定了证据认定，同时又有《专利行政执法证据规则（试行）》对行政执法证据进行规定。建设社会主义法治国家，就要求我们知识产权行政管理机关依法行政，因此知识产权行政保护的法律制度的健全和完善就显得尤为重要，而且完备的法律制度也能够为行政执法的有效进行提供依据。

（二）我国的行政管理机关设置不统一

我国除了针对划分的知识产权领域内的多个内容设定了法律法规外，还分别针对各个领域设置了相应的行政管理机关从而进行领域内的行政管理和行政执法。行政机关分散化的设置使知识产权中各个领域的行政机关都相对分立，各自为政，各个行政机关之间很难能够实现有效的协调和沟通，无法形成统一的行政管理体系，也就很难做到使知识产权的行政执法水平保持一致。我国在知识产权领域设有专门的处理机构，如国家知识产权局，但其工作职能主要负责指导和管理专利这一领域的工作，而不是涉及整个知识产权领域的统一管理。而且专利的实际管理和执法工作分散在不同地域的专利管理部门。通过2010年修订的《专利法实施细则》中关于"管理专利工作的部门"的规定，我们发现专利工作的部门是由省、自治区、直辖市以及设区的市人民政府设立的，这种行政管理机关地域化的设置，需要配置大量人力和物力，加重了知识产权行政管理的成本同时也是各地机构设置模式多样化的原因。再者，知识产权行政管理机关的分立模式，会产生交叉的重复管理、管理真空现象等，不利于保证行政管理和执法实施。

中国知识产权行政保护的相关行政机关是管理和处理侵犯知识产权案件的主要机构，它兼具的职责众多，除了需要担负起行政执法的职责，还具有受理、审查、授权（登记或注册）等有关管理事务的职责。这样的行事方式使管理和执法保护更加集中，但是问题也同样明显，管理和执法的一体化使权力不能很好地被监督和制约，并且也加重了行政机构的职责，原本的任务应该只是完成受理、审查等事务性工作的行政机关肩负了更多的责任和义务。而且，像专利管理部门是由各省级、市级的相关行政管理机构处理各自区域的地方性事务，但有些地区并未设立相应行政机构，行政机构设置混乱使知识产权的行政保护无法达成有效的沟通，没有一个统领的部门进行管理和协调。

（三）行政管理机关职能不规范

每个知识产权行政管理机关的职能仅限于自己的领域内，职能单一化。比如知识产权局在处理专利侵权案件时，发现该专利侵权还同时侵犯了商标权等其他知识产权侵权现象，因为知识产权局的权力限制，不能查处别的知识产权侵权的具体内容，所以就导致知识产权局只能针对专利侵权进行处理。由此看出知识产权行政管理机关职能的单一，会降低执法保护的力度和行政管理的效率，使得知识产权人的权利不能得到及时的维护和保障。我国知识产权保护体制很零散，不够规范，很多方面的处理也不够成熟，知识产权行政管理法律没有形成固定完善的体系使得行政职权的范围不够明确，这就会导致各个知识产权行政保护机关有自身的一套管理制度与模式，职权范围也由各个行政管理机关自行扩大或缩小，这既会导致某些方面的重复管理造成交叉行政，同时也使得有的地方管理不到位，出现行政缺位等严重现象。

（四）行政保护力度地区差异化

知识产权在不同地方受重视程度和被保护程度也各不相同。知识产权的行政管理机构配置受属地政府的影响，没有制度保障，会因为地方政府领导的重视程度而产生配置差异，因此不同地方的知识产权局和版权局的机构设置也参差不齐。全国省级的知识产权局的设置可以因当地领导的重视自成一局，而不受重视的地方索性将知识产权局和科技局合并成为一个机构进行管理。有学者一针见血地指出了问题所在：制度不是设置知识产权相关机构的真正因素，当地领导的重视程度才是关键因素。此外，还有地区在执法时没有贯彻落实依法行政保护、一视同仁，存在地方保护色彩。这些地方性的问题，都使得行政保护的贯彻和落实受到了阻碍，同时也影响了知识产权市场的有序发展。

（五）知识产权意识薄弱

知识产权保护意识的培养不仅是某个行业和领域的利益追求，更应该从政治层面推广和宣传，需要知识产权行政机构主导，鼓励利用政策推动知识产权意识观念，而不是只通过一些知识产权服务机构努力传播专业知识。知识产权保护制度在我国存在的历史较短，所以公众对私有权利中知识产权的具体含义了解不深，许多人对于知识产权保护的意识尚在萌芽期，不管是知识产权意识还是对其在法律上的保护都缺乏足够的意识，甚至因为对其具体作用和意义不够了解，国内企业有很大一部分没能充分认识到知识产权是重要的无形资产之一，而且已然成为企业间竞争的优势资源。相较国外的企业，国内企业在专利、商标、商业秘密等知识产权的管理中存在着疏忽大意的问题，有企业在海外市场参与竞争时，常常都是产生了知识产权纠纷才认识到知识产权的重要性。虽然近几年知识产权保护体系在不断地发展，人们也开始逐渐意识到知识产权的重要性，但在知识产权保护意识这一方面，仍然有很长的路要走，说明了我国政府和知识产权相关行政管理机关的重视和宣传程度都有待提高。

（六）缺乏知识产权行政保护人才培养

科学技术的进步让知识产权侵权的方式也随之呈现多样化，处理知识产权侵权的复杂性和难度也在不断加大，这就对知识产权行政管理部门的行政主体提出了更高的要求，所以培养知识产权行政主体的专业水平和素质就显得尤为重要。行政主体的素质决定了行政管理和行政执法的质量，影响着创新技术权利人的权利。知识产权自身的性质决定了知识产权侵权和违法行为的复杂性，需要人员不仅了解知识产权的特性，掌握专业知识，还要具备法律素养。然而在实践中国家和政府对知识产权方面的专业人才重视程度不够，也没有建立完善的专业人才培养机制，由此造成了对人才的培养和人才的储备的欠缺。

三、完善知识产权行政保护的对策

2015年，国务院公布《关于新形势下加快知识产权强国建设的若干意见》，提出"推进知识产权管理体制机制改革"，并要求基本形成"权界清晰、分工合理、责权一致、运转高效、法治保障的知识产权体制机制"。2016年中央深改组审议通过《关于开展知识产权综合管理改革试点总体方案》，提出管理改革试点的总体要求、主要任务和组织实施方案，并确定深圳、长沙等6个地区作为第一批试点。2018年3月18日，国务院机构改革方案获表决通过，该方案提出"重新组建国家知识产权局，将国家知识产权局的职责、国家工商行政管理总局的商标管理职责、国家质量监督检验检疫总局的原产地地理标志管理职责整合，重新组建国家知识产权局，由国家市场监督管理总局管理。"机构改革方案的通过，回应了伴随知识产权管理机制改革的两大争论：其一，应适用集专利、商标、著作权为一体的"三合一"模式，抑或集专利、商标为一体的"二合一"模式；其二，行政机构改革，应以知识产权局为主体，抑或以工商行政管理总局（现更名为市场监督管理总局）为主体。对于"三合一"模式或"二合一"模式的选择，重组后的国家知识产权局负有监管专利、集成电路布图设计、商标、地理标记之职责，并归口于国家市场监督管理总局，其实际监管的知识产权类型有5大类；依据《国务院关于机构设置的通知》，国家版权局（国家新闻出版署）在中共中央宣传部加挂牌子，由中共中央宣传部承担相关职责。以知识产权局统筹专利、集成电路布图设计、商标、地理标记，并由国家市场监督管理总局领导，这种在统一市场监管下的知识产权行政管理机制，扫清了完善知识产权行政保护机制的组织障碍，架构了从监管向服务转变的良好基础。

关于知识产权的行政保护，尽管立法上存在不断加强的趋势，但学界仍存在不同的看法。一部分学者认为，知识产权属于私权，应以司法保护为主，行政执法作为一种过渡性质的保护机制，动用行政经费对私人权益进行保护，是对国家资源的不当使用；在我国司法体制不断完善的过程中，行政保护应加以限制，甚至应让位于司法保护。另一部分学者认为，应尊重我国"双轨制"的历史传统并重视其作用，行政保护能有效降低知识产权的维权成本，对侵权行为进行有效、快速打击，既契合现实需要，又维护公共利益。知识产权的行政保护与知识产权管理机构的职能密切相关。当前，国务院机构改革方案已经颁布实施，方案中涉及专利、商标、著作权管理机构职能的重新划分。这意味着，知识产权的行政保护也面临着调整的必要。尽管行政保护在知识产权保护中发挥着重要作用，但目前的确存在着一定问题，"多头分散、职能交叉"的行政管理机制也一直为学界所诟病。因此，讨论知识产权行政保护的正当性，提出优化知识产权行政管理职能的方案，具有现实意义。

知识产权行政保护，提供了总维权成本更低的解决方案。集授权确权与执法保护于一体的知识产权行政管理机构，在确权授权程序中，已获取行政执法保护所需的部分有效信息，权利人无须组织大量材料以启动保护程序，从而减少了提供保护所需的信息获取成本。此外，行政保护不同于司法保护，前者并未预设居中的裁决立场，执法人员可借助一般的常识构造以及执法经验，依照相关程序，采取临时保护措施，甚至实施行政处罚。知识产权行政保护通过行政型秩序取代法庭上的系统论证，回避了由于知识产权自身性质所带来的高测量成本，将司法保护程序产生的总诉讼成本进行内部化处理，解决了司法保护的高交易费用，这亦是其正当性之基础。

知识产权行政保护同样存在以下两个问题：第一，回避司法保护程序产生的高测量成本，是行政保护的效益基础，但它违反了"有效的知识产权保护必须充分利用所有应该利用的、分散于不同当事人的信息"这一论述前提；第二，构建行政型秩序将信息获取成本进行内部化处理，也意味着执法保护主体回避了在质证、论证程序中形成的权力约束，这是为众多学者所诟病的"行政权力扩张"。

第一个问题导致行政保护之适用必须受限于司法保护失灵这一情形，行政保护既不可能取代司法保护，成为知识产权保护的主体制度，亦不可能独立于司法保护体系，形成自治的一套治理方案。行政保护应作为司法保护的有益补充，发挥其独特的制度作用。第二个问题促发了行政保护对外部监督的需求，其作用的发挥应置于理性的框架之内，使行政型秩序的构建符合知识产权制度的预期效益。故我国现行知识产权法律法规皆规定，对主管行政部门做出的调解、裁决、处理决定，均可"向人民法院起诉"。

因此，确立知识产权行政保护的权力边界，与其自身之适用同样重要。权力边界可防止行政保护发生"僭越"，脱离制度发挥作用所依赖的必要前提；同时，权力边界可控制行政保护的效力范围，一旦作为外部监督的"司法裁决"频繁启动，行政保护的补充作用便告殆尽，行政保护投入的前期成本则成为无谓损耗，不仅未降低获取信息的成本，还延长了诉讼周期。公共利益作为知识产权行政保护的内涵，在学界的纷繁论战中，难得地取得了共识。但由于利益内容及受益对象的不确定性，公共利益具有极强的抽象性。所以，公共利益常常被人们喻为"一个罗生门式的概念"。

作为厘定知识产权行政保护权力边界标准的公共利益，应具备以下3个特征：

1. 开放性。作为一定历史时期治理秩序下的正当性话语，公共利益是一个具有共时性、开放性的范畴，随着社会经济、政治、文化条件的改变而不断发展，其内涵固然丰富、多变，却也遵循着特定内在逻辑。"公共利益不是单个人利益的总和，也不是人类的整体利益，而是一个社会通过个人的合作而生产出来的事物价值的总和。"这意味着公共利益源于两部分：基于个体联合形成的共同需求，以及对共同需求的有效调整手段。两者各自变化及其相互作用的过程，使公共利益在不同的经济、政治、文化土壤上发生变化，并造就其开放性。比如，信息时代的来临，重新定义了数字，数据库逐步受到重视，1996年欧盟通过了《数据库保护指令》赋予数据库以版权保护。

2. 可还原性。公共利益在社会适用的结果最终将还原为特定个人的受益。正如罗尔斯所言："利益，无论是个人的或集体的，最后都必须像饥饿或发痒那样，落实到个人，为个人所感觉到。换句话说，不存在不能落实为个人利益的国家利益或社会的集体利益。"因此，个体受益并不能成为判别知识产权行政保护是否实现公共利益的标准，若行政保护不能最终落实到个体，公共利益将被"有计划的神秘化"。对行政保护公共利益的考量应该置于一个更为宏观的思考框架，即知识产权行政保护是否促进了创新发展，并使更多人受益。这也回答了对行政保护的一项质疑：为何动用行政资源保护私人利益。

3. 层次性。公共利益具有不同的位阶，对不同层次的公共利益应进行不同程度的保护，这亦是公共利益在行政保护领域内系统化的过程。《专利法第四次修改草案（送审稿）》第60条做出了相应尝试：（1）对于一般专利侵权行为，专利行政部门只能责令停止侵权行为；（2）对群体侵权、重复侵权等扰乱市场秩序的故意侵犯专利权行为，专利行政部门可以依法查处侵权行为，并可以没收侵权产品、专门用于制造侵权产品或者使用侵权方法的零部件、工具、模具、设备等；（3）对重复侵犯专利权的行为，专利行政部门可以处以罚款。如上所述，可充分获取信息的司法保护机制更有利于对侵权认定、赔偿等做出理性调整，故对一般侵权的情形，应收缩行政保护的处罚权限。以上说明行政保护对"群体侵权"的优势所在，而"重复侵权"是对司法裁决失效的具体描述，行政保护实际上是对司法保护失灵的情形做出处理。另外，层次性的调整在合理划定行政保护界限的同时，使行政执法与司法保护有效衔接。

完善产权制度，建立知识产权要素市场化配置机制，是知识产权行政保护的新定位。从传统的打击、保护转向知识产权服务体系建设，管理和服务将成为知识产权行政保护的工作核心，用以增强知识产权之价值，降低权利界定的成本。事实上，这也是《国务院关于新形势下加快知识产权强国建设的若干意见》《2017年深入实施国家知识产权战略加快建设知识产权强国推进计划》两份文件中所传达的核心思想及主要目标。知识产权行政保护的管理服务职能应包括：指导知识产权代理机构和社会团体在本区开展工作，负责知识产权入驻机构资质管理，依法指导开展知识产权交易、代理、信息分析、咨询服务等工作；协调、引导社会中介机构开展知识产权评估工作；协调引导社会资本开展知识产权运营、质押融资、保险等服务；负责知识产权综合服务信息平台建设、管理、运行、维护及技术支撑工作。承担知识产权数据的统计分析工作包括：知识产权数据信息的统计、管理、编报和发布工作；为企事业单位和社会各界提供专利信息检索、查询服务以及知识产权转让和许可贸易、投资入股等咨询服务。

全面、庞大、可即时访问的数据库，是"大数据＋人工智能"得以生效的前提。统一市场监管下的知识产权管理机制改革，扫清了上述前提的适用障碍，打破了数据连接的壁垒。以国家市场监督管理总局为枢纽，整合了原国家工商行政管理总局的市场主体注册信息，原国家质量监督检验检疫总局、国家食品药品监督管理总局的各项产品信息，原属发改委价格质量检查职能的价格信息，国家标准化管理委员会的技术信息，以及国家知识产权局的知识产权权利信息。以上信息的整合可相对完整地绘制出知识产权侵权的全貌，勾勒出隐藏于权利人与侵权人之间的立体化信息网络，为解决纠纷、做出处理决定提供所有应该利用、分散于不同主体的信息。

针对具体适用情景，建立上亿个数据子集模型，并不断排除分析，最终生成与结果关联度最高的特征集，作为判定依据；其中涉及的数据处理手段及处理成本，对知识产权行政保护而言，实在是过于奢侈，这好比拿着一张精心编织的网过滤了一整片海，仅为捞回一根针。若只考虑大数据运用，在知识产权行政保护领域几乎不存在适用空间，但人工智能的出现改变了这一状况。人工智能是"理性思考的系统",以知识产权执法保护为例,它可将"是否侵权"作为一个定义明确的求解问题,把"权利人""侵权人""权利客体"作为求解所需的特征集,在可搜索的数据库内获取所有与之相关的有效信息,以现行法律、法规及司法解释构建推理的逻辑框架,通过bp反向传播算法、对抗性神经网络等方式进行机器学习,人工智能系统可得出"是否侵权"的有效结论。不同于单纯依靠大数据分析,基于机器学习对系统的优化,使用人工智能系统的边际成本递减、边际效益递增;且一旦系统趋于成熟,在统一的法律体系下,它在各地皆可获得良好的运用。

就目前而言,我国行政系统信息化建设仍在进行,相关信息收集及数据化处理仍不充分,故通过"大数据+人工智能"的信息化治理模式,仍处于培育阶段。管中窥豹,可见一斑,浦东新区知识产权局创建的信息共享机制,可窥视信息化治理之潜力。在自贸区内部,浦东新区知识产权局加强了其与自贸区海关、工商、质监、公安等自贸区内知识产权监管机构之间的信息情报工作和联系。任一机关在各自职责范围内基于工作内容所获得特定知识产权信息,在经过相应的筛选后,会通过知识产权共享平台共享给其他行政管理及执法机关。在自贸区外部,浦东新区知识产权局还与浦东法院、检察院、公安分局等司法部门搭建信息共享平台、设置协同保护机制,加强在知识产权侵权线索及证据上的共享,借以充分发挥两种路径的保护优势。

第二节　中国知识产权刑事保护发展态势与专项行动效果评价

一、中国知识产权刑事保护的发展态势

在经济全球化、区域一体化的发展形势下,知识产权已经成为保障国家安全与发展的战略性资源,成为提升国家国际竞争力的决定性要素。中国于2008年6月5日发布了《国家知识产权战略纲要》,决定实施国家知识产权战略。与此同时,国家知识产权的保护水平也已经成为衡量综合国力和持续发展力的集中体现。从2005年开始,中国公安机关已连续开展"山鹰"行动、

"亮剑"行动、"剑网"行动等一系列专项打击行动，开始形成打击侵犯知识产权犯罪的高压态势。但到目前为止，对于中国知识产权刑事保护执法状况的研究并不多见。其中于彼得①写了大量的有关知识产权保护的文章，作为一名法学教授，他提供了较为详细的法律分析和事例研究，但缺乏实证研究，研究视角也没能更多地集中于中国知识产权的刑事执法。迪米特洛夫是唯一采取系统的实证研究方法对中国的知识产权刑事执法状况进行研究的学者。他对中国、俄罗斯、捷克共和国、法国和美国进行了比较研究，描述和分析了以上各国的法律基础、警察结构、执法程序、执法实践以及官方统计的执法数据，但并未针对中国知识产权刑事保护状况进行深入分析。本研究根据2005~2011年度审结涉及知识产权侵权的刑事案件数据，试图从法律适用的层面对2006年至2011年间，涉及知识产权侵权的刑事案件不断上升的原因进行深层次剖析，并通过对专项行动实施前后的效果评价，印证专项行动所取得的执法效果。

二、方法与数据

本研究根据2009~2011年最高人民法院发布的《中国法院知识产权司法保护状况》白皮书中全国地方法院审结涉及知识产权侵权的刑事案件总量、其所包含的4类判处案件数量[以侵犯知识产权犯罪判处案件，以生产、销售伪劣商品犯罪（涉及侵犯知识产权）判处案件、以非法经营罪（涉及侵犯知识产权）判处的案件和以其他犯罪判处的涉及侵犯知识产权的案件]以及以侵犯知识产权犯罪判决的案件中所涵盖的7种案件的数量进行实证分析。与此同时，为进一步增加数据来源的广度和提高数据的可信度，采用《中国知识产权年鉴》2005~2011年各卷提供的全国法院审结知识产权刑事案件的数据，首先对2006年至2011年，涉及知识产权侵权的刑事案件不同程度上升的原因从法律适用的层面进行定性分析，然后采用卡方分析法对专项行动实施前后

---

① Yu, P. (2007). Intellectual property, economic development, and the China puzzle, in intellectual property, trade and development: Strategies to optimize economic development in a TRIPS plus era. In D. J. Gervais (Ed.), Drake University Law School Occasional Papers in Intellectual Property Law, Vol. 1 (p.173). NY: Oxford University Press.

的执法效果进行统计分析，并计算专项行动实施前后的比值比（odd ratio，OR）及其95%可信区间（confidence interval，CI），据此对3项专项行动的执法效果进行评价。

三、中国知识产权刑事保护发展态势分析

从下图1中可以看出，中国知识产权的刑事保护力度不断加强，涉及知识产权侵权的刑事案件从2006年到2011年一直呈现出上升趋势。2005年案件数量的突出增加反映了国务院开展的打击侵犯知识产权犯罪"山鹰行动"取得了明显的效果，在下节中将具体阐述。此外，从下图2中可以看出，除2005年以外，伴随着涉及知识产权侵权刑事案件的不断上升，以侵犯知识产权犯罪判决的案件，以生产、销售伪劣商品犯罪（涉及侵犯知识产权）判决的案件，以非法经营罪（涉及侵犯知识产权）判决的案件以及以其他犯罪判决的涉及侵犯知识产权的案件均处于不同程度的上升趋势。其中以侵犯知识产权犯罪判决的案件的上升比例最大；以非法经营罪（涉及侵犯知识产权）判决的案件上升比例出现了一定程度的萎缩；而以生产、销售伪劣商品犯罪（涉

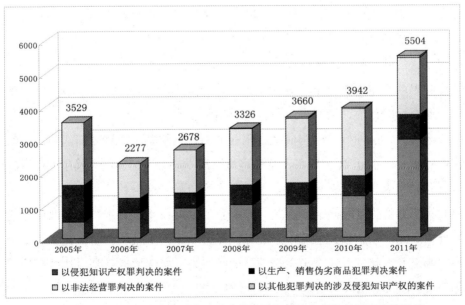

图1　2005~2011年度全国地方法院审结涉及知识产权侵权的刑事案件数量

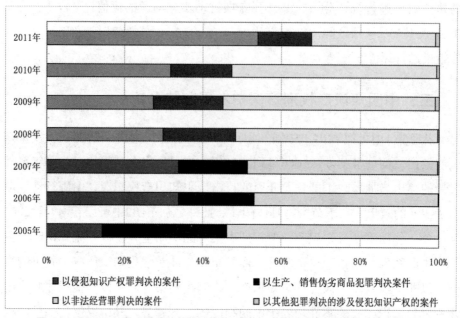

图2　2005~2011年度全国地方法院审结涉及知识产权侵权的刑事案件构成比

及侵犯知识产权）判决的案件增加并不明显。

涉及知识产权侵权的刑事案件处理一般涉及3类罪名：一种是以《刑法》分则第三章第七节规定的7种侵犯知识产权罪的相应罪名定罪处罚。二是以《刑法》分则第三章第一节规定的生产、销售伪劣商品罪中的相应罪名定罪处罚。三是以《刑法》第225条规定的非法经营罪定罪处罚，该罪的法定刑比侵犯知识产权罪的相应罪名更为严厉。司法实践中，有的被告人既有假冒他人注册商标的行为，又有将此假冒商标用于生产、销售伪劣商品的行为，依照《刑法》，这种行为应构成牵连犯，适用较重的罪名定罪处罚。生产、销售伪劣商品犯罪包含9个罪名，其法定最高刑一般为无期徒刑。其中生产、销售假药罪和生产、销售有毒有害食品罪的法定最高刑为死刑，均重于假冒注册商标犯罪的法定最高刑。因此，这类案件一般以生产、销售伪劣商品罪定罪处罚。2005年，人民法院审结的非法经营、生产、销售伪劣商品犯罪案件均大幅上升，除了上述"山鹰行动"的效果外，主要原因就是以这两类罪名起诉审理的侵犯知识产权案件出现了大幅上升。

那么为什么本研究时间段内从2006年到2011年以上3类涉及知识产权侵权

的罪名呈现出如图2所示的不同变化？下面笔者试着从法律适用的层面逐一进行分析。

（一）侵犯知识产权罪的刑事门槛不断降低。从1997年《刑法》分则第三章"破坏社会主义市场经济秩序罪"设专节规定"侵犯知识产权罪"并设置7个罪名以来，中国陆续出台了《关于审理非法出版物刑事案件具体应用法律若干问题的解释》（1998）（以下简称"《出版物解释》"）、《关于办理侵犯知识产权刑事案件具体应用法律若干问题的解释》（2004）（以下简称"《解释（一）》"）、《关于办理侵犯著作权刑事案件中涉及录音录像制品有关问题的批复》（2005）、《关于办理侵犯知识产权刑事案件具体应用法律若干问题的解释（二）》（2007）（以下简称"《解释（二）》"）、《关于办理侵犯知识产权刑事案件适用法律若干问题的意见》（2011）（以下简称"《知识产权意见》"）等多个司法解释。在这些司法解释中，为应对司法实践中不断提出的问题，确保法律适用的准确性，不仅连续界定了侵犯知识产权犯罪认定当中的有关概念，而且还通过以上解释和意见，对以前无法认定为犯罪或难以认定为犯罪的，都明确认定其为犯罪，扩大并加强了对侵犯知识产权犯罪行为的打击力度。[1]例如，《刑法》《解释（一）》和《解释（二）》解决了假冒注册商标的商品已经销售的定罪处罚问题，但是，对于拟要销售但是尚未销售出去的情形，在以前没有明确规定，《知识产权意见》对此做出了明确规定。[2]

（二）非法经营罪的适用范围一定程度上得到了压缩。根据《刑法》第

① Haiyan Liu（2010）. The Criminal Enforcement of Intellectual Property Rights in China: Recent Developments and Implications. Asian Criminology（2010）5: 137-156.

② 《知识产权意见》规定：销售明知是假冒注册商标的商品，具有下列情形之一的，依照刑法第二百一十四条的规定，以销售假冒注册商标的商品罪（未遂）定罪处罚：（一）假冒注册商标的商品尚未销售，货值金额在十五万元以上的；（二）假冒注册商标的商品部分销售，已销售金额不满五万元，但与尚未销售的假冒注册商标的商品的货值金额合计在十五万元以上的。假冒注册商标的商品尚未销售，货值金额分别达到十五万元以上不满二十五万元、二十五万元以上的，分别依照刑法第二百一十四条规定的各法定刑幅度定罪处罚。销售金额和未销售货值金额分别达到不同的法定刑幅度或者均达到同一法定刑幅度的，在处罚较重的法定刑或者同一法定刑幅度内酌情从重处罚。

225条、1998 年12 月29 日全国人大常委会《关于惩治骗购外汇、逃汇和非法买卖外汇犯罪的决定》第4条以及"两高"有关非法经营罪的一系列刑事司法解释的有关规定，非法经营罪中的非法经营行为，并非单纯指违反工商行政管理法规的行为，而是因违反国家关于特许经营管理的有关经济行政管理法律、法规的规定，未经特许经营业务行政管理部门批准，擅自经营特许经营业务的非法经营行为。换言之，违反国家特许经营管理规定，侵犯国家对于特许经营的正常监管秩序，才是非法经营罪的危害实质所在，也是区分非法经营罪与非罪的主要标准之一。但是司法实践中，对于无法证明行为人构成侵犯知识产权犯罪但已达到非法经营罪的证明标准的情况下，基本按照非法经营罪定罪处罚，这进一步印证了图1中2005年全国各地法院审结的以非法经营罪判决的案件大幅上升的事实。尽管《知识产权意见》中在一定程度上压缩了非法经营罪的适用范围，为侵犯知识产权罪争取了一席之地，但侵犯知识产权犯罪案件从非法经营罪中分流还没有成为主流，因此如图1所示，研究时段内侵犯知识产权犯罪在绝对数量上还未超过非法经营罪。具体来说，司法实践中，与非法经营罪容易存在分歧的侵犯知识产权罪名有两个：一是销售侵权复制品罪，二是销售假冒注册商标的商品罪。

1. 销售侵权复制品罪。《刑法》第218条规定的销售侵权复制品罪，以《刑法》第217条规定的侵犯著作权罪所指向的侵权复制品为对象。单纯从销售侵权复制品罪的犯罪构成要件分析，该罪的认定并不复杂，因为只要判断行为人销售的物品属于刑法第217条规定的侵权复制品，并有证据证明其违法所得数额巨大即可。但是，对于贩卖盗版光碟的行为如何定性，存在着定性为销售侵权复制品罪（或者侵犯著作权罪）和非法经营罪的不同意见。从打击盗版活动当时的现实需要来说，一些学者主张以法律竞合理论为依据，对该行为认定非法经营罪，从而可以判处3年以上、15年以下有期徒刑，因为《刑法》第218条规定的刑罚较轻，销售侵权复制品构成销售侵权复制品罪的，法定最高刑只有3年有期徒刑。但是在司法实践中，不断有研究发现：虽然销售侵权盗版光碟的行为同时具备非法经营的性质，销售侵权复制品的行为属于非法经营行为的一种，但是并非所有的销售侵权复制品的行为，都应认定为非法经营罪或者销售侵权复制品罪。[①]根据《出版物解释》第11条的规定："违反国家规定，出版、印刷、复制、发行含有反动政治内容出版物、侵权复制品、淫秽物品等以外的其他严重危害社会秩序和扰乱市场秩序的非法出版物，情节严重的，以非法经营罪定罪处罚。"也就是说，对于出版、印刷、复制、发行侵权复制品的行为不能按非法经营罪予以定性。为此，2011年《知识产权意见》第12条第2款规定："非法出版、复制、发行他人作品，侵犯著作权构成犯罪的，按照侵犯著作罪定罪处罚，不认定为非法经营罪等其他犯罪。"这个规定与上述解释也并不矛盾，而只是对其进行体系解释的一个必然结果，因为既然非法经营罪的对象只能是侵权复制品以外的其他非法出版物，那么非法出版、复制、发行侵犯他人著作权的作品而涉嫌犯罪的，就当然不能认定为非法经营罪，而只能认定侵犯著作权的相关犯罪。至此，贩卖普通侵权盗版光碟的行为只要符合销售侵权复制品罪的构成要件，就应以"销售侵权复制品罪"予以认定。

2. 销售假冒注册商标的商品罪。如上所述，侵犯知识产权犯罪，特别是其中的销售假冒注册商标罪往往与非法经营罪交叉竞合。尽管相关司法解释均明确上述罪名交叉竞合时"依照处罚较重的规定定罪处罚"。但从判决情况看，司法机关对此类案件的定性仍有较大差异。由于二罪交叉竞合情况主要集中于假烟、假酒类案件，在查获的赃物中，除假烟、假酒外，往往也混杂着真烟、真酒的情况。而且，这类案件通常表现为犯罪嫌疑人被抓获时当场缴获假烟、假酒，此时，这些假烟、假酒处于尚未销售的状态。根据《解释（一）》的规定："非法经营数额"是指行为人在实施侵犯知识产权行为过程中，制造、储存、运输、销售侵权产品的价值。已销售的侵权产品的价值，按照实际销售的价格计算。制造、储存、运输和未销售的侵权产品的价值，按照标价或者已经查清的侵权产品的实际销售平均价格计算。侵权产品没有标价或者无法查清其实际销售价格的，按照被侵权产品的市场中间价格计算。实践中不少案件无法认定实际销售的价格。由于假冒商品与真品之间价格悬殊，特别是假冒国际知名商标的商品，其与真品之间售价差额可以达到十几倍甚至几十倍。因此，因不同的认定标准，导致此类案件经营数额相

---

① 肖中华：《侵犯知识产权犯罪的司法适用难题》，《刑法论丛》，第12卷。

差悬殊，认定罪名以及量刑档次也完全不同，违背了法律的权威性和司法的公正性。

（三）生产、销售伪劣商品罪与侵犯知识产权罪的竞合关系。从图2可以看出，2005年"山鹰"行动之后，以生产、销售伪劣商品犯罪（涉及侵犯知识产权）判决的案件增长幅度并不明显。而实际上，生产、销售假冒伪劣商品是"打假"中经常遇到的情形，表现为有些制售伪劣商品者为了顺利地售出其伪劣商品，往往在商品的包装上冒用名优产品的注册商标。当制售伪劣商品的行为按照销售金额或者其他情节构成《刑法》第140条的生产、销售伪劣产品罪或者第141条至第148条规定的各种特殊的生产、销售伪劣商品犯罪时，行为人的假冒注册商标的行为因情节严重，还符合假冒注册商标罪的构成，即行为人生产、销售的商品既是伪劣商品，又是假冒商标的商品。笔者认为，这种情形不属于法条竞合，因为相关犯罪的构成要件之间没有必然的重合或交叉关系（生产、销售伪劣商品的构成中，作为对象的伪劣商品未必是假冒商标的商品），而完全符合想象竞合犯的特征，即行为人生产、销售假冒伪劣商品应视为一个行为（假冒注册商标仅仅是整个行为的组成部分），该行为在形式上同时符合数个犯罪构成，应择一重罪从重处罚。当然，所谓择一重罪，应当根据个案中生产、销售假冒伪劣商品行为具体在数个犯罪中应适用的刑罚进行比较而得出的重罪，而不是不问行为的具体符合性，笼统地比较两个犯罪的法定刑。毫无疑问，在多数案件中，生产、销售伪劣商品犯罪的法定刑都要重，但有时却也未必。比如，行为人（自然人）生产、销售一般商品，销售金额在5万元以上、不满20万元，但所假冒的注册商标在两件以上且违法所得在10万元以上，根据《刑法》和《解释（一）》第1条，对行为人如按照《刑法》第140条的生产、销售伪劣产品罪定罪，在"二年以下有期徒刑或者拘役"的法定刑幅度内量刑，而按照刑法第213条的假冒注册商标罪定罪，则属于"情节特别严重"的，在"三年以上七年以下有期徒刑"的法定刑幅度内量刑。2011年《知识产权意见》第16条进一步明确了行为人实施侵犯知识产权犯罪，同时构成生产、销售伪劣商品犯罪的，应依照侵犯知识产权犯罪与生产、销售伪劣商品犯罪中处罚较重的规定定罪处罚。

四、专项行动效果评价

表1 2005和2006年全国地方法院审结涉及知识产权侵权的刑事案件数量对比

	2005年	2006年	增减量	增减率
全国地方法院审结知识产权刑事案件（Total）	3529	2277	−1252	−35%
以侵犯知识产权罪判决的案件	505	769	264	52%
以生产、销售伪劣商品犯罪判决案件	1121	437	−684	−61%
以非法经营罪判决的案件	1903	1066	−837	−44%
以其他犯罪判决的涉及侵犯知识产权的案件	0	5	5	--

表2 "亮剑"和"剑网"行动对以侵犯知识产权罪判决案件的执法力度评价

	数量	%	执行后vs执行前 OR（95%CI）	次年vs执行初 OR（95%CI）
执行前（2009）	1007	27.5	--	--
执行初（2010）	1254	31.8	1.23（1.11–1.36）	--
执行年（2011）	2967	53.9	3.08（2.82–3.37）	2.51（2.30–2.73）

表3 以侵犯知识产权罪判决的案件中针对侵犯著作权罪判决案件的执法力度评价

	数量	%	执行后vs执行初 OR（95%CI）
执行初（2010）	85	6.8	--
执行年（2011）	594	20.0	3.44（2.71–4.37）

　　根据以上数据，本研究分别对2005和2006年全国地方法院审结涉及知识产权侵权的刑事案件数量进行了数量增减对比，并对2010和2011年全国地方法院审结涉及知识产权侵权的刑事案件中以侵犯知识产权罪判决的案件数量以及其中以侵犯著作权罪判决的案件数量分别进行了执法力度显著性检验。通过表1、表2和表3可以看出，2005年和2011年中国知识产权刑事保护力度明显强于研究时间段内的其他年份，而且2011年对侵犯著作权犯罪的执法力度也明显得到了加强，从执法层面上看，这充分反映了3个专项行动的执法效果。

（一）"山鹰"行动的执法效果。为进一步加大对知识产权的保护力度，维护公平有序的市场环境，2004年9月国务院开展了"山鹰行动"，各地方政府和公、检、法系统采取多种措施，相互配合，重拳出击，至2005年，该行动取得了明显的效果。在"山鹰"行动中，全国公安机关共立案3534起，破案3149起，涉案总价值逾8.6亿元。①通过表1可以从2005年和2006年全国地方法院审结的涉及知识产权侵权的刑事案件绝对数量和相对数量上，对比出两年执法效果的差异。尽管2005年以侵犯知识产权罪判决的案件数量呈现出相反的变化趋势，但总体的打击力度仍远高于2006年，充分体现了2005年"山鹰"行动总体上的执法效果。

（二）"亮剑"和"剑网"行动的执法效果。2010年11月至2011年3月底，按照国务院统一部署，公安部组织全国公安机关开展了打击侵犯知识产权和制售伪劣商品犯罪专项行动，代号"亮剑"行动。"亮剑"行动中，全国公安机关，对侵犯知识产权和制售伪劣商品犯罪发起全面围剿，集中破获了一大批大案要案，铲除了一大批制假售假窝点，逐步形成了对侵犯知识产权和制售伪劣商品犯罪的高压严打态势。②截至2011年8月底，全国公安机关共破获各类侵犯知识产权和制售伪劣商品犯罪案件19601起，抓获犯罪嫌疑人34907名，摧毁制假窝点13124处，打掉批发犯罪团伙4879个，涉案总价值150.6亿元，各项战果已超以往3年的总和。③"亮剑"行动沉重打击了犯罪分子的嚣张气焰，初步遏制了制假售假犯罪的蔓延泛滥势头，有效净化了市场环境。与此同时，为进一步加大对网络侵权盗版的打击力度和加大对合法网站企业的监管和引导，为转变经济发展方式、促进版权产业健康发展提供良好的版权保护秩序和有利环境，国家版权局、公安部、工信部面对网络侵权盗版逐步呈现出集团化、专业化、高技术化的特点，于2010年7月启动开展

---

① 中华人民共和国知识产权局：《刑事保护对于知识产权意义重大》[EB/OL]. http://www.sipo.gov.cn/mtjj/2006/200804/t20080401_362040.html, 2006-04-20/2013-3-19.

② 公安部：《公安部部署"亮剑"行动打击制假售假》［EB/OL］. http://news.qq.com/a/20110910/000485.htm, 2011-09-10/2013-3-19.

③ 公安部：《公安部"亮剑"行动战果超以往三年的总和》［EB/OL］. http://news.qq.com/a/20110910/000489.htm, 2011-09-10/2013-3-19.

打击网络侵权盗版专项治理"剑网"行动。为确保此次专项行动取得积极成效，又在2011年3月底发文，正式启动了2011年"剑网"行动。截至2011年6月，全国版权执法部门及公安、电信等部门共查处网络侵权盗版案件1148起，是2005年以来查处侵权盗版案件最多的一年。①表1是对"亮剑"行动和"剑网"行动的效果评价，从中可以看出，专项行动执行初期（2010年），其对以侵犯知识产权罪判决的案件的打击力度是执行前2009年的1.23倍（1.11倍~1.36倍），至2011年"亮剑"行动和"剑网"行动并行执行时，对该方面的打击力度为2009年的3.08倍（2.82倍~3.37倍），且两行动同时大力执行的打击力度显著高于执行初期时的效果，其联合打击效果为初期的2.51倍（2.30倍~2.73倍）。

从图1的统计数据可以看出，两个专项行动执行期间，以侵犯知识产权罪判决的案件呈现出明显的上升趋势，其中，以侵犯著作权罪判决案件的增长更为显著。"剑网"行动期间，由国家版权局联合全国"扫黄打非"办公室、公安部、高法院、高检院实行5部门联合挂牌督办了安徽"骑士音乐网"侵权案等17起重大网络侵权案件，并联合开展实地督导，这种刑事打击力度是前所未有的。②为此，在以侵犯知识产权罪判决的案件中，我们对其中以侵犯著作权罪判决的案件打击力度进行了评价，结果显示，执行"剑网"行动后针对该种案件的打击力度为2010年的3.44倍（2.71倍~4.37倍），打击力度提高显著（见表2）。

（三）专项行动效果探因。从2005年开始，全国公安机关已连续开展一系列专项行动打击侵犯知识产权犯罪，充分显示了专项行动的执行力和威慑力，也充分展示了中国政府坚定不移地保护知识产权的决心。从以上对发展态势的分析和3个专项行动的效果评价可以看出，以下做法促成了专项行动的显著成效。

1. 通过出台司法解释或意见，不断完善有关知识产权的法律法规体系建

---

① 国家版权局：《网络侵权盗版案件查处力度加大：多人被判有罪》［EB/OL］. http://it.people.com.cn/GB/14965361.html，2011–06–22/2013-3-19.

② 国家版权局：《网络侵权盗版案件查处力度加大：多人被判有罪》［EB/OL］. http://it.people.com.cn/GB/14965361.html，2011–06–22/2013-3-19.

设，降低了侵犯知识产权罪的刑事门槛，弥补了有关侵犯知识产权犯罪刑事制裁的漏洞，全面提升了打击知识产权犯罪的执法效能和力度。

2. 行政执法与刑事司法的衔接，完善了保护知识产权的工作机制。查处涉及知识产权犯罪往往是行政执法机关首先介入，当行政执法机关认为可能构成犯罪时，再移交司法机关处理。因此，涉及知识产权犯罪的刑事诉讼活动需要行政执法机关的支持和配合，尤其是做好证据衔接工作。但实践中，行政机关和司法机关往往各自为战，缺乏案件程序上的转换和相关证据的移送、衔接工作，导致在取证效果方面难以满足刑事诉讼的需要。[1]其实之所以"山鹰"行动取得如此明显的效果，与在国务院的直接领导和专项办的协调支持之下，促成了公安与工商、质检、版权和工信以及司法等部门的密切协作这一原因密不可分。也就是说，专项行动有赖于有效的部门协作。2011年国家质检总局、公安部联合下发了《关于在打击制售假冒伪劣商品违法犯罪中加强行政执法与刑事司法衔接工作的通知》，从建立信息互通制度、强化案件线索通报、规范案件移送机制、整合执法办案资源、加强联合执法督办、努力提升队伍素质等6个方面强化衔接配合，这不仅实现了优势互补，也提升了执法效能。此外，公安部门还高度重视"两法衔接"工作，对重大侵权盗版案件提前介入、密切配合、联合督办提高了刑事打击的效率和力度。全国"扫黄打非"办、高法院、高检院的参与，大力强化了对侵权盗版活动的刑事打击力度。电信部门不仅在案件查处过程中为版权执法部门调查取证提供了技术支持，更通过电信行业管理手段加大了对侵权盗版网站的打击力度。

3. 集群作战新模式，为打击跨地域侵犯知识产权犯罪提供了有力支撑。面对产业化、全球化、隐蔽化的侵犯知识产权犯罪活动，中国公安机关在专项行动中，不断更新理念，实施新的执法策略，实现了刑事保护职能的重大转变，探索出了集群作战新模式。集群作战是指为实现统一的战略打击目标，在统一指挥、相互配合的条件下，多警种、多区域实施的全环节、全链条和全方位的一体化集中打击行动。通过对侵犯知识产权犯罪发动集群作战，由发起地公安机关提交线索，产供销涉案地公安机关协同经营，公安部

---

① 赵洁：《涉嫌知识产权犯罪案件移送程序浅析》，《知识经济》，2009年第4期。

统一指挥，对犯罪链条和网络发起织网式排查、专案式侦查和大兵团合成围剿，斩断了经营链条，开创了公安机关打击规模化犯罪的新模式、新战法，集中铲除了跨区域侵犯知识产权犯罪产业链。

五、结论

2005年以来，中国公安机关从建设创新型国家的高度出发，不断探索新的策略和措施，加大打击侵犯知识产权犯罪的力度，为维护知识产权权利人的合法权益和公平竞争的经济秩序奠定了坚实的基础。本研究的结果表明，集中开展的专项行动整治了一批假冒侵权重点地区和重点领域，维护了公平竞争的市场秩序，取得了良好的执法效果。同时，公安机关部门间、区域间的执法协作打击机制进一步完善，行政执法与刑事司法的衔接更加密切，为建立保护知识产权长效机制奠定了基础。目前，侵犯知识产权犯罪问题在全球范围内依然猖獗，新的犯罪形式和新的犯罪特点仍不断出现，成为国际社会高度关注的全球性犯罪问题。2012年开始，中国公安机关通过"破案会战"和"打假专项行动"正在进一步巩固和完善知识产权刑事保护的执法成果。为此，下一步的研究重点将着眼于专项行动后的持续效应分析，并从制度建设的角度出发，深入研究中国保护知识产权专项行动的执法模式，力求进一步推动中国的知识产权刑事保护工作。

第三节　我国知识产权刑法保护的现状与未来

所谓知识产权刑法保护是将知识产权的概念引入刑法的刑事保护的制度，从而使拥有无形资产的产权人的合法利益受到有效且良好的保护。刑法保护不仅保证了市场经济的有序进行与健康发展，也进一步保护了知识产权开发者的合法权益。为确保中国社会的稳定和经济繁荣，我国需要更加公正且有威慑力的法律对权利人的知识产权进行保护。知识产权法是我国法律体系中的重要组成部分，近年来我国法律针对知识产权犯罪行为的定罪标准也呈现出逐渐降低的趋势。在此过程中，我国刑罚制度的严厉度却在不断加大，知识产权侵权行为产生的概率依然较高，知识产权刑法犯罪的严重性不断加重。这一变化现象表明，随着知识产权侵权行为日渐多样化，仅仅依靠刑罚手段难以对其进行严厉打击和规制；相反，要想进一步完善现阶段我国知识产权刑罚保护法律制度、体系，应逐步协调和统一当前我国民法与刑法对知识产权侵权行为的认定结果，从而优化知识产权犯罪刑法结构，确保刑法对我国知识产权侵权行为法律打击的"高压化"和"常态化"。在此基础上，完善现阶段我国刑事司法与行政执法衔接机制。

一、我国知识产权立法保护问题分析

（一）立法模式方面存在的问题

从欧美国家知识产权刑事立法的进程可以看出，其知识产权刑事立法大多首先出现在各个不同类型的分散的知识产权部门法中，在这些部门法中规定了实质意义上的附属刑法。这些附属刑法对何种侵犯知识产权的行为构成犯罪、应当承担何种刑事责任进行了具体、明确、详细的规定。这种附属刑法模式，能够突出各个不同类型的知识产权特征，从而根据其特征特性去针对性地进行刑事保护。而且，这种附属刑法的模式，还能将民事保护、行政保护与刑事保护有机地结合在一起，形成一个完整的保护体系。反观我国的知识产权刑事立法，虽然在《著作权法》《商标法》中也有"构成犯罪的，依法追究刑事责任"的语句，但是并未规定任何行为模式和惩罚措施，在这里的刑事责任仅仅是起强调作用，作为链接刑法中关于侵犯知识产权犯罪的一个引子。但是，很有可能，在这些法律中所规定的侵权行为，当其情节严重时，在刑法典中并未规定与之相对应的刑法，追究刑事责任的问题自然无从谈起。例如，2001 年修正后的《著作权法》第 47 条对"他人署名的作品"进行了比较全面的保护，包括其精神权利和物质权利。但在刑法中关于著作权人的精神权利的保护仅仅限于"制作、出售假冒他人署名的美术作品的行为"。显然，《著作权法》中作者的署名权的保护范围远远大于美术作品。其在《著作权法》中规定的"构成犯罪的，依法追究刑事责任"不能实现，民事保护和刑事保护不匹配，出现了脱节的状况。

由此可知，我国目前没有知识产权刑事保护现行有效的单行刑法，且也缺乏实质意义上的附属刑法规范，我国侵犯知识产权犯罪的全部内容均集中在1997 年《刑法典》中。刑法是国家的基本法律，需要具有稳定性，而知识产权法律则完全相反。知识产权作为一种较"新"的民事权利，尤其是在我国，仅仅有30 多年的立法历史，其内容、内涵和基本原则等都还处在一个不断增加变化的阶段。我国正在处于新的历史发展阶段，由传统的制造业大国转变为科技创新带动经济增长的创新型国家，在这种社会环境下，对智力成果的保护要求越来越高，不断变化。另一方面，21 世纪的互联网技术更是推动人类发展速度不断加快，新的科技成果、文艺作品等处于一种爆炸式的增长阶段，新的种类不断出现。这两点决定了知识产权是一个不断变化，日新月异的法律制度，而作为最后保护手段的知识产权刑法保护在这其中必然会发挥越来越重要的作用。刑法的稳定性和知识产权法律的变化性之间出现了不可调和的矛盾，一些新兴的技术、网络著作权等急需刑法的保护，目前我国的这种知识产权刑事立法模式不能满足知识产权对刑法保护的要求。不能及时修订、不能及时对知识产权犯罪的发展变化做出回应，使刑法保护在知识产权保护体系中处于一种十分尴尬的地位。

（二）保护范围偏窄

在我国现行的知识产权刑事立法中，保护范围有商标权、专利权、著作权和商业秘密4种类型知识产权，保护范围偏窄。TRIPS 协议中，关于知识产权刑法保护的客体，包括：版权和相关权利；商标；地理标识；工业设计；

专利；集成电路布图设计（拓扑图）；对未披露信息（商业秘密）的保护等7 种类型。我国对以上 7 种类型知识产权均以通过部门法或单行条例等进行了民事保护，如 2001 年颁布实施的《集成电路布图设计保护条例》等，但目前尚未完全对以上权利采取刑事措施进行保护。作为 WTO 的成员国，遵守TRIPS 协议是我国一项应尽的义务，在知识产权形式保护范围上，我国与TRIPS协议的要求还有一定的差距。

除了对知识产权客体的保护不够全面外，我国对侵犯知识产权的行为模式保护也尚不完善。如专利权刑法保护，我国只将假冒专利的行为列入了刑法保护的范围，但是具体到实践当中，这种侵权行为发生的情况很少。在我国较为常见的两种侵犯专利权的行为，冒充专利行为和非法实施他人专利的行为的社会危害性极大，且存在大量的侵权行为有待刑法规制。然而以上两种行为却并未涵盖在专利权的刑事立法当中，单单靠"假冒专利罪"一个罪名，无法达到在刑法上保护专利权的目的，刑法惩罚的行为模式过于单一。

（三）成罪标准偏高问题

在"中美知识产权争端案"中，虽然最终专家组没有认可美国关于我国知识产权刑事保护门槛过高的指控，但面对国内侵犯版权行为横行，尤其是网络侵权行为无处不在的严峻形势下，需要降低刑法保护的入罪标准，提高知识产权的保护水平，提高国民的版权意识。

假冒商标罪在美国属于重罪，且其成罪标准相当之低。美国假冒商标罪规定的成罪标准十分之低，是典型的行为犯，只要发生了法条中所规定的几种行为，无论个人还是单位，无论获利数额和假冒商标的规模大小，都要承担刑事责任。根据最高人民法院、最高人民检察院关于办理侵犯知识产权刑事案件具体应用法律若干问题的解释中，我国对于假冒商标罪与非法制造、销售非法制造的注册商标标识罪的成罪标准进行了详细的规定。通过将我国关于假冒商标罪与非法制造、销售非法制造的注册商标标识罪的司法解释，与在美国相对应的法条进行比较可以看到，美国并未规定入罪必须以较大数额为必要条件，是典型的行为犯，而我国则需要满足数额较大的条件，否则则不构成犯罪。我国的成罪标准较美国而言，相对偏高。另一方面，我国刑法127条侵犯著作权罪，在犯罪主观方面为故意之外，还规定了以营利为目的的犯罪目的，这一条将很多侵犯著作权的行为剔除在了刑法保护的范围外。在互联网如此发达的现代社会，不以盈利为目的的传播分享他人具有著作权的作品屡见不鲜，若无刑法进行规制，对这种行为难以形成有效的遏制与威慑。在这一点上，我国也未能达到TRIPS协议的最低标准。因此，总的来说，我国的知识产权刑事立法的门槛相对较高，需要更低的成罪标准来对侵犯知识产权的行为进行威慑。

（四）刑罚配置缺乏合理性

目前我国对于侵犯知识产权犯罪的刑罚为有期徒刑和罚金。在司法实践中，仍以应用自由刑为主，罚金的适用在我国应用较少，数额确定上也存在较大的随机性。知识产权犯罪作为财产性质的犯罪，一般情况下，犯罪人所追求的便是高额的利润。最高人民法院、最高人民检察院关于办理侵犯知识产权刑事案件具体应用法律若干问题的解释（二）中第四条，对罚金的适用进行了司法解释。在这个司法解释中，对侵犯知识产权罪应当判处的罚金规定了一定的标准，应该说，在现今我国市场经济条件下，属于一个比较合理的范围，但相较美国等发达国家还有提升空间。此外，欧美国家针对侵犯知识产权违法行为的处罚手段是资格刑加上罚金刑，通过剥夺他们的资金和限制侵权人员的行为，产生了这种知识产权的保护方法。在互联网时代，保护中国的知识产权需要结合欧美国家的"适用资格刑"进行。

二、我国知识产权刑法保护借鉴

（一）美国的知识产权刑法保护

美国作为世界经济的第一大国，格外重视知识产权的法律保护。司法部是美国知识产权刑事执法的主要部门。打击侵犯知识产权犯罪，是美国司法部的重要工作之一。从 20 世纪 90年代起，美国司法部设立了3个部门：计算机犯罪与知识产权部、计算机与电信协调员部、计算机黑客与知识产权部，从更专业的角度应对日益严重的知识产权犯罪。美国联邦调查局还在2002 年设立了网络与知识产权部，与司法部有关部门联系配合，共同打击侵犯知识产权犯罪。

1. 立法模式

美国的知识产权刑事法律属于散在型立法，见于著作权、商标、专利、商业秘密等多方面的专门法。在消费者保护和有线电视、卫星广播保护等方面的法律，也为知识产权提供了间接保护。总的来看，美国对知识产权保护程度相当高，侵犯知识产权属于重罪，要处以巨额罚款和长期监禁。对侵犯知识产权行为刑事处罚的门槛很低，除了对著作权有一定金额和数量限制外，一般只要存在主观故意和侵权事实，就可以进行刑事处罚。有学者认为，2008年10月美国制定的《资源和机构为知识产权优先法》，是其立法模式由散在型立法向部门法与专门法相结合的结合型立法模式转变的重要标志。《资源和机构为知识产权优先法》共有5章，既规定了侵犯知识产权的刑罚处罚，又规定了侵犯知识产权的民事保护措施。

2. 对著作权的刑法保护

美国的首部《著作权法》于1790年制定，但当时仅仅规定了民事责任制度，并未对刑事责任进行规定。1897年，美国国会制定了《著作权法》修正案，首次将侵犯著作权定为犯罪，但仅限于保护演出和享有著作权的戏剧和音乐作品。到1909年，美国又一次修订《著作权法》，把著作权刑事保护的范围扩大到所有享受著作权的作品和素材。此次修订后的77年时间内，美国著作权刑事保护稳步发展，《著作权法》未进行大的修改。1976年，美国对《著作权法》进行了一次全面修订，发生了以下几项重要变化：一是将1978年1月1日以后完成的作品保护期限延长至作者终身以及去世后50年；二是改变了关于侵犯著作权犯罪意图的表述，从"获得利益"变为"追求商业利益或个人经济利益"；三是提高了刑罚处罚特别是罚金刑的处罚额度；四是规定对犯罪人进行处罚的同时，还要没收或销毁侵权产品以及用于侵犯著作权的设备。

根据美国《著作权法》规定，为了商业或个人利益为目的，或者在180天内复制或销售1件著作权作品，并且零售价值达到1000美元以上，具有主观故意的，就属于侵犯著作权的犯罪行为。对于出于商业利益或个人盈利为目的的，在复制销售10件以上，价值达到2500美元以上的，处以5年以下监禁，或25万美元罚款，或二者并罚；对于重犯，处以25万美元罚款，或10年以下监禁，或二者并罚；对其他情况，处10万美元罚款，或1年以下监禁，或二者并罚。对不是出于商业利益或个人盈利的，复制销售10件以上，价值达到2500美元以上的，处以3年以下监禁，或25万美元罚款，或二者并罚，对于重犯，处以6年以下监禁，或25万美元以下罚款，或二者并罚；复制或销售1件以上，且价值达到1000美元以上的，处1年以下监禁或10万美元罚款，或二者并罚。

对于上述处罚，可以分为3类：1年以下属于轻罪，3年以下属于一般重罪，5年以下的属于加重罪。美国对侵犯著作权者的定罪，有"复制销售数量"和"零售价值"两个门槛。其中"零售价值"，是指被侵权产品的零售价值。由此可见，尽管有的侵权行为不以盈利为目的，也可能构成犯罪。对于盗版产品及制造盗版产品的工具和设备，法院应当判决没收、销毁或作其他处置。需要注意的是，尽管作品生来就受到著作权保护，但提起侵权诉讼的前提是该作品须在美国著作权局进行登记。

3. 对商标权的刑法保护

美国首部联邦商标法是1946年7月颁布的《兰哈姆法》（也称《商标法》）。该法先后于 1962年、1975年、1988年、1996年以及 1999年进行修订。但现行的商标法中并没有对侵犯商标权犯罪的规定。有学者认为，美国现行法律中，只有1984年《商标假冒条例》中规定的假冒商标罪。尽管该条例只规定了一个假冒商标罪，但其内容却覆盖了我国侵犯商标犯罪的全部内容，从而大大加强了美国对商标权的刑法保护力度。根据该条例，故意使用假冒注册商标进行商业活动的，对个人可以处25万美元罚金或5年以下监禁，或两者并罚；单位犯罪可最高处以100万美元罚金。实际上，2006年签署生效的《反假冒商标法》就是对1984年《商标假冒条例》的修改和补充。

美国《反假冒商标法》规定："故意销售或试图销售假冒的商品或服务，并故意使用这些商品或服务上相关的假冒标识者，对个人应处以10年以下监禁或200万美元以下的罚款，或二者并罚；对非个人应处以500万美元以下的罚款。"重犯此罪的，对个人处以20年以下监禁或500万美元以下罚款，或二者并罚；对非个人，处以1500万美元以下的罚款。对于带有假冒标识的物品，可以予以销毁。

2006年3月16日，经当时的总统小布什签署后，美国《打击假冒制成品法案》（Stop Counterfeiting in Manufactured Goods）和《2005年保护美国货物及服务法案》（Protecting American Goods and Services Act of 2005）正式生效。这两项法案对《假冒商标法》做出了修改，将其规定扩大到贩卖假冒标识（粘贴、标签、徽章、符号、外包装、雕饰、盒罐、说明）的行为，将贩卖的范围扩大到进出口过程，同时加大了对假冒行为的惩处力度。此外，法院还将判决犯罪人赔偿被害人的损失。

4. 对专利权的刑法保护

从传统上看，美国对专利权的保护以民事法律为主，但在《专利法》中规定了对专利犯罪的制裁条款。早在1790年，美国就制定了第一部《专利法》。第二部《专利法》则制定于1836年，并先后于1870年、1952年、1965年进行多次修改完善。美国现行的《专利法》中，对侵犯专利权的犯罪行为规定了3种：一是虚假标记行为。即未经专利权人同意，行为人在其制造、使用或销售的商品上标注、附加或广告宣传模仿专利权人的姓名、专利号以及专利字样，以模仿专利权人的标记或试图欺骗消费者及公众相信上述物品已经过专利权人许可。二是冒充专利行为。即行为人试图欺骗公众，而在未取得专利的商品上标注、附加或广告宣传使用专利字样，或其他任何表示该产品已取得专利权的行为。三是冒充已申请专利的行为。即试图欺骗公众，在产品未经申请专利或已经申请专利但未进入审查程序时，标注、附加或广告宣传"已申请专利"或"专利正在审查中"等字样，或其他任何表明该产品已经在申请专利过程中的行为。

根据美国《专利法》的规定，谎称自己的产品具有他人所有专利的，或将自己没有专利的产品谎称为有专利的（包括谎称已经申请专利或正在进行专利审查的），应罚款500美元。任何人均可以对此提出罚款，罚款额由国家和起诉方各得一半。此外，美国法律规定，对伪造专利证书或故意传播假冒专利证书的行为，应处以5000美元罚款或10年以下监禁，或者两者并罚。

（二）英国的知识产权刑法保护

作为工业革命的发源地，英国的知识产权刑法保护水平较高，在世界范围内占有重要地位，对英美法系特别是英联邦成员国均具有重要影响。

1. 著作权的刑法保护

1709 年，英国颁布了首部著作权法——《安娜法令》，这也是世界范围内第一步具有现代意义的著作权法。1988年，英国颁布了《版权、外观设计与专利法》，被视为现行著作权法的就是该法的第一部分《版权法》。英国《版权法》第107条将下列行为定义为犯罪：制作、进口、占有、出售、出租、公开展览、散发侵权复制品；制作、占有侵权物品；未经授权表演作品；未经授权播放录音、影片等。根据英国《版权法》，对上述犯罪可处以监禁或罚金，两者均可以单处或并处。在经过简易审判裁决后，可以对制作、进口、散发侵权复制品罪的犯罪行为人处以6个月以下监禁，或1000英镑以下的罚金，或两者并处。在陪审裁决下，可处以2年以下监禁或不超过罚金标准第5级数额的罚金，或两者并处。

2. 对商标权的刑法保护

英国的《商标法》是世界上最早的商标法之一，对全世界范围内的商标权保护制度产生了重要影响。现在英联邦许多国家的商标制度，都来源于1938年英国《商标法》所确立的相关制度。但是，该法只规定了对侵犯商标权犯罪的民事法律责任，未对刑事法律责任进行规定。随着社会经济的发展，英国于1994年制定了新的《商标法》，特别加入了追究侵犯商标权行为的刑事责任条款，并且扩大了对商标权的法律保护范围。该法规定了假冒注册商标犯罪、侵犯注册商标犯罪、假冒未注册的驰名商标犯罪等，均为故意犯罪。对侵犯商标权的犯罪行为，英国进行的处罚相对于其他侵犯知识产权犯罪要更加严厉。根据犯罪情节的轻重，法院可对侵权行为人处以6个月至10年的监禁，对情节严重的侵权行为人甚至可判处终身监禁。此外，对侵权行为人可单处或并处罚金。

3. 对商业秘密的刑法保护

英国在保护商业秘密方面显得相对保守。截至2008年，英国没有对侵犯商业秘密的行为规定刑事责任，但英国始终在开展关于侵犯商业秘密的犯罪学研究。1997年，英国的一份研究报告指出了对侵犯商业秘密的行为应该处以刑罚制裁的理由：首先，侵犯商业秘密与盗窃在本质上是同样的；其次，为了保护权利人已经投入的大量研发资金，需要对其进行刑事保护；三是民事救济力量有限，不足以使侵犯权利人的行为得到有效制止；四是英国已经对商标权和著作权进行了刑事法律保护，而对商业秘密保护的缺位造成了法律之间的不协调；五是对商业秘密实施刑法保护有利于商业道德标准的维护。

（三）法国的知识产权刑法保护

法国作为欧盟的重要成员国，是世界上首个将知识产权法律法典化的国家，历来对知识产权保护非常重视。特别是在知识产权刑法保护方面，法国的规定比较全面，制度比较完善，有其独到的特点。例如，对有组织犯罪、加重累犯以及法人犯罪的刑罚，自由刑和财产性可以视情况加倍。

1. 立法模式

法国虽然制定了《知识产权法典》，但可以说基本还是采取了散在型的模式。其具体做法是：在罪名的规定、犯罪构成、刑事责任等方面，以知识产权法典规定为主，同时以刑法典的相应规定为基础。也就是说，知识产权法典类似于刑法典关于知识产权犯罪的分则。这种方式具有以下优点：首先，该模式能适应知识产权不断发展更新的需要，同时又能维护刑法典的权威性，兼顾了灵活性与稳定性，可以较好地适应知识经济时代对刑事法律保护的需求。其次，这种方式使知识产权的其他犯罪规定与刑事规定保持一致，对综合分析各种侵权犯罪之间的区别和联系比较有利，也便于增强刑法的威慑力，实现知识产权刑法保护的系统性。再次，维护了法律术语的统一性，有效防止了同一词语在不同立法中的含义混淆现象，避免了在不同法律的适用上出现矛盾。

2. 对著作权的刑法保护

法国对著作权的刑法保护，源于1810年《刑法典》（即拿破仑《刑法典》）的第425条至第429条。随着时代的发展，现代化的复制手段和传播技术不断出现，将近两个世纪前指定的传统的刑事法律规定已经逐步落后，于是，法国于1957年3月对著作权刑事保护法律进行了重要修改，通过统一盗版犯罪行为的定义和演出权行为的方式进一步加强了对著作权的保护。1985年7月，法国对著作权保护法律进行了进一步修改，加强了对侵犯著作权犯罪的打击力度，并对著作权衍生权利进行了刑事法律保护。1992年，法国颁布了新《刑法典》，并于1994年3月1日开始实施。在新《刑法典》中，法国将拿破仑《刑法典》第425条至第429条的规定进行了合并，设立了《知识产权法典》，在第335-2至335-7条中进行详细的知识产权刑事法律保护规定。后来，法国于1994年2月第94-102号法律、1998年7月第98-536号法律和2000年9月第2000-916号条例中，多次对著作权刑事保护法律条款进行完善，加重了对侵犯著作权行为的打击力度。

从法国《知识产权法典》对著作权的刑法保护来看，主要表现出以下几个特点：一是广泛性与多样性相统一。广泛性体现在，不仅注重对著作权的保护，还注重对邻接权的保护。多样性体现在，将文学作品、艺术作品、音乐作品、计算机软件等区分为不同种类的作品加以保护，而每一类作品下又有更加细化的区分。二是特殊性与普遍性相统一。特殊性，主要是指作品的原创性。普遍性，是指对不同作品的保护力度一视同仁，不"厚此薄彼"。短短一条广告语受到的著作权刑法保护，与一部数十万字的小说受到的保护是同等的。三是稳定性与灵活性相统一。稳定性不言而喻，在1810年之后近200年的历史中，法国刑法关于著作权的保护未作重大变动，直到1992年刑法修订才将这部分规定归并至《知识产权法典》。灵活性则表现为，法国著作权刑法保护始终在不断进行更新，以1957和1985年最为突出，新《知识产权法典》颁布后，1992至2006年中，还进行了5次不同程度的修改。四是惩罚性与警示性相统一。通过对侵权行为的刑事处罚，使犯罪行为人付出沉重代价，无力进行更多的侵权行为的同时，还对社会进行了教育，使其他人不敢效仿，无意效仿，从而起到警示作用。

需要注意的是，法国知识产权法典对著作权的保护是有限的，并不是对所有的著作权均进行刑事保护，主要是通过刑法保护著作权人的商业利益。一般情况下，只有侵权人的行为威胁到著作权人的重大商业利益时才会构成犯罪。只有著作权、邻接权和数据库制作者权中的财产权受到保护。相比我国对署名权给予一定的保护，法国在立法上没有对著作权人的精神权利进行保护。此外，法国对新兴产业如信息产业、娱乐、传媒业等发展所涉及的著作权保护力度较大，反映出对上述产业发展的支持态度。值得注意的是，法国著作权法对数据库专门提供了保护，数据库制作者的权利包括提取和再次使用数据库等。

3. 对工业品外观的刑法保护

与我国法律不同，法国知识产权法将工业品外观设计权认定为一种独立于著作权、专利权的工业产权。法国《知识产权法典》规定，工业品外观设计的权利人享有使用、销售、许诺销售其外观设计的独占权，专利权人享有制造、提供、投入商业、使用或为上述目的进口或占有专利商品；使用专利方法，提供专利方法，提供、投入商业、使用或为上述目的进口或占有直接由专利方法获得的产品的权利。

4. 对商标权的刑法保护

法国是世界上第一个建立商标注册制度的国家。法国《知识产权法典》规定，未经商标权利人同意，在相同或类似商品上使用与商标权人的注册商标相同或近似的商标的，构成商标侵权。未经商标权利人同意，消除或变动依法贴附的注册商标标识的，也构成商标侵权。对驰名商标，保护范围延伸至不相类似的商品。所有侵犯商标权的行为均同时构成犯罪。法国对侵犯商标权的犯罪处以监禁、罚金和资格刑。监禁刑期自1个月起直到3年，罚金从500至1.5万法郎。1994年第94-102号法令则将罚金限额大幅提升到100万法郎。此外，法庭还可根据情况剥夺侵权行为人对商事法庭、职业工会、工商会、劳资对等调解委员会的选举权与被选举权。对于累犯，均从重加倍处罚。

（四）德国的知识产权刑法保护

德国是大陆法系的主要代表性国家，对全世界的法律制度均产生了重要影响。其知识产权保护制度历史也比较久远。

1. 对著作权的刑法保护

德国的著作权保护始于1837年普鲁士王国颁布的《保护科学和艺术作品的所有权人反对复制或仿制法》，但其中并未运用刑法保护的方式。直到1985年，修订后的《联邦德国著作权法》才成为德国首部关于著作权的刑法保护性法律。1990年，德国统一后颁布了《反盗版法》，对《著作权法》进行了大规模修改。在刑事法律方面，扩大了对著作权的保护范围，强化了对侵犯著作权犯罪的打击力度。1998年7月，德国又对《著作权法》进行了完善，主要就海关对侵犯知识产权行为运用行政措施进行强制制裁进行了规定。德国对侵犯著作权犯罪的罪名、罪状、惩罚措施等主要规定在现行《著作权法》的第106~111条。主要包括未经许可使用著作权罪、未经许可显示著作权人名称罪、关于权利的不法侵害罪等。在处罚方式上，德国1998年《著作权法》将侵犯著作权犯罪的刑罚上限由原来的1年监禁或罚金，提高到3年监禁或处罚金。另外根据该法第108a条的规定，侵犯著作权是出于商业性质时，第106~108条的罪行可最高处以5年监禁或罚金。

2. 对商标权的刑法保护

德国于1968年制定了《商标法》，并于1979年和1987年两次对其进行修订。德国《商标法》规定的侵犯商标权犯罪主要包括：非法使用他人姓名、商号或商标罪，非法使用商品的外部标识罪、对商品的虚假说明罪等，分别规定在《商标法》的第24至26条。从处罚方式上，德国对侵犯商标权的犯罪适用监禁和罚金刑。对侵犯商标权的犯罪，可处以最高6个月的监禁或180天以下的日数罚金。1990年，德国对上述处罚措施进行了修订，将监禁上限提高至5年，并扩大了商标权权利人在民事诉讼中的权利。

3. 对专利权的刑法保护

德国于1968年颁布了《专利法》，并在1976年进行修订。该法对侵犯专利权的刑事责任规定仅限于第49条规定的非法使用他人专利罪。即，凡在法定许可的情况外，未经专利权人许可而使用其发明者，即可构成此罪。该法未对假冒他人专利的行为规定为犯罪。对于非法使用他人专利罪的犯罪行为人，德国规定可对其处以1年以下监禁或罚金，或二者并处。

4. 对商业秘密的刑法保护

德国主要通过《反不正当竞争法》和《德国刑法典》共同对商业秘密提供刑法保护。《反不正当竞争法》第17、18、20条分别规定了泄露商业秘密罪、非法利用商业秘密资料罪、引诱泄露和自愿泄露商业秘密罪。《德国刑法典》则在侵害他人秘密罪和利用他人秘密罪中规定了侵犯商业秘密的刑事责任。德国对侵犯商业秘密罪的刑事处罚为罚金或监禁，监禁刑期最高为3年。

三、知识产权刑法保护的完善

从我国知识产权刑法保护存在的问题可以看出，在互联网知识经济时代，仅仅采用传统知识产权法律保护体系难以对网络生态时代下的复杂知识产权侵权刑事案件进行科学处理。要想使知识产权得到全面、应有的刑法保护，必须借鉴欧美诸国的立法经验，正视我国现行刑法条文本身存在的法律缺陷，正确协调与处理互联网知识经济时代下刑法与各部门法之间关于知识产权侵权行为所呈现出的新特征。

（一）采取更加灵活的立法模式

我国知识产权刑法保护全部规定在刑法典中，对其进行的多次修改补充，都是通过司法解释的形式，而没有其他立法行为。目前，主要有两种对知识产权刑事立法模式的观点：其一，是集中立法的方式，以现行知识产权法律为基础，将有关知识产权的法律集中在一部法典中，制定"知识产权法"，在这部法典中，统一规制刑事法律。这样的立法体例能够有效地将知识产权民事、行政、刑事立法三者有效地统一起来，避免出现民事、行政上要求刑法进行最后保护，但刑法却未规定的情况。这样能够让知识产权法律保护成为一个统一的整体，而且也一定程度上消除了在规制刑法典中所造成的修法时间过缓的问题。另一种观点则认为，可以充分发挥附属刑法和单行刑法的作用。知识产权制度是一个不断变化、日新月异的法律制度，其范围和内涵不断扩大，为了更快、更及时地对新出现的情况做出反应，应采取结合性的立法模式。即，多以单行刑法和附属刑法的形式来应对新出现的侵权行为和未能得到有效保护的已存在行为，反应迅速、针对性较强。同时也保证了刑法的稳定性，避免了刑法滞后所带来的影响。第一种观点虽将知识产权保护体系在形式上进行了一次统一，将知识产权的保护体系变得更加完整，但既然形成了一部内容复杂的法典，很难将适应各类属性不同知识产权的特殊性。而且，若是新的知识产权类型等新情况、侵权新模式出现，必将对"知识产权法"内容进行修订，不同的知识产权规定都在不断地更新当中，可以预见的是，"知识产权法"将处在一个不断修改变化的不稳定状态中。相较来说，第二种观点更加灵活，更加贴合知识产权这一法律制度的特性。知识产权的刑法保护是以及时性为威慑力的前提，若是未能及时有效的将违法犯罪行为进行制裁，势必让知识产权保护的效果大打折扣，不法分子更加肆无忌惮。

（二）扩大保护范围

一方面，针对我国刑法与部门法之间的关系不协调、刑法保护范围偏窄问题，在立法和司法实践中，应适当循序渐进对我国当前刑法的知识产权保护范围进行扩充，正确协调刑法与部门法关系，以刑法为主体，构建一套完整、系统的知识产权刑事保护体系。建立执法资源的共享机制，形成以《反不正当竞争法》《专利法》《著作权法》和《商标法》等法律为统率的打击知识产权犯罪的合力，以防知识产权侵权行为进一步恶化为知识产权犯罪，维持知识产权行政执法的常态化与高压态势。另一方面，构建起完善的知识产权刑事保护体系后，还要客观看待互联网时代知识产权的合理保护问题，加大刑法保护力度并不意味着所有知识产权失去了应有的传播与合理利用空间。因"互联网+"时代下的知识产权具有合理性与创新性。所以，不能将所有知识产权侵权行为都认定为知识产权犯罪行为。在此视角下，必须客观看待知识产权的保护"度"，一旦刑法对知识产权保护过"度"，则会影响我国知识产权创新，阻碍市场竞争，进而扰乱知识经济时代的市场运作秩序。所以，构建统一的知识产权刑事保护体系后，还要有效确定知识产权刑法保护与约束边界，既要有效规制知识产权侵权犯罪行为，又要充分促进知识产权创新。

（三）降低成罪标准

1. 去除"以营利为目的"主观要件

在我国的侵犯著作权犯罪中，除了其他侵犯知识产权罪所共有的主观要件"故意"外，还需要具备"以营利为目的"。在美国的著作权立法沿革中，正是为了弥补"拉玛齐亚案"漏洞而将"为了追求商业利益或者个人利益"这一主观要件从侵犯著作权犯罪中剔除，对我国有借鉴意义。这样做有两方优化与面的考虑：第一，这是 TRIPS 协议关于知识产权刑法保护的最低标准的要求，将"以营利为目的"去除，可以使我国符合 TRIPS 协议的标准，与世界上知识产权保护健全的国家达成一致；第二，侵犯著作权犯罪，其造成的损害后果，并不是以行为人营利大小作为衡量标准的，若将营利为目的作为入罪标准，使得很多具有较大危害性的侵权行为得不到有效的制裁，不能达到对著作权进行有效的保护。同时，"以营利为目的"这一主观要件，在司法实践中很难证实，举证难度较大，无形中加大了著作权人通过刑法维护自己权利的难度与成本。

2. 降低侵犯知识产权犯罪的起刑点

如美国假冒商标罪所规定，其犯罪的起刑点仅以存在假冒商标的行为便可让其承担刑事责任。我国的知识产权观念目前较美国等发达国家还有一段距离，以上做法，其严厉程度在我国难以实现。但是，我国也应有效地降低标准起刑点，如前所述，可以降低"违法所得数额较大"的具体金额，或情节特别严重的认定标准，还可以将"违法所得数额较大"直接转换为"权利人损失较大"等。

（四）调整刑法对知识产权保护的"刑罚"结构

马克昌教授曾在其刑法理论体系中指出："现有立法未能及时跟进和刑事司法同行政执法、民事司法衔接不畅，都会导致知识产权侵权行为出现。"从中反映了当前互联网背景下我国知识产权侵权案件频发的主要原因在于刑罚配置结构不合理，而非刑罚配置力度不够，由此导致刑罚未能及时、充分发挥刑罚对知识产权侵权犯罪行为的惩罚与预防作用。尽管我国刑法一再降低著作权侵权犯罪入罪门槛，但近年来我国著作权被侵权的刑事纠纷案件数量依然在不断上升。这从另一侧面反映出刑法对知识产权侵权犯罪行为的打击与惩治不在于刑罚有多重，而是在于刑罚结构配置是否合理，及能否有效对犯罪行为人起到明显的法律震慑作用。基于此视角考量，笔者认为要从3个方面对我国现行刑法的"刑罚"结构进行合理优化、调整。首先，要对不同知识产权侵权犯罪行为罪名之间的法定刑刑期作适当平衡。当前我国知识产权刑事保护法律体系主要以专利法、商标法、反不正当竞争法、著作权法以及系列司法解释中的刑法保护规定为补充，以刑法为主体，但在知识产权刑事保护法律体系中，不同法律对同一侵权行为在规定上都会存在不一致情形，不仅难以体现知识产权立法的严肃性，也容易给知识产权刑事保护带来困扰。如刑法第216条关于"假冒伪劣"行为的规定与《专利法》第

63条所述刑民纠结问题，还有相关司法解释及《著作权法》中关于侵犯著作权行为之"发行"的规定均存在不明晰、不一致情况。因此，在知识产权领域，要平等对待专利权、商标权和著作权等法定权利。但透过我国现有刑法的法定刑期来看，著作权侵权、假冒注册商标罪、销售假冒注册商标商品罪的法定刑期均为7年，而假冒专利罪却只有3年，由此可以看出现存刑法在不同知识产权罪名之间的法定刑期规定方面并不平衡，据此要科学设置不同侵犯知识产权罪名的法定刑期。其次，要在知识产权侵权案件司法实践过程中合理引入"从业禁止"司法条文，或设置相应的资格刑。为了进一步减少知识产权侵权案件数量，在刑罚设置中可参照国外刑法加入资格刑，以此全面限制知识产权侵权犯罪行为人在入罪后从事相关知识产权领域的工作；同时，可适当参考我国现行《刑法修正案（九）》中所提出的"从业禁止"条款，妥善处理互联网时代出现的知识产权侵权刑事案件。此外，还要对我国刑法中罚金刑的惩罚力度加以适当调节。通过前面分析可以看出，现阶段，我国刑法对知识产权侵权行为的罚金刑惩罚力度明显不足，从而易导致犯罪行为人在被执行罚金刑后，面对巨大的经济利益诱惑，其依然会继续实施相应的知识产权侵权行为。按张明楷教授提出的观点，"对于重复性知识产权刑事犯罪行为，可大量采用罚金刑，并引入惩罚性罚金制，使犯罪行为人从根本上失去再犯能力，同时感受到巨大的物质压力，自觉或自发抑制其知识产权再犯行为发生"。实践表明，刑法在对知识产权侵权行为进行罚金刑惩处时，适当加大罚金惩处力度能够起到良好的预防效果，但需要注意罚金刑惩罚力度要在"法所容许"范围内。

（五）加强多种机制合力，注重区别保护对待

由于知识产权因国家而异，并且具有国家之间的版权和专利权等特定特征，因此根据每个条款，权利和目的具有不同的特征，有必要加强有效分工，采取有效措施，实现刑法保护的差异化方法。专利权到期后，原专利权拥有者所拥有的相应的排他权利立即终止，与之相对应的市场垄断优势将会丧失。与获取专利这一保护形式相比，技术秘密的所有者如果不愿意公开，且其他竞争者也不能独立开发出相同的技术方案，则技术秘密可以无限期地被保密下去，这使该技术秘密所对应的技术成果被其他社会成员进行善意使

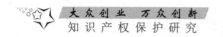

用的几率大大减低，进而影响社会在技术创新与效率提升方面的进程。从这些角度来看，应当进一步提高对专利权利的保护力度。

综上所述，互联网背景下我国知识产权侵权行为具有多样化特征，由此导致刑法对互联网知识产权侵权犯罪行为的刑罚规制具有法律局限性与滞后性。本节通过对当前我国知识产权立法模式方面存在的问题，实践中存在的保护范围偏窄、成罪标准偏高问题、刑罚配置不合理，及"互联网+"使我国《刑法》对知识产权的保护"真空化"几个主要问题进行剖析后，发现我国知识产权刑法保护的司法实践与欧美发达国家相比，均存在较大差距，不仅各部门法与刑法之间不协调，且保护范围、刑罚结构配置、司法解释和实践等均无法应对互联网时代相关知识产权侵权难题。对此，通过分析认为，要从4个方面进一步完善当前我国知识产权侵权违法行为规制体系，一是采取更加灵活的立法模式，协调刑法与部门法之间的关系；二是扩大刑法保护范围，降低成罪标准；三是要优化与调整刑法对知识产权保护的"刑罚"结构；四是要遵从"罪刑法定"原则，适应"互联网+"时代知识产权犯罪形势，以此推动我国知识产权刑法保护工作步入"常态化"和"高压化"状态。

第四节　跨国打击侵犯知识产权犯罪执法合作机制的有效性研究

一、问题的提出

在经济全球化、区域一体化的发展形势下，知识产权已经成为保障国家安全与发展的战略性资源，成为提升国家国际竞争力的决定性要素。2008年6月5日，中国发布了《国家知识产权战略纲要》，这表明中国已把知识产权提升到国家战略的高度加以推进。应该说，鼓励创新、保护知识产权既是中国当前经济结构转型升级的内在要求，也是未来建设创新型国家的客观需要。但是，在把科技进步和创新作为加快转变经济发展方式重要支撑的同时，还须进一步完善知识产权法律法规，加强知识产权的保护和管理。

2004年以来，中国政府不断建立和完善知识产权保护制度，知识产权法律法规体系逐步健全，通过持续开展知识产权保护专项行动，保护知识产权的力度不断加大。但是，改革开放以后在我国发生的侵犯知识产权犯罪，从一开始就有很多与国际贸易活动紧密相随。在跨国侵犯知识产权犯罪过程中，中方涉案企业主要从事侵权产品的生产制造，订单大多来自国际侵权犯罪相关组织和人员。在这种情况下，如何实现跨国打击侵犯知识产权犯罪的有效性就成为一项重要的研究课题。

二、有效性检验

尽管世界上许多国家由于政治、经济和文化背景的差异，诞生出了不同的司法制度。但是在打击犯罪的目标是高度一致的。针对知识产权犯罪国际化、跨境化的特点，如下表1所示，2003年以来，中国公安机关和美国移民和海关执法局（ICE）等国外相关执法部门，连续开展了一系列个案的联合行动，试图通过对个案的联合执法，来探索合作的途径、合作的形式，同时也来检验国际执法合作的效果。一般来说，有效的跨国执法合作至少应该具有以下4性：

（一）资源的协调性

资源的协调性主要指的是合作各方都明确和接受了各自的责任，对合作过程中警务资源的需求数量、质量、需求时间有清晰定义，最终实现了人员相互配合、共同协调的机制和方式。

（二）计划的控制性

对一项跨国执法合作来说，计划与变化就像一个硬币的正反两面，缺一不可。组建稳定的合作组织架构，就会减少在合作执行过程中由于变化所造成的损失。在严格的合作组织架构基础上的有限自由度是控制合作项目需求变化的基本原则。由于执法合作过程中存在诸多不确定性，一个没有弹性的合作计划是无效的。执法合作计划的刚性与弹性的结合方式有以下几种：警务资源到位的时间允许有弹性，但是警务资源被占用的时间则是刚性的；非关键警务资源的到位时间是弹性的，关键警务资源的到位时间则是刚性的；一般执法活动的变更控制是弹性的，关键执法活动的变更控制则是刚性的。

（三）问题的预见性

合作计划实施过程中会出现很多问题，在执法合作过程中首先要有系统的风险识别、分析、处置和监控方法；其次要清晰定义风险的触发机制，追溯问题发生的原因，明确及时查找原因的流程和方法，以保证同样的问题不再重复出现。

（四）目标的达成性

一项跨国执法行动，首先要得到各国利益相关方一致的理解和认同。因此，执法目标需要考虑到不同利益相关方的立场、考虑到可能产生的歧义和冲突，只有在消除了歧义和冲突之后得到的目标才是一个有效的目标。

表1　跨国打击侵犯知识产权犯罪典型案件

时间	行动代号	合作部门	案件名称	打击成果
2004年	春天行动	上海市公安局与美国移民海关执法部门首次实质性跨国执法合作	美国顾然地销售盗版DVD光盘的跨国犯罪案件	捣毁3个盗版DVD存放窝点，缴获21万余张盗版DVD，冻结涉案赃款人民币22万余元，美金6.7万余元
2005年8月1日至9月2日	越洋行动	天津、河南公安机关与美国国土安全部移民与海关执法局驻北京办公室的联合行动	涉及全球11个国家的跨国制售假药案	缉捕犯罪嫌疑人12人，捣毁制假售假窝点5处，查扣各种制假药设备14台，缴获非法制造的包装盒等60万件，查获假冒"万艾可""西力士"等药品共44万粒（按照真品市场价格计算共值4000余万元），及半成品、原材料260公斤①

① 李娜：《知识产权犯罪刑事司法协助的现状和前景展望》，《未来与发展》，2010年第11期，第54页。

时间	行动代号	合作部门	案件名称	打击成果
2006年2月	木星行动	中国警方会同国际刑警组织总部	跨国制售假药案	查明一个涉及我国广西、广东、云南、山东等省区以及中缅边境地区，从事生产、销售假冒"桂药"商标青蒿虎酯片的跨国犯罪网络，并将许某等3名主要犯罪嫌疑人抓获
2006年5月24日	海浪行动	美国有关部门向我国公安部通报后，由公安部牵头，对侦破假达菲案件相关的上海、江苏、黑龙江、辽宁、广东相关4省1市公安机关进行统一协调和统一指挥	销售假冒罗氏公司生产的达菲案	"海浪行动"的成功开展，不仅消除了原本隐藏着的安全隐患，而且充分表明了公安机关打击新型犯罪，保护知识产权的坚定决心，通过这次打击跨国侵犯知识产权犯罪的行动，维护了我国履行入世承诺、保护知识产权的良好形象

续表

时间	行动代号	合作部门	案件名称	打击成果
2007年7月6日至16日	夏至行动	中国公安机关与美国联邦调查局正式建立知识产权刑事执法工作组	特大跨国生产、销售盗版软件的犯罪案	缉捕犯罪嫌疑人25名，缴获盗版母碟22张，盗版Vista、Office2007、Norton Systemworks等软件光盘、真品证书（COA）、防伪标签等共计36万张（件），冻结、查封涉案资金、车辆、房产等价值6000余万元人民币。同时，美国联邦调查局已经执行了24项搜查令和资产扣押令，查获价值200多万美元的盗版软件，扣押了超过70万美元的资产①
2012年4月	蓝色计划	公安部统一指挥，与美国移民海关执法局展开合作	跨国制售假冒伪劣箱包案	成功地摧毁生产、仓储、运输、出口、资金收付等各个环节，捣毁相关制售假冒国际名牌箱包窝点37个，抓获犯罪嫌疑人73名，涉案总价值50亿元人民币

资料来源：笔者根据公安部网站相关信息整理而成

---

① 新华网：《中国警方与FBI破获特大盗版软件案25人被捕》。http://news.xinhuanet.com/legal/2007–07/24/content_6422675.htm.

下面我们就以"夏至"行动的侦办经过和结果为例来检验执法合作的有效性。

　　案件来源：2006年年初，公安部经济犯罪侦查局获悉1名叫马某的人在上海市从事贩卖盗版光盘犯罪活动，随即指令上海市公安机关立案侦办。上海市公安局经侦总队经过数月的缜密侦查，查明马某团伙的全部成员及其活动情况，同时发现此团伙与美国等国家境内犯罪嫌疑人密切勾结，形成了一个跨地区、跨国家的犯罪集团。

　　执法合作的接洽：2006年6月，公安部致函ICE驻北京办公室，向美方通报了案件的基本情况和详细线索，请求美方开展联合调查。2006年10月，美国ICE向中国公安部反映，美联邦调查局洛杉矶办公室在调查美国内一盗版犯罪集团的过程中，发现我国广东深圳王某、车某等人涉嫌大量生产、销售盗版软件，请求中方予以协助。

　　资源的协调性：根据公安部经侦局的命令，广东省公安厅经侦总队、深圳市公安局经侦支队开始对王某、车某团伙的盗版犯罪活动进行侦查。2007年3月，为加强中美执法合作，中国公安部派代表团访问美国司法部，决定采取联合执法行动等方式，并将马某团伙案、王某车某团伙案列为双方合作的重点案件。在双方驻对方联络官的大力协助下，双方侦查员就上述两案开展了更为密切的合作，相互提供了大量情报信息和犯罪证据。6月，美国联邦调查局派探员来华，与公安部经济犯罪侦查局、上海市、广东省公安机关召开会议，再次就马某团伙和王某车某团伙两案交换了情报和证据，商定联合行动计划。

　　目标的达成性：7月6日至16日，在公安部的统一指挥下，"夏至"行动在中国上海、广东、北京等地同时展开。广东省公安厅、深圳市公安局、东莞市公安局协同行动，抓获王某、车某、肖某等14名主要犯罪嫌疑人，查处盗版光盘生产、包装、销售窝点6处。经鉴定、清点，行动中共缴获22张盗版软件母盘（其中盗版微软公司软件的母盘11张，其中8张每张正品母盘价值约1560万元人民币），盗版美国微软公司的Vista、Windows XP、Office2007等软件光盘70386张，软件真品证书（COA）235934份、说明书、包装盒、防伪标签6万余件，以及盗版设备、原材料一批。①

在以上"夏至"行动的联合侦破过程中，尽管我们尚无法从执法合作计划的控制性和问题的预见性两个角度来验证跨国执法合作的有效性，但是单从资源的协调性和目标的达成性上，就不得不说这次行动是中美执法机构在打击侵犯知识产权犯罪领域一次成功的联合执法行动，为各国执法机构对跨国侵犯知识产权犯罪实施"精确打击、全程打击"提供了一个新的范例。②从以上跨国侵犯知识产权犯罪案件可以看出，侵犯知识产权犯罪是世界各国共同面临的问题，不同国家的犯罪分子通过事先通谋，进行跨国跨境侵犯知识产权犯罪，体现出侵犯知识产权犯罪全球化和专业化的特点。特别是伴随着互联网应用的进一步升级，利用网络侵犯知识产权的犯罪活动更具隐蔽性，对各国联合执法行动提出了更大的挑战。近年来，我国政府和公安机关从保护各国知识产权权利人的合法权利和利益出发，通过与世界多个国家和地区的执法机构的通力合作，对跨国侵犯知识产权犯罪活动实施了多个专项行动，为维护世界经济贸易的正常秩序发挥了一定的作用。

但是，从以上公安机关破获的侵犯知识产权犯罪案件来看，跨国犯罪案件是两头在外，由国际犯罪集团和跨国犯罪集团直接提供技术、资金，甚至原材料，并包销产品。有的是直接在中国设立企业或加工厂从事侵权违法犯罪活动。针对这种局面，中国的执法部门还必须大力加强国际合作，建立公安机关和海关以及相关执法部门协作上的机制，从生产、运输、销售到进出口、零售等各个环节进行全程监控、全程打击，形成打击上的合力。

三、中美打击侵犯知识产权犯罪执法合作机制的思考

根据美国国土安全局官方网站公布的统计数据，美方查获来自中国的假冒商品比率从2007年起在逐年下降，这充分说明中国公安机关近年来的打假成效。与此同时，面对日益猖獗的跨国侵犯知识产权犯罪案件，中美双方只

---

① 中央政府门户网站：《中美警方联手开展代号为"夏至"的打击盗版行动》。http://www.gov.cn/zfjg/content_697285.htm.

② 李可、高洪艳、刘强：《知识产权：中国制造的"难言之隐"》，《中国贸易报》，2007年8月7日，第3版。

有不断加强执法合作，进一步健全合作运行机制，才有可能彻底铲除跨国侵犯知识产权犯罪网络。

（一）选准利益契合点，深化跨境执法合作

中美作为生产和消费大国，双方都致力于可持续发展和创新社会环境，同时双方也都是侵犯知识产权犯罪受害方，联合加强打击跨境侵犯知识产权犯罪势在必行。2007年3月，为应对侵犯知识产权犯罪的国际化趋势，加强中美双方打击侵犯知识产权犯罪合作，中美两国正式建立了知识产权刑事执法工作组，[①]工作组以个案合作为抓手，开辟打假斗争新战场，促进执法合作水平不断上台阶，充分体现了双方利益契合点。

（二）借鉴美方长处，不断规范和完善执法活动

在执法合作过程中，中美虽然在执法标准、信息披露、犯罪防控等方面差别很大，但美国有些做法乃至细节值得借鉴。如中方执法小组在进入涉案物品储存扣压仓库前，每位成员都要在美方《不披露信息协议》上签字，规定细致明确。反观我方，往往因没有相关制度规范而无所适从，给人以执法不透明、不专业的印象。又如，对于打防互联网上侵权犯罪，美方破案后不仅仅是对网站一关了事，而是在网页上覆盖许多警示语，避免网民再次登录类似网站上当受骗。

（三）实施大情报战略，真正形成执法合力

成立于2000年的美国知识产权协调中心（IPR Center）是打击和防范侵犯知识产权犯罪的专门机构。该中心是由美国移民和海关执法局的国土安全调查中心、美国海关和边境保护局、美国联邦调查局、美国联邦邮政检查局、美国食品和药物管理局刑事调查办公室、美国商务部国际贸易管理署、美国海军罪案调查处、美国国防部防御犯罪调查服务处、美国陆军犯罪调查司令部（反采购欺诈小组）、美国国防部国防后勤局和总检察长办公室、美国空军特别调查队办公室、美国专利和商标局、美国总务署和美国劳工部监察长办公室、美国消费品安全委员会和美国国家航空和航天局办公室等21个成员

---

① 世界法制报道：《中国联手FBI破获特大跨国盗版案》。http://law.icxo.com/htmlnews/2007/07/25/1168162_0.htm，2011-03-12.

单位组成的协调部门，在整个执法过程中，由成员单位分析提炼情报信息、整合情报信息引领决策、决策转化为具体资源调配和战略战术行动，最终改变犯罪环境，形成动态良性循环。该机构设计的比较数据系统，打破了部门间情报壁垒，最大限度地整合与处理不同渠道、包括美国国土安全部等派往全球几十个机构获取的侵犯知识产权犯罪情报信息。应该说，这种跨国执法合作关系将通过全球调查研究，极大地促进打击侵犯知识产权犯罪各种资源、技能和权威的利用，完善跨境打击知识产权犯罪的执法行动。鉴于此，我国要实现对犯罪活动的精确打击、全程摧毁目标，必须坚定不移地实施大情报战略，着眼构建情报采集、研判、应用工作体系，特别是要对接国内各相关知识产权部门的行政执法信息，实现情报信息的有效整合、及时流转、实时研判并最终发挥服务实战功能，形成整体合力。[①]

四、跨国执法合作的发展空间

侵犯知识产权犯罪是一个快速增长且变化极快的刑事犯罪领域，给商业和社会带来巨大的经济损失，通过分享智慧和最佳做法，跨国执法合作势必会带来未来合作的成功。为加强在侵犯知识产权犯罪方面的国际合作和信息共享，2012年2月，欧洲警察组织（Europol）加入了美国ICE国土安全部以调查研究为主导的国家知识产权权利协调中心，成为其第20个伙伴机构。Europol是欧洲的执法机构，其宗旨是支持欧盟成员国在预防和打击一切形式的严重的跨国犯罪和恐怖主义。Europol在2002年接到打击与知识产权有关的犯罪的任务。该中心采用了一个真正的专案组模式，以优化各成员机构的作用和执法力度，同时加强政府与业界的伙伴关系，旨在支持正在进行的知识产权执法活动。

此外，为促进世界各国知识产权执法机构之间的合作，在全球范围内共同打击假冒与盗版行为，国际刑警组织于2012年2月26日正式建成国际知识产权犯罪信息数据库并投入使用。作为一个独特的工业服务系统，该数据库将为全球用户提供知识产权犯罪方面的信息，其主要职能之一就是保证假冒

---

① 公安部经侦局：《钱午收跨国制售假冒伪劣箱包案赴美取证工作情况及体会》。公安部网站，2013年4月3日.

与盗版现状信息的可靠性，对商标及版权犯罪行为的性质进行明确界定。目前，该数据库里面包括7500个案例，涉及不同的工业、行业。设在法国里昂国际刑警组织总部内的机构将对所有数据进行分析，研究不同工业领域内的知识产权犯罪活动是否存在相互联系，为刑事调查提供帮助，并撰写知识产权犯罪情况报告。

目前，中国已经与美国、欧盟、日本、瑞士、俄罗斯和巴西等建立起知识产权工作组交流机制，开展通报案件线索、协助调查取证、开展联合行动等多层面的合作。2006年4月我国在上海主办了中国知识产权刑事保护论坛，会议中我国与世界知识产权组织、欧盟、美国、加拿大、澳大利亚、法国、德国等国家和组织的有关执法机构一致通过《上海宣言》，倡导各国执法机构、工商界更加紧密地联合起来，共同制定更加适宜的合作策略和计划，携手应对侵犯知识产权犯罪这一全球化问题。采取加强线索通报和情报交换，对跨国、跨地区犯罪活动实施精确打击和全程打击；针对重大跨国跨境犯罪活动，合作开展"控制下交付"战略，摧毁生产、储运、进出口、销售等各个环节和整个跨国犯罪网络等有力措施，共同打击侵犯知识产权犯罪。同时，加强对可用于制造侵权商品的生产设备进行跟踪备案，从源头上减少和杜绝侵犯知识产权犯罪活动的发生；建立各国执法机构之间的联络制度，积极开展协助调查取证、通报犯罪线索、交流信息情报、提供司法协助方面的合作与交流，打击跨国跨境侵犯知识产权犯罪。这标志着我国以更加积极的姿态参与到打击跨国知识产权犯罪的活动中，也很好地打消了外界对我国保护产权态度和力度的疑虑。[1]此外，中国还与欧盟自1996年起开始了两期全面、综合性的知识产权合作项目，第三期合作项目的设置目前也已经启动。这些合作项目加深了中欧在知识产权制度上的相互了解，探索出了一条互利有效的模式，成为发展中国家和发达国家在知识产权领域合作的典范。从以上个案的联合行动中也可以看出，在与各国联合执法打击知识产权犯罪活动中，以中美合作执法部门合作最为有效。但目前与其他国家在打击侵犯知识产权犯罪领域的合作还有待进一步加强。为此，要进一步加强与其

---

① 李娜：《知识产权犯罪刑事司法协助的现状和前景展望》，《未来与发展》，2010年第11期，第55页。

他国家在工作会晤磋商、常规部门互访在内的经常性交流，在增进双方刑事司法制度了解的基础上，在案件侦查和执法信息共享合作上，甚至某些具体个案热线联系制度的建设上，更上一层楼，进一步构建有效国际合作的重要内容。

五、结论

侵犯知识产权犯罪的全球化和网络化特征，使打击跨国侵犯知识产权犯罪活动成为世界各国面临的共同问题。不同国家的犯罪分子勾结，形成"产供销一条龙"的跨国跨境犯罪网络，对各国执法活动提出了新的挑战。打击跨国侵犯知识产权犯罪是一项复杂的系统工程，具有很强的政治性、政策性和法律性。为此，一方面应进一步发挥执法合作双方警务联络渠道在跨国联合执法案件中的重要作用，不断提升合作水平与效果。另一方面，经侦部门也要更多地了解和吸纳国外打击和防范侵犯知识产权犯罪的经验和做法，积极参与，拓展双边、多边国际执法合作交流，加快提升打击和防范跨国侵犯知识产权犯罪的工作能力和水平。

第五节　支撑"大众创业、万众创新"的知识产权保护软环境建设政策建议

9月27日上午，习近平总书记在辽宁忠旺集团考察时强调，改革开放以来，党中央始终关心支持爱护民营企业。我们毫不动摇地发展公有制经济，毫不动摇地鼓励、支持、引导、保护民营经济发展。现在很多改革举措都是围绕怎么进一步发展民营经济，对这一点民营企业要进一步增强信心。我们要为民营企业营造好的法治环境，进一步优化营商环境。党的路线方针政策是有益于、有利于民营企业发展的。民营企业也要进一步弘扬企业家精神、工匠精神，抓住主业，心无旁骛，力争做出更多的一流产品，发展一流的产业，为实现"两个一百年"目标做出新的贡献。

一、辽宁省民营企业知识产权保护个案分析

按照总书记的指示精神，辽宁省正处在经济结构转型和动能转换的关键时期，其中民营企业一方面要为改革事业做出自己的贡献，另一方面要高度重视核心技术的创新，成为技术创新的推动力量。要想推动技术进步，就要踏踏实实做好企业的技术研发工作。但是，单纯做好自主创新还不够，还须注意知识产权的保护。知识产权的保护，不仅来自企业自身的保护意识，还来自其外在的法制环境。辽宁省鞍山一家民营企业近些年在商业秘密保护方面遇到的困扰，充分反映了市场竞争环境下，企业自身做好知识产权保护，政府优化法治环境和营商环境，直接决定着民营企业创新驱动发展战略的有效实施。

辽宁省鞍山市发蓝钢带厂经过10余年的研发，投入4000余万元，于2005年成功设计出采用非调质工艺的高强度包装钢带生产线图纸，命名为短流程智能化无铅包装钢带生产线，2006年该生产线正式投入建设，一举打破了美日企业对国内市场的垄断。2007年该生产线通过辽宁省科技成果鉴定，并获得辽宁省科技进步三等奖。2011年3月，该厂与鞍山钢铁集团公司、鞍钢股份有限公司共同出资组建鞍山发蓝包装材料有限公司。2015年6月，鞍山发蓝包装材料有限公司更名为鞍山发蓝股份公司，并于2016年4月在新三板挂牌（证券代码836861）。但是，2007年，该厂设备部部长王某君秘密窃取了代号为DZB的短流程智能化无铅包装钢带生产线的技术图纸。2010年，王某君从该厂离职，成立宏诺科技公司。2012年4月28日，王某君以宏诺科技公司名义与新余某公司签订技术转让合同，将其非法获取的鞍山发蓝图纸转让给新余某公司，非法获利35万元。2013年，王某君又与天津某公司相互勾结，王某君凭借其非法获取的鞍山发蓝DZB号图纸，天津某公司凭借从鞍山发蓝合作中研发的应负保密义务的技术，对外出售鞍山发蓝自主研发的采用非调质工艺的高强度钢带生产线，并由天津某公司公司以人民币525万、588万元出售给新余某公司、湖南某公司，在此过程中，王某君将窃取的鞍山发蓝代号为DZB的图纸移交给天津某公司。

2014年3月，鞍山发蓝自主研发的采用非调质工艺的高强度钢带生产线被

辽宁省知识产权鉴定中心鉴定为商业秘密。2015年3月11日，鞍山市公安局针对王某君涉嫌侵犯鞍山发蓝商业秘密案立案调查。2016年11月22日，鞍山市铁东区人民法院做出（2016）辽0302刑初134号刑事判决书，认定王某君采用不正当手段获取权利人的商业秘密，其行为已构成侵犯商业秘密罪。

无独有偶，天津某公司也涉嫌侵犯商业秘密。2006年短流程智能化无铅包装钢带生产线正式投入建设，鞍山发蓝就生产线的机械设备部分自主生产，对生产线中的自动化控制和感应加热部分通过招标方式确定配套企业，鞍山发蓝选择与天津某公司开展合作。双方签署《技术服务合同》，约定双方就项且涉及的技术核心均不得向第三方泄漏，只有当第三方有需求时，一定以双方的名义共同承担，任何一方不得擅自制作类似生产线。天高公司在该技术研发过程中，了解该生产线的技术特点与和拥有的巨大商业价值，故在技术研发成功后公然违背与鞍山发蓝的保密约定，未经鞍山发蓝同意，先后将双方共有的技术秘密泄露给第三方企业。更有甚者，该公司为追求出售整条生产线的更大利益，与上述嫌疑人王某君相互勾结，对外为多家企业建设鞍山发蓝自主研发的包装钢带生产线，赚取非法利益。2017年11月，辽宁知识产权司法鉴定所出具鉴定结论，认定由该公司负责系统工程总承包的首钢矿业机械公司20条包装钢带生产技术与鞍山发蓝拥有的短流程智能化无铅包装钢带生产线具有同一性。

本案涉案面广达7省10市，侦破工作量大，且社会危害性极大，涉案金额约为40亿元。从2013年启动该案件至今已过4年，多数侵权行为人仍继续实施侵权行为，危害结果仍在持续。而鞍山发蓝作为我国《包装用钢带》国家标准起草单位，在行业内享有极高声誉，侵权者的行为不仅直接侵犯了鞍山发蓝的经济利益，也严重影响了该企业的创新动力。改革开放40年来，中国经济社会面貌发生变化的根本因素是改革开放，推动变化的根本动力是放开和搞活民营经济。民营经济的优势来自于各种创新手段。知识产权是激励创新的基本手段，也是创新原动力的基本保障，企业自身在加强保护的同时，也要充分发挥司法保护的主导作用，进一步完善知识产权诉讼制度，优化科技创新法治环境。

二、辽宁省知识产权保护软环境建设现状

习总书记在多次讲话中指出：加强知识产权保护，是完善产权保护制度最重要的内容，也是提高中国经济竞争力最大的激励。与此同时，产权保护特别是知识产权保护是塑造良好营商环境的重要方面。去年中美贸易摩擦磋商中，关于加强知识产权保护的问题，中美双方的共识在不断增多，原因不难理解：知识产权保护是任何一个创新发展国家的"刚需"。

当前，辽宁省正处在经济结构转型和动能转换的关键时期，知识产权已经成为辽宁省未来经济发展的重要战略性资源。近年来，全省上下抢抓机遇，攻坚克难，实现了知识产权事业又好又快发展，开创了知识产权强省建设的新局面。知识产权创造水平稳中有进，知识产权运用能力显著增强，知识产权价值加速实现。2018年全省3种专利申请量65686件，同比增长31.7%。其中，发明专利申请量25476件，发明专利授权量7176件，PCT国际专利申请量386件。2018年年底，全省有效发明专利量37505件，每万人口发明专利拥有量8.58件，同比增长12.7%。2018年，辽宁省知识产权局搭建起高校院所专利转化平台。在东北大学、大连理工大学等10所大专院校和中国科学院大连化学物理研究所等3所科研院所建立了知识产权成果转移转化机构，并在东北大学高校科技成果转化示范基地设立知识产权运营与保护中心。高等院校技术市场交易非常活跃，2018年，全省转化高校、科研院所科技成果7021项，省内转化3774项，省内转化合同额15亿元。全省技术合同成交额突破499亿元。

但是，单纯做好自主创新还不够，还须注意知识产权的保护。在知识产权法治环境建设方面，辽宁也将重视度提升到一个新的水平线。《辽宁省知识产权保护办法》（辽宁省政府令第317号）自2018年2月1日起施行。保护办法深入贯彻总书记"严格知识产权保护，营造良好营商环境"要求，是全国首个关于知识产权保护的综合性政府规章。该办法突出了严格保护，规定了惩戒措施，体现了操作性；规定了侵犯他人知识产权被追究刑事责任和骗取知识产权专项资金和奖励等5种情况下，3年之内不得参与政府资助和奖励项目、政府投资项目和政府采购活动，并计入公共信息管理系统，实行联合惩

戒。依托"互联网+"，破解网上侵权执法难题，知识产权快速协同保护机制进一步完善。

在刑事司法保护方面，2018年辽宁省知识产权领域开展了3大攻坚专项行动。一是组织开展了以重点领域、区域整治、源头窝点为工作重心的打击侵权假冒犯罪"春雷行动"，全省各级公安机关依托"云端系统"通过自侦案件情报扩线，开展侦查破案工作，破获了一批公安部挂牌督办的重点案件。二是开展了揭示和打击假药犯罪黑色产业链的"云鹊行动"。各地市公安经侦部门通过情报信息的分析、经营，对假药犯罪的全要素、全链条进行数据化描述、动态化追踪，开展三波次的打击假药行动。三是开展了打击涉烟经济犯罪集中行动，我省各地充分调用本地情报资源手段，紧紧围绕"云端"系统部署打击应用中的涉烟经济犯罪案件线索，进行全面落地对本地犯罪嫌疑人及其窝点并进行波次收网，取得良好的打击成效。一年中全省经侦部门共立侵犯知识产权案件183起，破案152起，抓获犯罪嫌疑人135人，涉案总价值12028.32万元，挽回经济损失226.84万元。此外，全省公安经侦部门紧密结合打造最优发展环境建设工作，积极谋划，开展了以保品牌，保专利、促创新为目标的打击侵权假冒犯罪"亮剑2018"专项行动。在护航本地企业发展中，辽阳市公安局破获我省今年以来首例侵犯商业秘密案，有效地维护了本地被害企业的合法权益。在保护外商投资企业工作中，抚顺、本溪两地公安机关联合侦破了一起横跨辽宁、广东、广西等十余省份，涉及美国、法国等九个国家的170余种品牌的特大销售假冒"抗燃油"案件。有力地保护了德国卡尔倍可公司在辽投资企业的合法利益，彰显了公安经侦部门服务经济发展的决心和能力。

2018年，国家知识产权管理体制和运行机制实现历史性重构，辽宁省也顺利完成知识产权机构改革任务，实现商标、专利、地理标志、集成电路布图设计的集中统一管理，有效地提高了管理效能。但是，伴随着辽宁省产业结构转型升级步伐的加快，进一步加强优势产业和战略性新兴产业的知识产权保护工作势在必行。调查显示，目前仍然存在以下问题：一是类似沈阳五爱市场、海城西柳服装市场等省内大型专业化市场知识产权管理和保护工作相对滞后；二是一些给予优先重点支持的相关企业自身缺乏知识产权保护意识，更没有知识产权战略意识，在建立健全知识产权管理和保护制度上投入不够，对于企业知识产权的认识低下，导致在市场竞争中始终处于被动的位置；三是在支持优势产业"走出去"方面，海外知识产权预警和维权援助工作尚显不足；四是部分电子商务交易平台知识产权内部监管机制依然落实不到位，快速化解知识产权纠纷手段单一；五是在知识产权行政执法与司法有效衔接，完善跨区域、跨部门知识产权协作执法、联合执法机制建设方面依然任重而道远。

三、进一步加强辽宁省知识产权保护的几点建议

2020年是辽宁省完成知识产权机构改革之后的奋进之年，需要从完善执法力量，加大执法力度，提高违法成本上，把知识产权法律威慑作用充分发挥出来。为此，建议从以下几个方面进一步加强知识产权保护工作：

1. 指导全省14个市制定各自的战略或实施意见，支持并帮助具备条件的中小企业制定及实施本企业的知识产权战略或专利推进工程，全面实施知识产权战略，为中小企业做大做强奠定基础。

2. 强化知识产权保护，推动建设知识产权保护体系，建立侵权惩罚性赔偿制度，大幅提升侵权违法成本；完善侵权判定标准，指导好行政执法工作；对严重失信行为实行联合惩戒，让失信者处处受限。加强行政执法队伍建设，进一步深入组织开展"护航""雷霆"专项行动，加大对制假源头、重复侵权、恶意侵权、群体性侵权的查处力度，强化电商、民生等重点领域和展会、进出口等关键环节执法保护。对行业形态进行调整，替换易侵权业态，市场管理部门主动出击，主动寻找品质上乘的自主品牌厂家入驻，从源头上杜绝知识产权隐患。通过工商局、知识产权局、媒体对全省商户进行知识产权专项培训会，通过鼓励商户注册自主商标、推行商户自律制度等措施打击制假售假、保护知识产权，实现了市场知识产权大环境的净化。

3. 部署辽宁省各地全力以赴推进公安部开展的跨年度"打假集中行动攻势"专项行动，围绕重点领域，充分运用经侦情报导侦工作机制，集中优势力量组成专班，利用好现有资源平台，多维度、深层次地进行研判分析，力争破获一批典型、亮点案件。

4. 加强警企交流与合作，及时总结提炼在情报导侦、组织指挥、战法运用等方面具有典型性、示范性的经典战役，推进打假领域类罪模型研发工作。2018年，辽宁省公安厅经侦总队与"阿里巴巴"公司签订了合作备忘录，建立打击互联网违法犯罪协作机制。通过阿里"钱盾"系统警企协作平台，生成一批高质量云端集群的线索，有力地打击了坑害群众利益、危害生产生活安全、妨碍企业创新发展的各类侵权假冒犯罪，为实现公安部经侦局部署的"两年锻造全新警种"的工作目标迈进了一步。为不断提升打击侵权假冒犯罪精度和办案效果，提升辽宁省经侦知识产权领域数据化导侦能力，应着力推动与"BATJ"等互联网企业进行警企交流协作，广泛获取知识产权行业、领域和企业数据信息，利用大数据研判分析，对知识产权领域犯罪进行全链条、整环节的打击，提升打击精度和办案效果。

5. 积极探索建立知识产权行政执法与刑事司法衔接新机制，开展联合执法，严格执法环境，强化知识产权行政、刑事保护工作专门力量建设，突出对新技术、新业态知识产权保护，建立防范和惩治侵犯相关专利权、商业秘密的一体化工作机制，加强对跨省侵犯知识产权违法犯罪活动的防范和打击。

6. 进一步依托产业知识产权联盟，建立产业重大知识产权风险预警和联合应对机制，支持创新主体开展海外知识产权预警和维权援助。创新主体自身也应当建立健全知识产权管理和保护制度，强化保护措施，签订保密协议，保护商业秘密。对涉及国家安全或者重大利益需要保密的，应当申请保密专利，依法维护本单位知识产权合法权益。

7. 营造良好营商环境，积极深入企业调研，工商行政管理部门应听取企业有关产权保护的建议，完善知识产权维权援助工作，向权利人提供知识产权创造、管理、运用和保护方面的专业知识和法律援助，宣传我国知识产权相关政策。大力发展知识产权服务业，通过第三方中介服务机构开展针对市场商户的主动帮扶工作。

8. 为了营造良好的知识产权保护环境，辽宁省知识产权局需严格行政执法，加快知识产权维权援助体系建设。推进知识产权民事、行政、刑事"三合一"审判机制改革，加强知识产权刑事自诉案件审判。拓宽知识产权纠纷多元解决渠道，引导建立知识产权社会仲裁机制，提升执法维权效率和社会效益。

<<< 第四章

网络环境下侵犯著作权犯罪案件侦查

网络改变着人们的生活，针对著作权的网络犯罪也产生了很多新的变化和国际化新特点，信息传播的不断推陈出新决定了在网络环境下侵犯著作权刑事犯罪的后果更为深远，侵害程度更严重。为此，面对花样繁多的网络侵犯著作权刑事案件，要不断探索网络环境下打击侵犯著作权犯罪的新方法，突破侦查难点，完善对策，实现跨国打击网络侵犯著作权犯罪执法合作的有效机制。

第一节　网络环境下侵犯著作权犯罪案件侦查难点与对策

近年来，互联网为我们生活带来便利的同时，网络环境下的侵权行为也日渐增多，尤其是通过网络侵犯著作权的行为屡见不鲜，网络著作权纠纷案件数量不断增多，严重的构成网络侵犯著作权犯罪的案件也呈现出整体上升的趋势。面对难以监管的网上侵犯著作权行为，当前保护著作权法律法规显得捉襟见肘，传统打击侵犯著作权犯罪的侦查方法也有些力不从心，这就需要公安部门充分发挥其职能作用，针对网络环境下侵犯著作权犯罪案件侦查过程中存在的问题，进一步增强办案能力，强化多部门协作，不断提高打击、防控该种犯罪的有效性和针对性。

一、网络环境下侵犯著作权犯罪的现状

据统计，2019年在国家版权局组织开展的打击网络侵权盗版专项治理"剑网行动"中，各地版权执法部门查处"音乐在线""翠微居网"等204起侵犯著作权案件，已立案查处157起，其中"江苏中国宽频网"等30起涉嫌构成犯罪的案件移送公安机关，[①]一定程度上遏制了网络侵犯著作权犯罪蔓延的势头。依据《著作权法》第10条的规定，同时结合《刑法》第217条相关内容，对于网络环境下的侵犯他人著作权行为，可以界定为：以营利为目的，未经著作权人或者相关权益人许可，利用电子设备，擅自改动、复制、上传他人著作物，通过赚取点击量等手段进行牟利，违法数额较大，严重扰乱经济秩序，依法应当受到刑罚处罚的行为。

（一）网络环境下侵犯著作权犯罪的特点

1. 犯罪规模团伙化、高科技和智能化现象突出

侵犯著作权犯罪的特点，决定了网络侵犯著作权犯罪的参与者往往不是一个人，而是呈现多元化、团伙化的特点。同时，其所采用的手段一般表现为在网络上对他人著作物进行复制、拼接后再进行发行牟利。因此，与传统的著作权犯罪相比，实施网络著作权犯罪的行为人往往具有较高的文化水平和专业知识，特别是计算机操作技能。侵权人通常表现为对某一领域具有高度的专业敏感度，能捕捉到商业价值，并通过技术手段进行牟利。

2. 作案手段隐蔽

在数字化技术与网络通信技术相结合的基础上，作品和其他信息可以通过有线或无线等现代通信技术迅速、广泛地传播，这一方面使作品的影响范围越来越广，另一方面也为违法犯罪提供了天然屏障，使侵权行为不易被发现和查找，甚至即使被发现也不易确定侵权行为的范围和侵害程度，给权利人维权造成困难。此外，随着各部门打击侵犯著作权违法犯罪力度的不断加大，犯罪分子存有高度的警惕心，通过网络实施著作权犯罪后往往会消除犯罪痕迹，使其作案方式更加隐蔽。

---

① 国家知识产权局：《2019年中国知识产权保护状况》。http://www.nipso.cn/onews.asp？id=11394.

3. 社会影响大，危害后果严重

网络是一个开放的虚拟世界，一旦发生著作权违法犯罪，那么被侵权人受到的损失是潜在的，侵权的后果有时取决于他人的点击、浏览和下载，侵权者本人都无法预见和控制，即使在进入民事或刑事诉讼程序，甚至判决之后，仍然很难在网上断绝该侵权行为的进一步蔓延。

（二）网络环境下侵犯著作权犯罪的种类

1. 非法将他人在传统媒体上发表的作品移植到网络上

依照我国有关著作权的相关规定，著作权人依法享有将其作品数字化并在网络上传播的信息网络传播权。除法律、行政法规另有规定外，任何组织或者个人将他人的作品通过信息网络向公众提供，应当取得权利人许可，并支付报酬。网络服务提供者未经著作权人许可，擅自将著作权人的作品在网络上复制、传播的行为，构成侵权，达到一定数额的，构成侵犯著作权犯罪。

2. 非法将他人的作品从网络下载并非法使用

未经权利人许可，将他人享有著作权的作品从网上下载、打印，制成光盘，或转发在其他传统媒体上，构成对权利人著作权的侵犯。由于网上浏览与下载打印是完全不同的两种复制行为，前者被认为是合理使用，而后者则需要获得许可。因此，对于网络用户来说，"屏幕阅读权"与"下载打印权"往往不能兼得，如果未支付报酬，从网上擅自下载他人作品，即构成侵权，造成严重后果的，构成侵犯著作权犯罪。

3. 非法转载其他网站上的作品

行为人在自己的网页上非法转载、转帖其他网站上享有专有著作权的作品，构成侵权。这种侵权既是对他人作品的非法使用，同时也是对其他网站从网页到栏目全方位的复制，既侵犯了权利人的著作权，又侵犯了其他网站的网页设计专有权，造成严重后果的，构成侵犯著作权犯罪。

4. 非法破解著作权人对作品采取的技术保护措施

技术措施是指用于防止、限制未经权利人许可，浏览、欣赏作品、表演、录音录像制品的或者通过信息网络向公众提供作品、表演、录音录像制品的有效技术、装置或者部件。为了保护著作权人的信息网络传播权，法律授权权利人可以采取一定的技术措施。当行为人故意避开或者破坏技术措施，故意制造、进口或者向公众提供主要用于避开或者破坏技术措施的装置或者部件，故意为他人避开或者破坏技术措施提供技术服务的行为，即构成侵权，严重的构成侵犯著作权犯罪。

5. 非法删除或改变作品的权利管理电子信息

国家版权局《信息网络传播权保护条例》中规定的权利管理电子信息，是指作品、表演、录音录像制品通过信息网络向公众传播时附带的用于指明该作品、表演、录音录像制品以及权利人或者专有使用权人，或者说明使用作品、表演者、录音录像制品的条件的文字、数字、代码。故意删除或者改变通过信息网络向公众提供的享有著作权作品的权利管理电子信息，或者通过信息网络向公众提供明知或者应知未经权利人许可而被删除，或者改变权利管理电子信息的享有著作权作品的行为，即构成侵权。[①]这种以"0""1"形式构成的源代码是权利人专有的，当行为人非法删除或者改变作品的权利管理电子信息，造成严重侵权的，即构成侵犯著作权罪。

二、网络环境下侵犯著作权犯罪案件的侦查难点

综上所述，随着网络技术的迅猛发展，著作权呈现出主体产生大众化、权利归属复杂化、作品信息数字化、权利内容技术化和侵犯形式多样化的特点，这些特点给公安部门在实际办理侵犯著作权犯罪案件过程中带来了巨大的挑战。

（一）立案标准难界定

1. 作品数字化，权利保护标准难界定

虽然我国法律、司法解释以及某些行政规章中制定了网络环境下著作权的相关保护措施，但是在违法侵权界定上仍然存在一定难度。这是因为，在以数字为基础的计算机系统中，过去概念中的作品都已变成了单纯的数字排列。数字技术将权利人的语言、音乐、文字作品、录音录像制品和摄影等各种形式表现出来的作品在互联网上均以"1""0"这种二进制数码的形式表

---

① 戴蓬：《经济犯罪侦查对策新解》，中国人民公安大学出版社，2011年。

现出来。在进行数字传输、复制等过程中，作品已脱离传统意义上的载体，实现了网络世界中的传播。特别是在数字技术的世界里，可以将各种媒体收录的作品相互融合或者组合。①从某种意义上说，已经失去了传统意义上的独创性。但是，我国法律对权利人著作权的保护，正是基于其作品的独创性，这就使在数字化的今天，这种保护失去了本质上的意义。因此，在网络环境下发生侵犯著作权犯罪时，在具体权利保护标准上产生了分歧。

2. 作品与载体逐渐分离，权利归属难确定

众所周知，传统意义上的作品最初是以文字、录音录像、图片、电影等形式，借助于有形的载体进行传播。但是，当作品上传于互联网后，在一定程度上已经与载体完全或者不完全脱离开。网上作品不再需要实体物作为媒介进行发行和传播，因此也很难掌控其在流通过程中的动态。网络环境下，作品在原所有权人上传到网络后，他人可以以付费或者免费方式进行浏览，并进行所谓的复制、下载行为，然后再上传于网络。经过对该过程成百上千次的重复后，权利人的著作权极易被侵害。该过程中可能存在对原作品进行改编、加工、修饰，然后更改署名上传的环节，新的作品又不断地被分解、改编，重新形成新的作品。单纯的区分作品中某一部分由某个特定的作者创作已经变得越来越难，对于作品的所有权则不能给出明确归属，这使作品所产生的人身权和财产权的归属变得复杂。此外，从作品的表现形式上看，权利归属也难以确认。比如对原权利人上传的文字信息，处于网络终端的行为人完全可以根据自己的意愿把相关文字转换成图像或表格等不同形式，虽然作品想要表达的内容一样，表现形式却完全不同。因此，由于网络环境下著作人的权利归属越来越难以确定，所以在立案审查核实过程中，很难分清具体被侵权人是谁，给公安机关的进一步侦查工作带来阻碍。

（二）范围波及广，管辖难确定

网络环境下侵犯著作权犯罪的范围波及广，一部作品利用不同的计算机经过多次复制、转载，涉案服务器可以分布在国内外不同地点。调查具体有几个服务器进行了复制操作，确定每个服务器的具体位置，对于办案部门来

---

① [日]北川善太郎：《网上信息、著作权与契约》，《外国法译评》，1998年第3期。

说，都要颇费周折。此外，由于还可能存在一个IP地址有多个人在不同时间下进行登陆，或者同一个人利用便携移动通讯设备进行无线网络连接，在一地实施侵犯著作权犯罪后迅速赶往下一个地点再实施相同犯罪，这就必然给公安机关在管理方面带来困扰。

（三）多次复制、下载，损失数额难确定

在网络互通共享的条件下，存在广义上的复制行为：一是通过超链接浏览该作品并对所有权人的著作物进行复制公开。二是通过超链接进行浏览时，信息会短时间的复制、保留于行为人的计算机中，当断开网络连接后，临时复制的内容将会被删除。这种情况下的复制行为不会达到我国法律中规定的点击次数标准，但是著作权人的作品内容却已完全被知晓。三是行为人为了获取某种利益或者推销的主观动机，通过以弹出窗口形式将他人作品向不特定人进行传输。这种情况下，客户不需要点击窗口就会浏览到他人作品的某些内容；即使关闭弹出的窗口，或者向他人发出的窗口消息被防火墙等系统拦截，但是在计算机终端仍然会有记录，自动对拦截的东西进行保存，一定时期内不会被人察觉。这种没有被感知的信息会被计算到行为人的复制份数或者点击量中，虽然实际造成了一定程度的危害却没有达到犯罪标准，如果都加以处罚，难免处罚过重。以上种种复制行为和损失数额认定上的困难，直接会对是否立案产生直接的影响。

（四）犯罪主体、主观营利目的确定难

网络环境下著作权的侵犯行为涉及多个主体，如网络服务提供商、网站和网页管理员、普通网民等，相关法律法规对网络侵权行为中各主体的责任分配和承担方式规定得不够明确，对网络服务提供商、网站或网页管理员的侵权行为比较容易查证，但对普通网民利用网站、网页或网页上某一个版块传播他人享有权利的作品就不易确定侵权责任，特别是匿名或署假名的行为人。此外，有些犯罪主体在实施侵权行为后，其主观盈利目的难以确认，特别是对于在经营过程中间接帮助了侵权人的网站、网页管理者，很难判断其对著作权的侵犯具有故意行为，一些网站、网页管理者不知道作品的来源，因此在共同犯罪方面的主观盈利目的和责任承担也不易明确，只能承担间接

民事赔偿责任。

（五）证据提取难度大

著作权犯罪案件的取证范围较一般案件要复杂得多。一般来说，首先要证明被害人是著作物权利人，作品有合法、有效的来源，其次，还要证明嫌疑人存在侵权行为以及损害后果与侵权行为之间存在因果关系。因此，在侵犯著作权案件中对侵权事实的取证，与证明有形财产侵权相比要困难得多。特别是我国《计算机信息网络国际互联网安全保护管理办法》规定，用户上网记录至少应保留60天。对个人来说，保留60天是适当的，但对网站，特别是一些大型门户网站，60天的期限显然太短，一旦发生侵权行为，很难及时获取数据信息和网站用户纪录方面的证据。一旦需要提取电子证据时，将会给证据提取工作带来难度。电子证据包括电子数据、电子文件（文档）以及包括通信的电子邮件。其认定是在现代的刑事案件，特别是知识产权刑事案件中的核心问题。刑事诉讼法进一步修改时，包括电子签名的效率问题，包括电子印章的推行问题和电子交易的安全问题，以及整个法律相配套的技术能力和技术手段，运营商或者服务提供商的配合和协作都应提上日程来。

三、网络环境下侵犯著作权犯罪案件的侦查对策

数字化条件下的著作权保护不仅需要制定出前瞻性的规范内容，更需要公安机关在实际办案过程中不断摸索，积极探索出一条全面应对网络环境下侵犯著作权犯罪的有效途径。

（一）询问知情人、受害人，准确把握案件线索

准确把握案件线索，是开展著作权犯罪侦查工作的前导工作，决定着整个侦查工作能否顺利推进。网络环境下侵犯著作权犯罪案件立案审查阶段，应着重加强对著作权方面专业术语和网络技术分析，必要时还要加强同版权部门和计算机领域相关专业人员的联系，取得技术上的援助。具体来说，就是首先要询问知情人、受害人，了解当事人的著作权是如何受到侵害的，具体发现被侵权的时间、地点、数量、侵权复制品的形式、侵权涉及范围以及已经造成的损失等情况，对于知情人、受害人提供的网页版面、IP地址等要

核实清楚，同时需要受害人提供著作权所有人的相关证明材料。网络环境下要特别注意进行转载、复制牟利的网络服务提供商的作用，侦查人员应当到这些提供中介代理服务公司进行查证，获取侵权复制品的来源及销售情况，证明网络服务提供商是否存在共同犯罪。

（二）追查侵权复制品，固定犯罪证据

侵犯著作权犯罪案件中，最重要、最直接的证据就是侵权复制品，网络环境下的侵权复制品包括网页上发布的文章、某个计算机软件、某段视频资料等，它不仅可以证明侵犯著作权犯罪行为的客观存在，同时也为侦查人员提供了大量可查证的侦查信息和线索。这是因为犯罪嫌疑人的行为必然和网站经营者、发行者、网站建立者或者管理者等发生"业务"上联系，并且侵权复制品正是以各种形式存在于网络环境中。为此，侦查人员应当确立"以物找人，顺藤摸瓜"的侦查思路，在查证相关侵权复制品时，一是应当从涉案著作物的制作、上传、下载等渠道入手，对整个复制、流通或者交易的环节中可能涉及的相关人员或者浏览该著作物的人员入手，顺线查证，特别要深挖网站服务器所在地，以进一步获取证据；二是对固定的网上侵权复制品及时鉴定，确定有无犯罪事实发生；三是从鉴定结论中推断出犯罪手法、犯罪发生的过程，从而正确划分侦查范围，确定侦查对象，做到有的放矢。

网络环境下，能帮助侦查人员缩小目标范围，登记犯罪嫌疑人活动轨迹的最佳记录员就是日志文件。分析网络日志，就是对所有与案件有关的日志进行分析，主要是通过对系统提供的各种日志。如：WEB、DNS、BBS、FTP、MALL等分析查找犯罪嫌疑人作案时留下的痕迹。[①]例如，对FTP日志文件，ex120223，就是2012年2月23日产生的日志；从"0315 127.11.0.1[1] USER administator 331"中，可以读出该次登录的IP为"127.11.0.1"，用户"administator"曾试图登录。查找侵权复制品来源和渠道时，可以利用网络日志自动记录的特性，从记录中发现嫌疑人的注册名、登录地点，分析进行复制、下载操作的过程，从而确定侵权复制品的来源和去向，摸清嫌疑人实施犯罪的交易手段、网络IP等内容，缩小侦查范围。

---

① 胡振辽：《计算机犯罪案件侦查学》，群众出版社，2008年8月，第161页。

（三）运用定位技术，分析作案过程、确定作案工具

（1）网络通信技术下取证

一是通过网站固定证据。网络侵犯著作权行为的发生，必须借助网站实现。通过网站固定证据，主要是从浏览器的历史记录、收藏夹中的记录以及COOKIES文件中的上网记录，以及windows目录下的"temporary internet files"文件夹，查看用户访问过的因特网地址、访问时间等资料，如果临时文件已经被删除，则可运行通过注册表编辑器regedit，然后寻找HKEY CURRENT USER\ Software\Microsoft\ Internet Explorer\Typed URL，查到用户查阅过的因特网地址、访问时间等资料，从而推断作案动机、作案时间和作案手段等。[①]在此基础上，找到侵权行为轨迹，从而正确分析案情。

二是利用服务器进行取证。服务器是网络环境下为客户提供某种服务的专用计算机。网络环境下侵犯著作权犯罪案件中，侦查人员可以到相关网络服务管理站点，对服务器存储的电子记录进行搜查。通过检查有关站点的与受害计算机系统相关的通信记录，一般可以发现犯罪嫌疑人的蛛丝马迹。在此基础上，再根据有关的记录资料进行下一步的调查，逐步分析研究，可以帮助查找、确定犯罪嫌疑人。[②]通过服务器获取的资料，是证明犯罪的更为有力的证据。

三是IP轨迹取证措施。①定位：每个IP地址或者IP地址段都对应唯一的真实的地理位置，通过网络通讯录下自动记载的对方IP地址，依据IP地址或域名查证犯罪轨迹。②跟踪：在网络著作权犯罪侦查取证过程中，根据侦查的需要，可以设计在连线的情况下通过一定程序，利用网络技术对远程主机进行跟踪和查询，获得具有该IP 地址主机的一些有用信息，以帮助侦查取证。[③]

（2）P2P技术下取证

P2P（peer-to-peer）技术的特征在于"点对点"或"去中心化"，其在

---

① 肖琼：《论经济犯罪的证据搜集[J].中国人民公安大学学报》，2004年第1期。

② 孟凡民、张剑寒：《网络犯罪侦查取证措施探析》，《信息网络安全专题研究》，2010年第11期。

③ 公安部教材编审委员会：《信息网络安全监察》，群众出版社，2010年，第8~9页。

传输数据时不通过服务器，而是在用户之间直接实现资源共享。网络侵犯著作权犯罪的一种手段就是基于P2P技术进行的对著作物的复制、下载、上传，从而达到营利目的。P2P技术下实施的侵犯著作权犯罪，侦查人员一是应当从侵权著作物入手，找到涉案相关人员，通过其使用的P2P网络软件进行调查。二是加强P2P软件监测。P2P软件监测主要是通过P2P网络测量实现的，P2P网络的测量主要是使用仿真客户端主动加入P2P网络，获取相关的网络特性和对等体的属性。[①]在需要案件经营情形下，侦查人员可以使用伪装的仿真客户端，使之像普通节点一样加入P2P系统，然后利用仿真客户端收集相关信息。通过记录节点收发的消息类型、消息内容等参数；其他P2P节点的IP、端口号以及所有可以通过P2P协议获取的元数据（metadata）信息，从协议内部对P2P系统进行观察，进而了解整个P2P系统的运作；并将获取的相关信息进行固定，达到侦查取证目的。[②]

（四）公秘结合，准确监控

网络侵犯著作权案件往往需要经过一段时间的经营，不能轻举妄动，此时要从以下几个方面着手继续加强监控，以免打草惊蛇：一是利用情报信息人员秘密收集案件的相关信息。为了应对网络侵犯著作权犯罪，应在上网的人群中物色情报信息人员，通过这些人员的贴靠，获取案件线索，监控犯罪嫌疑人。二是合理利用秘密侦查。对于需要进行网上电子交易的情形，执法人员可以通过化装贴靠，在网络上以黑客、青少年或其他虚假身份接近嫌疑人，利用网上聊天、谈生意等方式接近犯罪嫌疑人，收集证据并最终将其逮捕。三是网络跟踪，追查作案人。在做好重要数据隔离保护的前提下，应采取外松内紧的方式，表面风平浪静，暗中抓紧监视。在计侦等其他部门的配合下，利用先进的软件工具，借助网络监控系统，监视犯罪嫌疑人的行踪，在网络上进行跟踪、追查作案人。

---

① 丁军平、蔡皖东：《面向p2p特定信息的主动监测模型研究》，《计算机工程与应用》，2011年第47期，第27页。

② 丁军平、蔡皖东：《面向p2p特定信息的主动监测模型研究》，《计算机工程与应用》，2011年第47期，第27页。

（五）共享情报信息，加强办案协作

网络著作权的大众化、数字化、复杂化、技术化、多样化等特点决定了其犯罪行为的隐蔽性，加之犯罪嫌疑人又大都是"行家里手"，而侦查人员又往往缺乏网络相关专业知识，所以办案中应该加强与各部门间的协作。一是加强与网监、刑侦等部门的侦查协作。采取多警种协同配合，联合作战，实施"立体式侦查"，确保办案过程不受专业知识限制；二是加强与工商、质监、文化、出版等行政部门的配合。建立起高效率、步调一致的协作机制，包括信息传递、线索协查、联席会议、案情通报、案件移送和提前介入等工作机制，提高打击网络侵犯著作权犯罪活动的合力；三是加强与检察院和法院等司法机关联系，统一证据规格。对侦办侵犯著作权犯罪案件中普遍共性的疑难问题，要主动取得检察机关支持，统一思想认识，达成案件共识；四是加强国际协作。网络侵犯著作权犯罪中，很多涉案服务器设置在港澳台地区或者国外某处，只有加强国际合作，联合调取证据，才能解决网络环境下著作权犯罪案件侦查中面临的困境。

在网络时代的今天，著作权法意所产生的公共利益和私人利益之间的矛盾便凸显出来。网络环境下侵犯著作权犯罪行为不断滋生蔓延，屡禁不止，渗透到社会经济生活诸多领域，严重违背公平竞争的市场原则，破坏市场经济秩序，阻碍社会经济的发展，侵犯公民的合法权益。如何针对网络环境下的侵犯著作权犯罪的特点，来适度扩张著作权刑法保护的范围，进一步提高公安机关打击网络著作权犯罪的有效性，是极为现实的任务。

第二节　网络游戏"私服"类侵犯著作权犯罪案件的侦防对策

随着网络技术的日益发展，网络游戏逐渐成为一种新兴产业，其市场

规模不断扩大。与此同时，网络游戏"私服"①也成为一种多发、常见的侵犯著作权现象，不仅严重侵害了网络游戏作品著作权人、运营商和各类玩家的合法利益，而且也威胁到了整个游戏产业的健康发展。文化部日前发布的《2012中国网络游戏市场年度报告》显示，2012年，我国网络游戏用户规模为1.9亿人，网络游戏市场规模（包括互联网游戏和移动网游戏市场）达601.2亿元。目前，网络游戏"私服"类侵犯著作权犯罪案件的发案率居高不下，在网上已经形成了"私服""外挂"架设者、服务器出租商、广告发布商、第三方支付平台等一条分工明确的灰色产业链，这不仅加大了游戏厂商打击"私服"的成本，无形中也给监管和案件侦办带来了严重阻碍。因此，进一步从法律上明确网络游戏"私服"类侵犯著作权犯罪的适用范围，增强公安机关办理网络环境下侵犯著作权犯罪案件的能力，提高游戏厂商和玩家的维权意识，才能从根本上破解目前"私服"打防的困境。

一、网络游戏"私服"类侵犯著作权犯罪的法律适用

关于"私服"，最初的定义来自于2003年12月23日新闻出版总署、信息产业部、国家工商行政管理总局、国家版权局、全国"扫黄打非"工作小组办公室发布的《关于开展对"私服""外挂"专项治理的通知》（以下简称《通知》）。这份《通知》中，将"私服"和"外挂"行为定义为未经许可或授权，破坏合法出版、他人享有著作权的互联网游戏作品的技术保护措施、修改作品数据、私自架设服务器、制作游戏充值卡点卡，运营或挂接运营合法出版、他人享有著作权的互联网游戏作品，从而谋取利益、侵害他人利益。非官方对于"私服"进行定义的学者众多，但基本上大同小异，概括起来，主要是指未经网络游戏软件著作权人许可，非法获取并控制网络游戏服务端程序，通过网络或其他途径向游戏玩家提供客户端程序，私自运营他

---

① "私服"是"私设服务器"一语的简称，有时也用来指代私设的服务器本身；与"私服"相对应的词语是"官服"，即"官设服务器"的简称，指由网络游戏软件著作权人授权的网络游戏软件运营商架设网络游戏服务器的行为。本文所述"私服"，主要指营利性私设服务器；非营利性私设服务器虽然可能涉及民事侵权，但不以营利为目的，故不在本文所要考察的范围之内。

人享有著作权的网络游戏并谋取利益的行为。

（一）网络游戏"私服"行为的技术解构

网络游戏本身是按照一定逻辑规则组合而成的计算机程序，属于《著作权法》中的计算机软件作品。一部完整的网络游戏通常由两部分计算机程序构成：服务端程序和客户端程序。用于商业经营的网络游戏，其服务端程序通常被著作权人授权的运营商独家垄断并存储于大容量的服务器中，客户端程序由游戏玩家登录到运营商经营的官方网站免费下载，并安装到本人的计算机终端。网络游戏玩家通过在客户端中输入游戏账号和密码，登录到网络游戏中，通过客户端和服务端的双向数据传输，参与游戏进程，从而实现在虚拟环境中的娱乐活动。网络游戏过程中，如果游戏玩家想得到更高级别的虚拟身份或玩家等级，则通常需要向网络游戏运营商支付一定费用。运营商则通过对服务端程序的独家占有，直接控制着整个游戏的游戏规则，从而垄断对游戏玩家收费的权利并以此获得商业利益。从技术特征来看，"私服"的技术特征与合法授权的网络游戏并无本质不同，同样包括复制服务端程序和提供客户端程序两个关键环节。

（二）网络游戏"私服"类侵犯著作权犯罪的构成

根据我国《刑法》第217条第1款的规定，以营利为目的，未经著作权人许可，复制发行其计算机软件作品，违法所得数额较大或者有其他严重情节的，构成侵犯著作权罪。网络游戏属于"计算机软件作品"的范畴，因此"私服"运营者侵犯的对象是网络游戏软件原始著作权人、既受著作权人的版权及其相应权益，其显著特征是未经网络游戏软件著作权人的许可，复制发行他人享有著作权的网络游戏软件，并通过信息网络向公众传播，符合侵犯著作权罪的客观要件。确定网络游戏"私服"行为是否构成侵犯著作权罪，关键在于两点：一是是否属于《刑法》中规定的"复制发行"行为；二是其严重程度是否达到侵犯著作权罪所要求的数额或情节的追诉标准。

1. 网络游戏"私服"行为是否属于"复制发行"行为？从以上技术解构来看，网络游戏"私服"的技术特征与合法授权的网络游戏并无本质不同，无论是何种类型的"私服"行为，都离不开对著作权人作品的复制和传播——复制服务端程序安装到计算机中，同时通过网络向游戏玩家提供客户端程序。从实践情况来看，"私服"运营者在复制并控制游戏程序服务端后，通常提供客户端程序供游戏玩家免费下载，而客户端程序本身就是一个计算机软件作品。根据最高法、最高检《关于办理侵犯知识产权刑事案件具体应用法律若干问题的解释》（以下简称《解释》）第11条第3款的规定，通过信息网络向公众传播他人文字作品、音乐、电影、电视、录像作品、计算机软件及其他作品的行为，应当视为刑法第217条规定的"复制发行"。也就是说，对于发行，除了要注意作品的有形转移这一要件以外，在网络环境下更需认识到以电子、数字形式转移他人享有著作权的作品的行为，也应当属于发行行为，这是因为网上传播的结果并非作品有形载体物理空间的变更，而是在新的有形载体上产生了作品复制件，导致复制件数量的绝对增加。

2. 网络游戏"私服"侵犯著作权数额或者情节的界定。在传统的侵犯著作权犯罪中，行为人通常将他人作品复制于有形载体，通过销售有形载体来获取利益；而在网络环境下，作品的传播并不依赖于有形载体，对网络游戏"私服"而言，行为人并不是简单地通过销售侵权产品来牟利，而是通过架设服务器，将他人享有著作权的游戏软件在互联网上发布，并采用提供游戏服务的形式非法牟利。正是由于这种服务行为是建立在侵犯他人著作权的基础之上的，因此这种以间接方式获取的利益理应归属非法经营数额的范畴。而事实上，《解释》第11条规定，以刊登收费广告等方式直接或者间接收取费用的情形，属于《刑法》第217条规定的以营利为目的。因此，按照刑法体系解释原则，网络游戏"私服"经营者通过出售游戏货币或装备间接获取的利益，尽管并非直接来自有形侵权产品的销售所得，但应属营利目的之下的经营结果，也就应视为侵犯著作权罪之非法经营数额。

（三）侵犯著作权罪与非法经营罪的竞合与适用

根据《通知》和文化部、信息产业部《关于网络游戏发展和管理的若干意见》（以下简称《若干意见》）的有关规定，经营"私服"属于未经许可，擅自从事互联网出版活动的非法经营行为，此类行为不仅严重侵害了著作权人、出版机构以及游戏消费者的合法权益，而且也扰乱了互联网游戏出版行业经营的正常秩序。依据《刑法》第225条第4款及最高法《关于审理非法出版物刑事案件具体应用法律若干问题的解释》第15条的规定，非法从事出版物的出版、印刷、复制、发行业务，严重扰乱市场秩序，情节特别严重，构成犯罪的，可以以非法经营罪定罪处罚。在以往的判决中，根据以上规定，属于非法互联网出版活动，多以非法经营罪定罪处罚。2011年1月《关于办理侵犯知识产权刑事案件适用法律若干问题的意见》颁布后，网络游戏"私服"行为应当以侵犯著作权罪定罪处罚，明确排除了非法经营罪的适用。从《刑法》的罪名体系设置来看，侵犯著作权罪、非法经营罪两者构成特别法和一般法的法条竞合关系，应当优先适用特别法的规定。此外，从罪刑法定的基本原则出发，在侵犯著作权罪能够对"私服"行为予以刑法规制的情况下，则不应舍弃这一明确的个罪罪名，而选择非法经营罪这一兜底性罪名。

二、网络游戏"私服"类侵犯著作权犯罪案件的证据体系

在网络游戏"私服"类侵犯著作权犯罪案件侦查过程中，为达到认定犯罪的目的，应根据侵犯著作权犯罪构成要件，重点收集犯罪嫌疑人"复制发行""以营利为目的"的证据。而对于网络游戏"私服"类侵犯著作权犯罪案件来说，其"复制发行"和"以营利为目的"的表现都是在网络环境下发生的，这就对侦查人员的电子证据的取证工作提出了较高的要求。其实在网络上通过下载来实现对文件及其内容的复制方式，与传统复制方式相比，虽然在形式上有很大的区别，但是其实质特征却是相同的，即复制的实质在于以一定的方式固定作品使其得以再现。而网络环境下"复制"行为的鉴定往往专业性较强，特别是网络游戏"私服"类侵犯著作权犯罪案件中的"复制"行为一般需要司法鉴定中心出具专业的检验报告。同样，网络环境中的发行手段虽然不同于现实中的发行手段，但都是为了满足用户需求而提供的作品复制件。在网络环境下要获得"发行"行为的证据，侦查人员通常要取得犯罪嫌疑人上传作品时使用或者产生的数据，以及使用付费或免费下载侵权作品的数据。为此，不仅要获取网络权限勘查平台网站，还要利用技术手段浏览犯罪嫌疑人以及相关用户的计算机，再将找到的数据进行筛选，这些侦查工作对技术水平要求较高，而且工作量也非常大，一般都需要网监部门

的密切配合。

其次，要证明犯罪嫌疑人具有"以营利为目的"，网络游戏"私服"类侵犯著作权犯罪离不开网页和支付平台，犯罪嫌疑人必须通过网页向游戏用户提供游戏作品的浏览、下载、传输并利用支付平台收费，或是通过相关网站发布广告来吸引游戏用户浏览、下载，提高网站的点击率，以高点击率来换取广告收入间接收费来实现营利。为此，犯罪嫌疑人制作网页所用的工具以及模板，维护、更新网站所产生的文件及数据，以及犯罪嫌疑人与广告商之间可能的交流所产生的聊天记录，都可以能证明其"以营利为目的"。因此，侦查人员必须及时将这些数据进行复制，固定，作为证明犯罪人具有"以营利为目的"的证据。下面笔者就以某地发生的网络游戏"私服"类侵犯著作权犯罪案件为研究对象，尝试归纳出网络游戏"私服"类侵犯著作权犯罪案件侦查过程中的取证要点。

（一）基本案情

2011年3月，A网络公司发现B网站，宣称可以提供架设A公司研发的"传奇"网络游戏"私服"，B网站已运营7年，非法牟利数额巨大。经A网络公司调查发现，B公司是通过一个支付平台进行收费，这个交易支付平台就设在某市。A公司随即向该市公安局网络安全保卫支队举报。警方经初步调查，确认该支付平台是此"私服"侵权行为的网上交易源头，涉案金额高达5.6亿元，涉案人数40多人，警方决定对该支付平台侵犯著作权行为进行立案侦查。经过多方面调查，警方发现这个支付平台拥有员工上百人，经过逐一侦查，发现其中44人有犯罪嫌疑。随着调查深入，警方发现有两家公司通过这个支付平台，向网民提供网络游戏"私服"一条龙服务。在充分掌握支付平台的犯罪证据后，警方果断行动，组成抓捕小组同时出击，一举将支付平台总经理唐某、涉案两家公司的相关人员40多人抓捕归案。警方查明，自2008年11月至2011年3月，该支付平台总经理唐某在运营侵犯盛大公司《热血传奇》游戏著作权的盗版网络游戏的情况下，为盗版热血传奇游戏的运营商提供支付平台、服务器的租赁、代收费、费用结算服务业务等业务，从中牟取非法利益。

（二）"复制发行"的证据

根据以上案情，该案涉及"复制发行""传奇"网络游戏的证据主要有三：一是为证明网络游戏"私服"来源，需要提取犯罪嫌疑人在网站下载"传奇"的版本及广告信息；二是最为核心的司法鉴定中心检验报告[①]；三是鉴定结论通知书。

（三）"以营利为目的"的证据

该案"以营利为目的"的证据较多，主要有以下5项：

1.为证明犯罪嫌疑人的来往交易，需要提取犯罪嫌疑人QQ内财付通的相关信息并进行截屏；

2.为证明犯罪嫌疑人通过QQ进行业务来往，需要提取犯罪嫌疑人QQ内的相关信息并进行截屏；

3.为证明犯罪嫌疑人获利信息，需要提取犯罪嫌疑人电脑中个人获利信息并进行截屏；

4.为证明犯罪嫌疑人获利信息，需要提取支付交易平台对犯罪嫌疑人的支付信息并进行截屏；

5.司法鉴定所对犯罪嫌疑人涉案和获利金额情况的司法鉴定报告，其内容包括以下内容：

（1）涉案公司通过交易平台为接口商、运营商和代理商进行结算的汇总表和明细表（包括银行、账号、交易时间、金额等）；

（2）涉案公司通过交易平台为涉案犯罪嫌疑人结算的分成收入明细表；

（3）涉案公司通过交易平台为涉案犯罪嫌疑人名下的私服运营商进行结算的明细表；

（4）涉案公司或者其雇员为不同游戏提供服务器所得的出租/托管收入

---

① 由于我国尚无统一的司法鉴定法，相关司法鉴定方面的法律规定散见于3大诉讼法及部门规章、地方法规之中，造成实践中鉴定机构的设立条件无统一规定。2005年2月《全国人大常委会关于司法鉴定管理问题的决定》中做出若干关于司法鉴定管理的相关决定，弥补了我国关于司法鉴定制度的这一法律空白。但关于知识产权司法鉴定制度在该《决定》中仍没有明确的规定，使知识产权的司法鉴定制度只能借鉴司法鉴定的有关规定。

汇总表和明细表；

（5）涉案公司通过交易平台为其涉案雇员名下的接口商、运营商和代理商进行结算的汇总表和明细表（包括银行、账号、交易时间、金额等）；

（6）涉案公司支付平台结算收入、结算支出和毛利明细表；

（7）涉案网络经营游戏"私服"所得收入汇总；

（8）涉案网络经营游戏"私服"从支付平台所得的分成收入明细表；

（9）涉案网络提供游戏"私服"一条龙服务获得的收入明细表；

（10）涉案网络雇员个人获利金额及其在职期间该团伙所得和团伙名下"私服"运营商结算金额汇总表和明细表。

（四）其他证据

1.报案材料；

2.辨认笔录及照片（辨认犯罪嫌疑人）；

3.指认照片；

4.调取证据通知书、行政处罚决定书、企业资料查询卡片（证明涉案公司曾因侵权受行政处罚）；

5.调取证据通知书、扣押物品、文件清单（涉案公司某地托管服务器）；

6.网监部门电子证物检查工作记录（证明涉案公司支付平台性质、账目、人员关系等）；

7.网监部门电子证物检查工作记录（证明机房内犯罪嫌疑人服务器中大量"传奇"私服信息）；

8.现场勘验检查工作记录（犯罪嫌疑人电脑中的相关材料）。

三、网络游戏"私服"类侵犯著作权犯罪的打防对策

破解"私服"之难早已成为网络游戏业内的一个共识，想要彻底打击必定是个漫长的过程。"私服"成本之低、利润可观是其泛滥的主要原因，与此同时，打击难度也是巨大的，从代理租赁境外服务器、出租游戏服务端、维护游戏服务端到设置游戏积点兑换平台等，网络游戏"私服"类侵权案人

员组织严密，分工有序；而加盟人员又是全国范围内分散的，他们通过网络上相互交流，这给打击"私服"制造了一道道天然屏障。据《华尔街日报》中文版上一篇名为《与中国盗版网游共舞》称：一些大型网络游戏公司每天扫描互联网，都会发现运行其游戏的新"私服"，而去打击"私服"所花费的成本和所得到的收益又极不相称，这使得"受害者"游戏厂商大多数时候，均采取听之任之的方式。[①]

在目前的司法实践中，网络游戏"私服"大多以侵犯著作权定罪，违法成本较低，这跟它产生的巨大危害不成比例，难以形成法律威慑力。也许这也正是造成相关部门和游戏公司对"私服"的打击力度在逐年加强，但仍然屡禁不止的原因之一。在国外，如日本、美国、韩国等，针对网络游戏都有明确的法律法规作为其行为规范。日本《著作权法》将计算机程序单独作为作品的一种形式予以保护，设有专门条款保护计算机程序软件，游戏软件则作为计算机程序作品受这些条款的保护。美国《版权法》将电子游戏作为视听作品予以保护。并以文字作品的形式对物体和源代码进行保护。[②]目前，中国网络虚拟货币市场规模每年以20%的速度增长，虚拟财产已呈现物权化的态势，因此，应加快网络游戏立法步伐，尽快制定并完善网络游戏的法律法规，明确"私服"等不法行为的法律责任，赋予打击"私服"等违法行为的法律上的直接依据。此外，在打击"私服"的同时，应一并追究服务器出租商、广告发布商及提供结算服务的第三方支付平台的刑事责任，彻底斩断这条灰色产业链。

随着网络文化产业的不断发展，网络游戏"私服"类犯罪将呈现出更多新苗头、新动向。在实际操作中，虽然相关电信部门能够通过技术监测的方式查到"私服"提供者，但是电信方面并没有权力自己去关闭提供"私服"的IP。在网络监管方面，相关部门等应建立统一的协调机制，避免"管理虚空"，各地公安经侦部门应加强对此类犯罪的线索收集和打击力度。同时，网络游戏公司和广大网民也应提高维权意识，加强对游戏玩家和自身权益的

---

① 张书乐：《游戏私服千万暴利下的侵权之殇》，《法人》，2011年第9期。

② 美国《版权法》只对源代码的文字性质的内容进行保护，而不保护网络游戏源代码的功能。

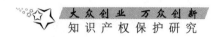

法律保护，为网络文化产业的持续发展营造一个文明、和谐的网络环境。

第三节　网游"私服"类侵犯著作权犯罪案件侦查中电子证据取证分析

网络游戏诞生于20世纪70年代，随着互联网和计算机技术的快速发展，全球网络游戏市场快速增长。在普华永道的《2012–2016年全球娱乐与传媒行业展望》报告中显示，全球网络游戏市场规模将从2007年的78.97亿美元增长至2016年的313.94亿美元，年均复合增长率为16.57%。中国互联网络发展状况的统计报告指出，国内网络游戏行业2005年前后市场规模快速增长，2016年中国网络游戏市场销售收入为1100亿元人民币，成为盈利能力最强的互联网经营模式。这期间，网络游戏侵犯著作权案件与日俱增。其中，最为主要的手段就是私设网络游戏服务器实施侵权活动。由于网络环境以数字技术为依托，对游戏作品进行复制、发行的成本低，效率高，社会危害性大，有效规制网游"私服"类著作权侵权行为尤为迫切。2012年3月14日，修改后的《刑事诉讼法》将电子数据纳入独立的证据种类，并普遍应用于各类诉讼中。毋庸置疑，在网游"私服"类侵犯著作权犯罪案件侦查过程中，电子物证的提取和检验更显得尤为重要。

一、网络环境下侵犯著作权犯罪案件中电子证据的特征

网络环境下侵犯著作权犯罪证据中，有相当一部分证据是电子证据。电子证据是一种新型证据，它存在于计算机以及网络介质外围设备中，具体是指计算机以及网络系统内部存储器中的相关指令和信息资料。这些电子证据以电子信息符的形式存在，是计算机编辑工具和编程方法的结果。这些电子证据的首要特征就是它一旦脱离计算机硬件和软件支撑，就会丧失可视性和可读性；其次是复制或更改更加容易，也就是说，在物理意义上的两块相同的外接硬盘，很难判断其中哪一个记录媒体的电子信息先于另一个。另外，电子信息固有的无痕迹的物理属性决定了在其他证据缺失的情况下，著作权

人很难直接确定具体的侵权人。第三，随着网络空间的不断扩大，信息的传播速度也在日益加快，电子证据的广域性甚至无国界性特征凸显。基于以上电子数据的特征，公安机关在办理案件时，需要通过电子物证技术对利用电子载体进行违法犯罪活动的各种证据进行固定、提取、封存、审查和确认，借以发现、揭露和证实犯罪行为，从而确定侦查方向和范围，为进一步破案提供线索。

二、网络环境下侵犯著作权犯罪电子证据的现场勘查与鉴定

根据侵犯著作权犯罪的法律特征和案件特点，该种案件的电子物证检验与其他类案件的物证检验技术比较起来，具有检材类型多样性和易损性、检验方法差异性、检验结果可疑性以及检验场所不确定性等特殊性。[①]侵犯著作权电子物证的现场勘验通常分为3个步骤实施。第一步是现场拍摄以及保护工作。对于第一时间计算机基本配置、显示器的屏幕状态以及网络硬件设置等不宜提取和描述的证据，可以现场拍照或录像。[②]摄录的主要内容包括现场概貌，计算机和网络系统的硬件设备及其运行的基本状态；第二步是及时全面记录现场计算机操作系统（种类、版本、服务包、安全补丁等）、安装浏览器的种类、注册表履历（安装信息、外部存储装置接续记录等）、日志、任务履历、IME自动登录等相关内容，必要的时候还应进一步了解浏览器内缓存数据、cookie、access履历等数据间的一致性；[③]第三步是固定并提取相关的电子证据。需要在现场打印出来的证据，必须立即打印出来，并现场提取和勘查的警务和见证人员加以确认。现场勘验检查工作全部完成之后，应及时制作提取笔录和现场勘验检查工作笔录。此外，对于服务器设置在国外的侵犯著作权电子数据的提取，只有在获得所在国警务协助的基础上，才有可能实

---

① 吴丹、莫海：《检察院电子物证检验工作模式探索》，《信息与电脑》，2015年第7期，第38页。

② 陈增旺：《电子证据的采集与鉴定》，《安徽电子信息职业技术学院学报》，2012年第6期，第58页。

③ 陈天：《当前电子物证检验工作探讨》，《现代商贸工业》，2012年第19期，第163页。

现。而且，即便顺利获得了服务器中案件相关的文档等数据，也有可能由于以下情况，对电子物证检验设置障碍。一是案件关联文档保存在加密虚拟硬盘或者独立应用程序驱动的移动设备上；二是使用Tor①或者多台海外加密服务器向涉案服务器上传数据；三是隐藏在服务器中的涉案文档没有被记录在日志中；侵权使用的计算机日常采用伪装代理或者使用Rootkit②进行注册表操作等手段。以上步骤可以看出，电子数据的提取和检验，需要有足够的掌握计算机网络技术又具有丰富实战经验的电子物证检验人才。

根据最新《刑事诉讼法》解释中有关电子证据审查与认定的有关规定，电子证据包括电子数据交换、网上聊天记录、博客、微博、手机短信、电子签名、域名等。在侵犯著作权犯罪案件的侦查工作中，侦查部门能够自行对以上各种涉案电子数据进行提取和勘验工作。但是，在提取时必须注意确保电子证据的"原生态"，提取时应当有当事人或者"第三人"在场见证，否则无法排除被提取后被修改或提取不全面、不完整的嫌疑。与此同时，还要注意审查电子证据与案件事实有无关联性。用于证实案件事实的电子证据必须在内容和载体上同时满足其与案件事实的关联性。前者无须讳言，后者主要体现在物理空间的当事人或其他诉讼参与人与虚拟空间的身份、地理位置、介质、行为、后果要有相关性，③也就是说，要想确定电子证据载体的关联性，侦查人员既要获得涉案电子设备或账号等，更要证实上述设备或账号的使用者。例如，2016年北京市公安局办理的犯罪嫌疑人胡某某架设运营"私服"侵犯著作权案件，胡某某频繁更换游戏服务器、充值服务器，造成电子证据灭失的可能性大大增加。后经办案人员在案审时发现胡某某的游戏登录器并非从涉案网站下载，电子物证鉴定的关联性受到质疑。经过向鉴定

① Tor是一款匿名访问网络的软件。用户通过Tor可以在互联网上进行匿名交流。为了实现匿名目的，Tor把分散在全球的计算机集合起来形成一个加密回路。当你通过Tor网络访问互联网时，你的网络会通过多台电脑迂回发送，就像洋葱包裹其核心那样掩饰你的网络活动；信息传输在每一步都被加密，无从得知你所处位置和信息传输目的地。

② Rootkit是黑客用来在一个目标系统中非法获取系统的最高控制权限的成套软件工具，通过隐藏正在运行的程序、文件或者系统数据，使受害者无法知道他们的而系统正被入侵。

③ 刘品新：《电子证据的关联性》，《法学研究》，2016年第6期，第175页。

专家说明问题，及时进行重新鉴定，确保了庭审证据的合法有效。此外，侦查部门在提取部分储存在网络上的聊天记录、交易记录和电子邮件等各种相关物证时，侦查人员可以按照正常的调查取证程序，在当地网监部门配合、协作下调取相关证据。如果需要对电子数据进行鉴定的话，侦查部门要做好电子物证的固定和提取工作，在提取过程中，要特别注意保护证据的完整性，确保电子物证从现场提取到实施鉴定期间始终处于正常状态，不发生任何改变，然后将检材送至专业司法鉴定机构委托鉴定。

三、网络游戏"私服"类侵犯著作权犯罪案件侦查中的电子物证检验

随着互联网科技日新月异的发展，特别是移动通信的助推，网络游戏已然成为一种新兴产业，新款网游的不断引进与开发，更是使其市场规模不断扩大。与此同时，网络游戏"私服"也成为一种多发、常见的侵犯著作权现象，不仅严重侵害了网络游戏作品著作权人、运营商和各类玩家的合法利益，也直接威胁到了整个游戏产业的良性发展。近几年来，各地网络游戏"私服"类侵犯著作权犯罪案件的发案率居高不下，一条涵盖架设"私服"业者、国内外服务器租赁者、广告经营商以及第三方支付平台的灰色产业链逐渐形成，他们分工明确、利益共享，为文化行政监管和案件侦办设置了重重障碍。

1. 网络游戏的软件特征。网络游戏离不开它的数据传输媒介—互联网，同样也离不开两个处理终端，一个是运营商服务器，另一个就是玩家计算机，玩家只有通过个人计算机下载的客户端游戏软件才能达到在线娱乐的目的。游戏软件作为受《著作权法》保护的计算机软件作品，是由按照一定逻辑语言规则组合而成的程序和文档。在我国《计算机软件保护条例》中第二条、第三条的规定：计算机软件涵盖计算机程序和解释该程序的有关文档。其中计算机程序指的是为了获得某种结果，在具有信息处理能力的计算机等装置中运行的代码化指令序列，或者由符号化语句序列或者符号化指令序列自动转化成代码化指令序列。计算机程序存在两种表现形式：分别是源程序和目标程序。一部完整的网络游戏通常也由服务端程序和客户端程序两部分

计算机程序构成。一般来说，网络游戏运营商在具备一定带宽的网络环境下，通过专用服务器和操作系统直接运行和管理服务器端程序，并通过网络下载等发行渠道向玩家提供客户端程序。玩家将客户端程序安装在个人电脑上，打开客户端程序进入网络游戏界面，输入游戏账号和密码，登录其中，就可以实现客户端和服务端的数据传输，在虚拟环境中进行在线娱乐活动。网络游戏过程中，如果玩家想获得更高级别的虚拟身份或玩家等级，通常需要向控制服务端程序的网络游戏运营商支付一定的费用。

2. "私服"的犯罪特征。网络游戏"私服"，就是指未经游戏软件著作权人或已获著作权人授权的游戏软件运营商的允许，采用不正当的手段取得该游戏服务端源程序，并私自架设网络游戏服务器进行经营活动，谋取不正当利益的行为。从技术角度分析，与合法授权的网络游戏相比，"私服"的技术特征毫无二致，同样需要两个关键程序：服务端程序和客户端程序。根据《著作权法》的规定，"私服"经营者未经游戏著作权人或法定授权运营商许可，复制、篡改服务端程序并非法通过网络进行传播，是对著作权人财产权中的复制权和信息网络传播权等权利的严重侵犯。同样根据刑法规定，未经著作权人许可，以营利为目的，复制发行他人计算机软件，违法所得数额较大或有其他严重情节的行为，属于侵犯著作权犯罪。例如，2013年上海市浦东新区人民法院审理的黄某某侵犯著作权犯罪案件，正是被告人在未经著作权人许可，非法获取了《热血传奇》的游戏程序，改编为《经典传奇》，并在某地租用多台服务器，私自架设游戏服务器端，并通过第三方支付平台，让玩家充值。浦东新区人民检察院出示的书证包括计算机软件著作权登记证书、授权委托书、企业法人营业执照、网络文化经营许可证、互联网出版许可证、电信增值业务许可证、关于同意互联网游戏出版物由某公司引进出版的函、著作权合同登记批复等。电子证据涵盖了公安机关调取的相关登陆器界面截图、客户充值页面、支付平台界面截图、QQ聊天记录、广告账目、"私服"维护日志、账号密码、被告人黄某某制作的电子账簿打印件、第三方支付平台和银行卡历史交易明细等电脑文件，以上书证、电子证据和司法鉴定意见等证实了该案"私服"的犯罪特征。

3. 网络游戏"私服"类侵犯著作权犯罪案件中的电子证据。在该类犯罪案件侦查过程中，应依据侵犯著作权罪定案的证据体系，侧重采集犯罪嫌疑人以营利为目的和复制发行的相关证据。而对该案件来说，以上犯罪行为都离不开网络技术支持，需要侦查人员掌握提取电子证据的规则和操作流程。与传统复制方式相比，网络游戏服务端的下载行为，尽管形式上千差万别，但实质上都是以一定的方式固定作品并使其顺利再现。而网络环境下复制行为的鉴定往往专业性较强，公安机关可以委托具有电子数据资质的鉴定机构进行鉴定，鉴定意见属于证据，可以作为认定复制行为的依据。其中，服务器端程序是最为核心的电子证据，调取送检过程应尽可能地减少中间环节，保证其原始和完整状态，防止遭人为破坏。同样，网络环境中的发行手段虽然不同于现实中的发行手段，但都是为了满足用户需求而提供的作品复制件。在网络环境下要获得发行行为的证据，侦查人员通常要取得犯罪嫌疑人上传作品时使用或者产生的数据，以及用户使用付费或免费下载侵权作品的数据，为此，不仅要获取网络权限现场勘查平台网站，还要利用电子物证检验技术浏览犯罪嫌疑人以及相关用户的计算机，再按照技术规范的要求将找到的数据进行筛选、提取和复制，整个过程需要侦查人员、原始数据存储介质持有人和见证人现场签名证实。通过数据破解、恢复等方式获取被删除、加密或者隐藏的电子数据，还应对以上过程作出解释和说明，并记录在案卷中。另外，要取得网络游戏"私服"类侵犯著作权犯罪案件嫌疑人以营利为目的相关证据，网页和支付平台筛查不可或缺，犯罪嫌疑人一般通过网页向游戏用户提供游戏作品的浏览、下载、传输并利用支付平台收费，或是通过相关网站发布广告来吸引游戏用户入会、浏览、下载，提高网站点击率并不断增加会员人数，以注意力经济换取高额广告收入间接实现盈利。为此，犯罪嫌疑人制作网页所使用的技术模板，日常更新和维护网站所产生的数据，以及其与相关商家间的社交记录，都是其以盈利为目的的重要佐证。因此，侦查人员需要将收集和提取这些电子数据的时间、地点、方法和过程以及相关电子数据清单、类别、规格、文件格式、完整性校验值等制作在笔录中，以作为证明犯罪人具有以盈利为目的的证据。

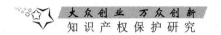

四、结语

以上分析可以看出，利用电子物证检验技术可以发现、识别、提取、存储、分析和鉴定电子设备中的电子信息，以此来揭露和证实犯罪。电子物证的检验结果，对案件的调查内容有很强的依赖性，从网游"私服"类侵犯著作权犯罪案件的侦查过程就可以看出，侦查人员要对根据案件调查中的关键信息进行有针对性的电子证据提取和检验。另外，对于电子物证检验工作来说，要想更好地为办案服务，必须对检验流程进行规范化管理。为此，在电子物证检验工作中，首先要科学地提取和保存检材，防止检材遭到破坏，以至于影响到检验结果的真实性；此外，还要使用科学的检验方法、严格按照规范的操作流程、持续提升法庭认定电子物证检验结果的采信率。

《《《 第五章

网络环境下侵犯商标权犯罪案件侦查

第一节　假冒注册商标犯罪案件概述

一、假冒注册商标犯罪法律规定

（一）假冒注册商标犯罪概念

假冒注册商标犯罪，是指未经注册商标所有人许可，在同一种商品上使用与其注册商标相同的商标，情节严重的行为。我国《刑法》第二百一十三条规定："未经注册商标所有人许可，在同一种商品上使用与其注册商标相同的商标，情节严重的，处三年以下有期徒刑或者拘役，并处或者单处罚金；情节特别严重的处三年以上七年以下有期徒刑，并处罚金。"第二百二十条规定，单位犯本节第二百八十三条至第二百一十九条规定之罪的，对单位判处罚金，并对其直接鱼责的主管人员和其他直接责任人员，依照本节各该条的规定处罚。

（二）假冒注册商标犯罪法律特征

1. 客体

假冒注册商标犯罪侵犯的客体是复杂客体，主要侵犯了他人对注册商标的专用权和国家对商标的管理制度。商标是商品生产者或者经营者为使自己的商品与他人生产、经营的同类商品相区别而使用的标记。我国对商标权实行严格的注册保护管理制度，即经国家商标局核准注册的商标为注册商标，对注册商标所有人享有的商标专用权给予法律保护。实行注册商标专用权的保护，是促进生产、经营者保证商品质量和服务质量，维护商标信誉、保障消费者和生产、经营者利益的需要。本罪行为人未经注册商标所有人的许可，使用其商标，该行为既侵犯了他人的注册商标专用权，同时也违反了国家的商标管理法规，破坏了国家对商标的管理制度。

2. 客观方面

假冒注册商标犯罪客观方面表现为实施了违反国家商标管理法规，未经注册商标所有人许可，在同一种商品上使用与其注册商标相同的商标，违法所得数额较大或者有其他严重情节的行为。因此，本罪在客观方面必须具备如下要素：

（1）行为人使用他人的注册商标未经注册商标所有人许可。这是构成本罪的前提。未经注册商标所有人许可，是指没有征得注册商标所有人的同意并与之签订商标使用许可合同，擅自使用他人的注册商标。如果行为人使用他人的注册商标经过注册商标所有人许可，即使使用行为违反商标法的有关规定，也不构成本罪。"他人"指向商标局申请商标注册并依法取得注册商标专用权的企业、事业单位和个体工商业者，其中不仅包括中国的企业、事业单位和个体工商业者，还包括依其所属国和我国签订的协议，或共同参加的国际条约，或按对等原则在我国申请商标注册，并依法取得注册商标专用权的外国人或外国企业。

（2）擅自使用他人已经注册的商标。如果假冒他人未经注册的商标，或者被注销注册的商标，则不构成本罪。如果在同一种商品上使用与他人注册商标近似的商标，或者在类似的商品上使用与他人注册商标相同的商标，也不构成本罪，而属于一般的侵权行为。

（3）在同一种商品上使用与他人注册商标相同的商标。此处"同一种商品"是指名称相同的商品以及名称不同但指同一事物的商品；本质上是指性质和用途相同的商品。"相同的商标"是指与被假冒的注册商标完全相同，或者与被假冒的注册商标基本无差别，足以对公众产生误导的商标。

3. 主体

客观方面的是一般主体，具体包括自然人和单位两类。自然人，即已满16周岁具有刑事责任能力的人；单位，犯罪主体可以是个体工商户、公司法人或单位的负责人员和其他责任人员，即包括法人或非法人单位。

4. 主观方面

假冒注册商标犯罪主观方面表现为故意，并且是直接故意。行为人假冒他人注册商标是以牟利为目的，所以假冒注册商标行为要求行为人明知是他人的注册商标而予以假冒，主观方面只能表现为故意而不可能是间接故意。

（三）假冒注册商标犯罪案件立案追诉标准

依照2010年《最高人民检察院、公安部关于公安机关管辖的刑事案件立案追诉标准的规定（二）》第六十九条规定内容：未经注册商标所有人许可，在同一种商品上使用与其注册商标相同的商标，涉嫌下列情形之一的，应予立案追诉：

1. 非法经营数额在五万元以上或者违法所得数额在三万元以上的；

2. 假冒两种以上注册商标，非法经营数额在三万元以上或者违法所得数额在二万元以上的；

3. 其他情节严重的情形。

二、假冒注册商标犯罪案件的特点

假冒注册商标犯罪案件是指违反商标管理法规，未经注册商标所有人许可，在同一种商品上使用与其注册商标相同的商标，情节严重，依照刑法应受刑事处罚的行为所构成的案件。假冒注册商标犯罪案件具有以下特点：

（一）涉案主体多元化、组织化、职业化

从近年公安部组织打击侵犯知识产权犯罪专项行动中已查获的案件看，参与假冒注册商标犯罪案件的嫌疑人，涉及社会各个层面，但大部分是社会闲散人员、无证个体工商户。犯罪行为人为逃避打击、降低犯罪风险，往往专门从事假冒注册商标犯罪中某一具体环节，从而形成生产、包装、运输、销售都由专业化团伙负责的状况；由于假冒注册商标行为需要专业技术或者

设备，间接促成了犯罪的专业化、组织化和职业化。犯罪团伙之间通过中间人单线间接联系，进而形成完整的侵犯注册商标权的犯罪团伙网络，即使其中某一环节遭受查处，犯罪网络仍在。

（二）作案场所隐蔽、手段诡秘

假冒注册商标犯罪作案过程往往较长且复杂，作案过程中介入的人较多，极易出现疏漏。因此，犯罪行为人为逃避执法部门的检查，往往选择不易被执法人员发现或难以及时有效处理的地点，或选择隐蔽、偏僻地区，或选择铁路、公路、河道等交通枢纽地区作为作案场所，利用便利的交通条件快速生产、快速交易、快速转移货物。随着近些年来对该种犯罪活动打击力度的加强，犯罪行为人掩盖犯罪行为的手段和方式也越来越高明，反侦查意识越来越强。犯罪行为人在实施其犯罪行为时，大多数以个人单线联系、生产作坊或委托生产企业加工，然后利用快递等将产品运输到指定地点，再派专人接货，最后以专门的销售渠道出货，行踪诡秘，难以察觉。

（三）第三方介入加强，案件线索来源增多

由于制假者的隐蔽性和分散性，以往公安机关很难掌握到假冒注册商标犯罪线索和案源。在国家大力推行保护知识产权发展战略的背景下，企业的维权意识逐渐增强。特别是国外知名品牌公司，通常会委托专门的知识产权代理机构对侵犯公司商标权的行为进行维权。知识产权代理机构通过指派专门调查员，跟踪调查制假者进行调查，将线索提供给公安机关或者工商部门，再由相关部门介入。

（四）跨地区、跨国性案件普遍

为逃避法律惩处，犯罪分子开始将制售假窝点向打击力量相对薄弱的农村、边远地区或城乡结合部转移，跨地区、跨省市作案明显增多。同时，假冒注册商标犯罪是国际性的普遍现象。在跨国假冒注册商标犯罪案件中，中国侵权企业主要是在制造、订单和销售等环节与国际侵权犯罪组织、人员相关联。

第二节　假冒注册商标犯罪案件调查

一、假冒注册商标犯罪案件相关业务

（一）商标与商标权

1. 商标与商标权概念

商标，是用以区别商品或服务来源的标志。世界知识产权组织在商标《示范法》给出的定义是：商标是将一个企业的产品或服务与另一企业的产品或服务区别开的标记。商标作为产业活动中的一种识别标志，属于企业无形财产，是重要的知识产权。

根据我国2019年最新《中华人民共和国商标法》（以下简称"《商标法》"）第八条规定，任何能够将自然人、法人或者其他组织的商品与他人的商品区别开的标志，包括文字、图形、字母、数字、三维标志、颜色组合和声音等，以及上述要素的组合，均可以作为商标申请注册。

商标权是指商标所有人依法对其使用的商标享有占有、使用、收益和处分的权利，是商标所有人对其商标所享有的一种排他性的权利。商标权是知识产权领域中的一项重要权利，它与专利权、商号权、原产地名称等权利同属于工业产权。商标权作为注册商标所有人对其注册的商标所享有的合法权利，是由国家有权机关依照法律规定的程序赋予商标所有人的一种排他性法律权利。它是一个集合概念，其权利内容包括商标所有权和与之相联系的商标专用权、商标禁用权、商标续展权、商标转让权、商标许可使用权和商标诉讼权等多项权利。其中，商标专用权是指商标注册人对其注册商标所享有的独占性使用的权利。在商标权利体系中，商标专用权占有特别重要的地位，是基本的核心的权利，其他权利都是从专有使用权中派生出来的。商标转让权是指商标注册人所享有的将其注册商标所有权转让给他人的权利，转让注册商标时转让人和受让人应当签订转让协议，并共同向商标局提出申请；商标许可使用权是指商标注册人所享有的以一定的方式和条件许可他人使用其注册商标并获得收益的权利；商标续展权。注册商标在有效期满后，商标权人如果希望继续使用并得到保护，在规定时间办理续展手续，商标续展的次数不限。商标禁止权是指商标注册人所享有的禁止他人擅自使用与其注册商标相混同的商标的权利。

与专利权促进产业发展的作用不同，商标权主要在于维护产业活动秩序，通过注册商标专用权保护，激励生产、经营者保证商品质量、维护商标信誉，保障消费者利益。

2. 商标权的特征

（1）独占性，又称专有性，是指商标注册人对其注册商标享有独占使用权。这种专用权表现为3个方面：一是商标注册人有权依据《中华人民共和国商标法》的相关规定，将其注册商标使用在其核准使用的商品、商品包装上或者服务、服务设施上，任何他人不得干涉；二是商标注册人有权禁止任何其他人未经其许可擅自在同一种或类似商品上使用与其注册商标相同或者近似的商标；三是商标注册人有权许可他人使用自己的注册商标，也可以将自己的注册商标转让给他人，这种许可或转让要符合法律规定并履行一定的法律手续。

（2）时效性，是指商标专用权的有效期限。根据《商标法》规定，商标权有效期10年，自核准注册之日起计算，期满前6个月内申请续展，在此期间内未能申请的，可再给予6个月的宽展期。续展可无限重复进行，每次续展期10年。在有效期限之内，商标专用权受法律保护，超过有效期限不进行续展手续，就不再受到法律的保护。

（3）地域性，是指商标专用权的保护受地域范围的限制。注册商标专用权仅在商标注册国享受法律保护，非注册国没有保护的义务。在我国注册的商标要在其他国家获得商标专用权并受到法律保护，就必须分别在这些国家进行注册，或者通过《马德里协定》等国际知识产权条约在协定的成员国申请领土延伸。

（4）财产性，商标专用权是一种无形财产权。商标专用权的整体是智力成果，他凝聚了权利人的心血和劳动。智力成果不同于有形的物质财富，它虽然需要借助一定的载体表现，但载体本身并无太大的经济价值，体现巨大经济价值的只能是载体所蕴含的智力成果。比如"可口可乐"商标、"狗不理"商标等，其商标的载体：可乐、包子等不是具有昂贵价值的东西，但其商标本身却是具有极高的经济价值。通过商标价值评估，这些商标可以作为无形资产成为企业出资额的一部分。

（5）类别性，国家工商行政管理总局商标局依照商标注册申请人提交的《商标注册申请书》中核定的类别和商品（服务）项目名称进行审查和核准。注册商标的保护范围仅限于所核准的类别和项目，以世界知识产权组织提供的《商标注册商品和服务国际分类》为基础，国家商标局制定的《类似商品和服务区分表》将商品和服务总共分为45个类别，在相同或近似的类别及商品（服务）项目中只允许一个商标权利人拥有相同或近似的商标，在不相同和近似的类别中允许不同权利人享有相同或近似的商标。

3. 商标权的取得原则

对商标权取得的规定世界上有3种立法原则：一是使用原则，指按照使用商标的先后来确定商标权的归属，即谁首先使用该商标，商标权就属于谁。二是注册原则，指按照申请注册的先后来确定商标权的归属，即谁先申请商标注册，商标权就授予谁。三是使用与注册互补原则。我国商标权的获得必须履行商标注册程序，并在2013年《中华人民共和国商标法》第十五条增加了第二款，规定：就同一种商品或者类似商品申请注册的商标与他人在先使用的未注册商标相同或者近似，申请人与该他人具有前款规定以外的合同、业务往来关系或其他关系而明知该他人商标存在，该他人提出异议的，不予注册，这充分体现了我国在商标权取得立法上遏制抢注，在先注册和在先使用并重原则。

4. 注册商标的分类

在注册商标中，依据商标的使用对象、使用目的和构成要素等不同，一般可以做出以下分类：

（1）按照商标使用的对象划分，我国商标可分为商品商标与服务商标两大类。商品商标与服务商标的主要区别表现在：第一，商标的识别对象不同。商品商标是特定商品的识别标志，标示的是有形的看得见的商品。服务商标表明服务项目本身，是区别不同服务项目提供者的专有标记，昭示的是为他人提供的劳务活动。第二，使用的领域不同。商品商标可适用于所有的商品领域，服务商标的适用领域则受到一定的限制，只能适用于服务行业。第三，使用的方式不同。商品商标除广告宣传外，还可直接附着在商品上，随着商品的出售达到宣传的目的；而服务商标则只能通过服务项目提供者的服务行为来显示，通过广告宣传或其他方式来使用。第四，使用的宣传效果不同。商品商标可以随着商品的流逝而广为传播，使消费者易于识别、辨认；而服务是无形的，服务商标表明服务出处和保证服务质量的作用不如商品商标之于商品那么强烈。商品商标是最普遍、最常见、适用范围最广泛的。商品商标又可以分为生产者的产业商标和销售者的商业商标。

（2）按照商标的构成要素划分，我国的商标可以分为文字商标、图形商标、字母商标、数字商标、三维标志商标、颜色组合商标、声音商标和组合商标。文字商标是指商标以纯文字构成，不含其他图形成分；图形商标是指商标由人或事物的形状、图案构成；字母商标是由字母文字中的字母构成的商标；数字商标是指由阿拉伯数字等数字构成的商标；三维标志商标是指具有立体特征的商标；颜色组合商标是指由不同的颜色进行一定的组合所形成的商标；声音商标是用来加深对品牌印象的声音。声音商标对被瞄准的消费者来说，现在正以强而有力的声音记忆，逐渐成为一则消息的表达法；组合商标是由文字、图形、字母、数字、三维标志、颜色组合和声音等要素组合而构成的商标。

（3）按照商标注册申请书表格中通用的商标种类，可将我国商标划分为一般商标、集体商标和证明商标3类。集体商标、证明商标为特殊商标。凡不属于集体商标、证明商标的其他商品商标和服务商标，通称为一般商标。集体商标，是指以团体、协会或者其他组织名义申请注册，用以表示该组织及其成员身份的标志；在商事活动中使用，表明使用者在该组织中的成员资格，以区别非成员所提供的商品或服务的标志。证明商标，是指由对某种商品或者服务具有监督能力的组织所控制，而由该组织以外的单位或者个人使用其商品或者服务，用以证明该商品或者服务的原产地、原料、制造方法、质量或者其他特定品质的标志。如真皮标志、纯羊毛标志、电工标志等。

（二）商标权的保护与管理

商标权的保护，是指商标注册人依法取得商标权的注册商标，在法定的有效期内受法律保护，任何人不得侵犯商标注册人的权利。进入市场经济时代，商标已经成为生产经营者进行市场竞争、争夺市场份额、谋取经济利益的重要工具，成为企业非常宝贵的无形资产。因此，世界各国和地区都先后颁布专门的商标法律法规，以行政、民事、刑事等手段对商标专用权进行保护，我国也一直致力于知识产权保护的行政、民事、刑事立法和相关管理制度的完善。

2002年1月，最高人民法院发布了《最高人民法院关于审理商标案件有关管辖和法律适用范围问题的解释》和《最高人民法院关于诉前停止侵犯注册商标专用权行为和保全证据适用法律问题的解释》两个司法解释，解决了适用《商标法》中关于商标纠纷案件管辖、法律适用范围和诉前临时措施等问题。但《商标法》关于对侵权行为认定等重要法律适用问题还有待进一步解释和明确。2002年10月16日，最高人民法院公布实行了《最高人民法院关于商标权民事纠纷案件适用法律的若干问题的解释》，进一步解决了上述问题。这样，涉及商标法实施和审判商标权纠纷案件法律适用就有了3个主要的司法解释。法院在对商标权纠纷案件依法审判时，在依照商标法、商标法实施条例的同时，还要适用这3个司法解释的各项规定，才能保证商标权纠纷案件审判的质量。2004年《最高人民法院、最高人民检察院关于办理侵犯知识产权刑事案件具体应用法律若干问题的解释（二）》、2007年《最高人民法院、最高人民检察院关于办理侵犯知识产权刑事案件具体应用法律若干问题的解释（二）》以及2011年1月，最高人民法院、最高人民检察院、公安部《关于办理侵犯知识产权刑事案件适用法律若干问题的意见》（简称"《意见》"）相继颁布实施。两个"解释"和一个"意见"降低了商标权犯罪的刑事门槛，弥补了有关商标权犯罪刑事制裁的漏洞，完善了有关商标权的法律法规体系建设，全面提升了打击商标权犯罪的执法效能和力度，为维护商标权利人的合法权益和公平竞争的经济秩序奠定了坚实的基础。

根据我国知识产权相关立法，对商标权的保护主要体现在以下几个方面：

1. 临时禁令

商标注册人或者利害关系人有证据证明他人正在实施或者即将实施侵犯其商标专用权的行为，如不及时制止将会使其合法权益受到难以弥补的损害的，可以在起诉前向人民法院申请采取责令停止有关行为和财产保全的措施。

2. 证据保全

为制止侵权行为，在证据可能灭失或者以后难以取得的情况下，商标注册人或者利害关系人可以在起诉前向法院申请保全证据。法院接受申请后，必须在48小时内做出裁定。裁定采取保全措施的，应当立即开始执行。法院可以责令申请人提供担保，申请人不提供担保的，驳回申请。申请人在法院采取保全措施后15日内不起诉的，法院应当解除保全措施。

3. 损害赔偿

最新《商标法》第63条规定：侵犯商标专用权的赔偿数额，按照权利人因被侵权所受到的实际损失确定；实际损失难以确定的，可以按照侵权人因侵权所获得的利益确定；权利人的损失或者侵权人获得的利益难以确定的，参照该商标许可使用费的倍数合理确定。对恶意侵犯商标专用权，情节严重的，可以在按照上述方法确定数额的1倍以上5倍以下确定赔偿数额。赔偿数额应当包括权利人为制止侵权行为所支付的合理开支。权利人因被侵权所受到的实际损失、侵权人因侵权所获得的利益、注册商标许可使用费难以确定的，由人民法院根据侵权行为的情节判决给予500元以下的赔偿。

人民法院审理商标纠纷案件，应权利人请求，对属于假冒注册商标的商品，除特殊情况外，责令销毁；对主要用于制造假冒注册商标的商品的材料、工具，责令销毁，且不予补偿；或者在特殊情况下，责令禁止前述材料、工具进入商业渠道，且不予补偿。假冒注册商标的商品不得在仅去除假冒注册商标后进入商业渠道。侵犯商标专用权的赔偿数额，为侵权人在侵权期间因侵权所获得的利益，或者被侵权人在被侵权期间因被侵权所受到的损失，包括被侵权人为制止侵权行为所支付的合理开支。前款所称侵权人因侵权所得利益，或者被侵权人因被侵权所受损失难以确定的，由法院根据侵权行为的情节判决给予50万元以下的赔偿。销售不知道是侵犯注册商标专用权的商品，能证明该商品是自己合法取得的并说明提供者的，不承担赔偿责任。

4. 刑事责任

未经商标注册人许可，在同一种商品上使用与其注册商标相同的商标，构成犯罪的，除赔偿被侵权人的损失外，依法追究刑事责任。伪造、擅自制造他人注册商标标识或者销售伪造、擅自制造的注册商标标识，构成犯罪的，除赔偿被侵权人的损失外，依法追究刑事责任。侵权人可以被判处7年以下的有期徒刑。

5. 司法或行政保护

对于商标侵权案件，可以通过工商行政管理部门采取措施，这一渠道较有效，是最常被选择的途径。工商行政管理部门处理侵权案件时，认定侵权行为成立的，责令立即停止侵权行为，没收、销毁侵权商品和专门用于制造侵权商品、伪造注册商标标识的工具，并可处以罚款。工商行政管理部门根据当事人的请求，可以就损害赔偿的数额进行调解。与司法程序相比，行政程序更快捷，费用也较低。对商标侵权行为，违法经营数额在5万元以上的，可以处违法经营数额5倍以下罚款；没有违法经营额或违法经营额不足5万元的，可以处25万元以下罚款。

6. 管辖权

商标注册人或者利害关系人可以向侵权行为实施地、侵权商品储藏地或者查封扣押地、侵权人住所地的法院起诉。对商标侵权一审案件，中级以上法院以及部分指定的基层法院有管辖权。商标注册人或者利害关系人通过行政渠道解决侵权纠纷时，应向侵权行为发生地的工商行政管理部门申请处理。

工商行政管理部门在受理商标侵权案件中，对符合刑事追诉标准、涉嫌犯罪的案件，应当及时向同级公安机关移送。公安部、国家工商行政管理总局关于印发《关于在打击侵犯商标专用权违法犯罪工作中加强衔接配合的暂行规定》的通知（公通字[2006]9号）中明确指出：公安部经济犯罪侦查局和国家工商行政管理总局商标局，双方在打击侵犯商标专用权违法犯罪工作中的衔接配合，由公安机关经济犯罪侦查部门和工商行政管理机关商标管理部门归口管理。其中第六条规定：工商行政管理机关在执法过程中，发现重大侵犯商标专用权犯罪案件线索，应当及时通报同级公安机关。公安机关对在工作中发现的商标侵权违法案件线索，应及时通报同级工商行政管理机关。2011年国家质检总局、公安部联合下发了《关于在打击制售假冒伪劣商品违法犯罪中加强行政执法与刑事司法衔接工作的通知》，从建立信息互通制度、强化案件线索通报、规范案件移送机制、整合执法办案资源、加强联合执法督办、努力提升队伍素质等6个方面强化衔接配合，这不仅实现了优势互补，也提升了执法效能。

7. 诉讼时效

对商标侵权的司法诉讼，必须在商标注册人或利害关系人知道或应当知道侵权行为发生之日起2年内提出。商标注册人或利害关系人于知道或应当知道侵权行为发生之日起2年后提起诉讼的，如果起诉时侵权行为仍在进行且商标权仍然有效，法院可以受理，并责令侵权人停止侵权行为、赔偿被侵权人的损失。但是，损害赔偿数额的计算时间不能超过提起诉讼以前2年。

8. 上诉

当事人对工商行政管理部门的处理决定不服的，可以在收到通知之日起15天内向有管辖权的人民法院提起行政诉讼。在司法程序中，当事人对一审法院的判决不服的，可以向二审法院提请上诉。二审法院的判决为终审判决。

（三）商标侵权行为

1. 《商标法》规定的侵犯注册商标专用权的行为

商标侵权行为，是指他人出于商业目的，未经商标权人的许可而擅自使用其注册商标，或者把已注册商标的主要部分用作自己的商标，并且用在与商标注册人指定的相同或类似的商品上，从而产生商标混同，以欺骗消费者。简而言之，商标侵权行为就是侵犯属于他人商标权范围内的各项权能的行为。

2013年新《商标法》对注册商标专用权加大了保护力度，其中第七章第五十七条规定：有下列行为之一的，均属侵犯注册商标专用权：（1）未经商标注册人的许可，在同一种商品上使用与其注册商标相同的商标的；（2）未经商标注册人的许可，在同一种商品上使用与其注册商标近似的商标，或者在类似商品上使用与其注册商标相同或者近似的商标，容易导致混淆的；（3）销售侵犯注册商标专用权的商品的；（4）伪造、擅自制造他人注册商标标识或者销售伪造、擅自制造的注册商标标识的；（5）未经商标注册人同意，更换其注册商标并将该更换商标的商品又投入市场的；（6）故意为侵犯他人商标专用权行为提供便利条件，帮助他人实施侵犯商标专用权行为的；

（7）给他人的注册商标专用权造成其他损害的。这里的"其他损害"，根据《中华人民共和国商标法实施条例》中的第五十条规定，具体指下列行为：一是在同一种或者类似商品上，将与他人注册商标相同或者近似的标志作为商品名称或者商品装潢使用，误导公众的；二是故意为侵犯他人注册商标专用权行为提供仓储、运输、邮寄、隐匿等便利条件的。

2. 特殊的侵犯商标专用权行为

反向假冒商标行为、影射商标行为和驰名商标淡化行为3种特殊的侵犯商标权的行为，也具有极大的社会危害性。

（1）反向假冒商标行为。反向假冒商标是指未经他人许可，在自己所有的他人生产的商品上使用自己的商标的行为。例如，某"鳄鱼"公司将某服装厂制作的"枫叶牌"西服换成"鳄鱼"商标销售。又如，某市灯塔油漆厂生产的"灯塔"牌航空航天漆质优价廉，在国际市场上销路不错，于是有些外国企业将其进口的该厂油漆包装上的"灯塔"商标换成自己的商标，然后大量销售。

注册商标权人的商标专用权应该享有正反两方面的内容，他既有权禁止他人未经许可使用与自己相同或近似的商标，也有权禁止他人未经许可撤换自己依法贴附在商品上的商标标识。反向假冒商标这种行为，借他人的商品质量来推销自己的产品，侵犯了他人的商标专用权。随着我国的国际贸易交往日益频繁，外国企业反向假冒我国商品的情况屡屡出现，对我国企业造成了极大的危害。

虽然2013年新《商标法》第六十一条有"对侵犯注册商标专用权的行为，工商行政管理部门有权依法查处；涉嫌犯罪的，应当及时移送司法机关依法处理"的规定，但是该规定是以附属刑法条款的形式来规范反向假冒商标的，由于该规定没有明确的罚则，对反向假冒商标的行为无法用刑法来制裁。

（2）影射商标行为。影射商标行为是指在同种或者类似商品上，将与他人注册商标相同或者相近似的文字、图形作为商品名称或商号，或者商品装饰使用，并足以造成误认的。例如，北京王致和腐乳厂的注册商标"王致和"就被顺义区一家腐乳厂用十分近似的名称"致和"作为商号，王致和腐乳厂以侵犯商标权起诉至北京中级人民法院，由于没有具体的法律规定可循，法院只能不予受理。

由于法律对商品名称和商号的具体称谓通常没有特别的限制，许多商品名称也无需权威机构审查，一些厂商就变换手法，将他人注册商标的文字、图形作为自己生产、销售的同类商品名称，标注在商品的外包装上，引起消费者的误解，商品名称和商号是个企业信誉的体现，也是企业的无形资产，因此，也严重侵害注册商标权人的利益。影射行为具有严重的社会危害性，但对影射行为，我国商标法中还没有规定，许多学者建议完善立法，从而规范市场竞争行为。

（3）驰名商标淡化行为。驰名商标的淡化行为是在不相同或者不类似的商品上使用与驰名商标相同或相似的文字、图形及其组合行为。例如，万宝路商标是美国飞利浦莫里斯公司使用在香烟上的驰名商标，已经在我国注册。但杭州一家酒厂将万宝路商标用于其生产的葡萄酒外包装上，其外包装与万宝路卷烟的商标基本类似。

驰名商标的定义是市场上享有较高的声誉，并为公众所熟知的注册商标。驰名商标所代表的商品往往具有较为悠久的历史、过硬的质量和良好的市场信誉。驰名商标淡化并非典型的假冒注册商标行为，甚至也不能完全引起误认和混淆，但这种行为冲淡了驰名商标的识别标志作用，对驰名商标的损害不亚于其他商标侵权行为。目前，我国商标法还没有规定驰名商标淡化行为为侵权行为，我国刑法保护侵犯驰名商标专用权的行为类型仅限于混淆行为，对驰名商标混淆行为的刑法保护只适用"在同一种商品上使用和他人驰名商标相同的商标"，而对驰名商标的淡化行为则只在民事，行政领域内调整，不得适用刑罚处罚。

二、假冒注册商标犯罪案件线索调查

（一）调查对象

假冒注册商标犯罪案件有的在发案时或发案后，犯罪嫌疑人的身份是明确的，无需查找。但更多的案件是犯罪嫌疑人身份不明，案件情况不清，为此，调查过程应是由事到人的过程，这就需要侦查人员通过假冒注册商标商品的销售渠道，顺藤摸瓜，寻线追踪涉案嫌疑人。

（二）调查方法与手段

1. 深入发案地开展调查。到发案地主要调查核实被假冒商标的名称、种类、特征，查明案件发现的经过；核对假冒商标的数量，查明经销人员的情况以及假商标的来源；查明尚未出售的假冒注册商标商品的藏匿地点和分散区域。在发案地，应重点向当地工商、税务、卫生检疫等单位进行调查走访，向他们了解这一地区人员流动、货物流通、纳税等情况是否有异常变化，以掌握重点嫌疑人的去向，了解与嫌疑人有来往的人的情况。

2. 深入商品流通领域开展调查。深入到商品流通领域，调查核实假冒注册产品的来源、去向、经手人员、经销单位、经营数额等情况。

3. 深入印刷行业开展调查。假冒注册商标案件的行为人，大多都具备印刷商标的条件，他们往往通过各种手段与印刷厂的主管人员内外勾结，非法印制假商标。一些乡镇、个体印刷厂则是印刷假冒商标的主要场地。侦查人员可以从假冒注册商标所使用的纸张、油墨成分、质量以及印刷技术入手，排查线索。

4. 秘密调查，发现犯罪嫌疑人。假冒注册商标犯罪案件犯罪的环节多，作案手段诡秘，仅靠一般的调查访问难于发现、掌握和控制犯罪嫌疑人，获取赃物、罪证。为此，在调查中，为了尽快发现和掌握犯罪嫌疑人，应采取一定的秘侦手段开展侦查。比如化装调查：在发案多的区域，为了查明犯罪嫌疑人，或摸清犯罪集团内情，可选派经验丰富，应变能力和适应性强，精通商品经销的侦查人员采取化装侦查的方法，假借一定的身份与犯罪嫌疑分子接触或打入集团内部，以查明犯罪嫌疑人或犯罪集团的内幕详情。

（三）调查内容

1. 询问知情人、参与人和受害人，查清案件情况。假冒注册商标犯罪案件的知情人和参与人较多，如与犯罪嫌疑人在经济上、生意上有来往的人员。在询问他们时，可通过说服动员等工作，使知情人提供他所知道的与案件有关的真实情况。

2. 清查账目，认定犯罪所得。假冒他人注册商标，无论行为人采用何种作案手段和方法，其货物的进出，资金的收支一般都反映在账面上，必然留下各种数据、单据、凭证等。因此，侦查人员可以假借税务工作人员的身份从查阅该企业各种账目入手，为准确认定犯罪所得提供客观的依据。

3. 通过商标司法鉴定证实犯罪。鉴定不仅是一种诉讼活动，同时也是公安机关在立案调查过程中采用的一种证实犯罪的方法。在侦查阶段需要鉴定的专门性问题是多方面的，对于假冒注册商标犯罪案件的立案调查来说，商标司法鉴定尤为重要。

（四）调查过程中应注意的问题

办案人员在调查过程中，限于不了解被侵权商品，而且调查现场往往是仓库或者制假现场，货物常常堆放的杂乱无章，这时要注意在固定证据时，突出假冒产品的种类、型号、商标等特征，以便在接下来的立案审查过程中进行比对。此外，在扣押涉案实物证据时要注意特殊物品的保管，有些需要在合适的环境下存放的产品，如果因为保存方式不当，会造成产品不同程度的毁损或灭失，给进一步取证带来困难，甚至案件事实无法认定。

三、假冒注册商标犯罪案件认定

（一）明确区分与一般商标侵权行为的界限

未经注册商标所有人许可，在同一种商品上使用与他人注册商标相同的商标，情节轻微的，属一般侵权行为，不应立案。此外，要注意划清本罪与其他商标侵权行为的界限。只有未经注册商标所有人许可在同一种商品上使用与他人注册商标相同的商标，才能构成假冒注册商标的商品罪。如果行为人未经注册商标所有人的许可，在同一种商品上使用与他人注册商标近似的商标，在类似商品上使用与他人注册商标相同的商标，或者在类似商品上使用与他人注册商标近似的商标，则属于一般的商标侵权行为不构成本罪。

（二）"同一种商品"的认定

根据2011年《意见》的相关规定：名称相同的商品以及名称不同但指同一事物的商品，可以认定为"同一种商品"。"名称"是指国家工商行政管理总局商标局在商标注册工作中对商品使用的名称，通常即《商标注册用商品和服务国际分类》中规定的商品名称。"名称不同但指同一事物的商品"是指在功能、用途、主要原料、消费对象、销售渠道等方面相同或者基本相同，相关公众一般认为是同一种事物的商品。认定"同一种商品"，应当在权利人注册商标核定使用的商品和行为人实际生产销售的商品之间进行比较。

（三）"与其注册商标相同的商标"的认定

根据2011年《意见》的相关规定：具有下列情形之一，可以认定为"与其注册商标相同的商标"：（1）改变注册商标的字体、字母大小写或者文字横竖排列，与注册商标之间仅有细微差别的；（2）改变注册商标的文字、字母、数字等之间的间距，不影响体现注册商标显著特征的；（3）改变注册商标颜色的；（4）其他与注册商标在视觉上基本无差别，足以对公众产生误导的商标。

第三节　假冒注册商标犯罪案件侦查方法

一、假冒注册商标犯罪案件案情分析

（一）全面审查报案材料，核实线索来源，了解假冒注册商标的基本情况

侦查机关受理假冒注册商标犯罪案件，首先要对相关案件材料进行审查，通过询问被侵权人和咨询工商行政管理部门，了解被假冒注册商标的基本情况：第一，审查确定行为人假冒的商标是否属于他人已在国家商标局注册的商标；第二，查明行为的商品与该注册商标在国家商标局所注册登记的商品是否属于同一种商品；第三，了解商标核准注册的时间、商标的有效期、有无便于识别而作有隐蔽的记号、记号的位置、形状；第四，了解商标权被侵犯的情况：假冒商品的外观设计、仿冒效果及使用情况、受害人选购物品的过程及使用后产生的损害后果等基本情况，从中发现有关的侦查线索。

（二）围绕犯罪嫌疑人的社会关系，划定涉案人员的范围

假冒注册商标犯罪案件上游需要印刷者和制作者提供商标，中游涉及生产、仓储和运输等环节，下游要通过批发和零售以到达最终消费者，整个封闭的产业链特征决定了该种犯罪行为的嫌疑人往往是团伙作案，涉案人员较广。为了不打草惊蛇，需要在案情分析阶段，逐步排查各级各类嫌疑人员，力争找到主要犯罪嫌疑人的落脚点。在切实掌握全部主要犯罪嫌疑人犯罪事实的基础上，抓住时机，统一出击，彻底摧毁犯罪网络。

（三）根据假冒注册商标犯罪行为的持续情况，确定危害区域

对于假冒注册商标犯罪案件侦查来说，犯罪嫌疑人在使用该注册商标后非法经营的具体数额即行为人假冒注册商标的商品的总值，是必须重点查明的。假冒注册商标犯罪行为暴露时，其犯罪行为往往已持续了一段时间，对受害人已造成了一定的损害后果。为此，在案情分析时，首先要明确假冒注册商标犯罪行为的起始点和涉及的相关区域，按照时间段和地理区域，汇总核算出侵权产品的非法经营数额。

（四）进一步研究案情，制定侦查计划

假冒注册商标犯罪案件往往是有组织的，有时还与其他犯罪案件，例如生产销售伪劣商品犯罪、非法经营罪和各种商业贿赂犯罪交织在一起，这就需要侦查机关在研究案情的时候，抓住案件的主线。如果主线易于突破，就从主线入手，全面侦破相关犯罪案件；如果主线不易突破，就从易下手的副线入手，实现逐步击溃。此外，侦查程序是否合法、有效，案件事实、证据是否确实、充分，法律手续是否完备，都要通过侦查计划反映出来。为此，在侦查人员基于立案审查结果对案件做出全面分析的基础上，要通过制定侦查计划，进一步明确假冒注册商标犯罪案件侦查的组织、分工、协作、途径、措施，以及调查取证的重点等多方面的问题。

二、假冒注册商标犯罪案件侦查途径

假冒注册商标犯罪案件侦查必须注意同时获取具有能够证明该罪各项犯罪构成要件的证据，形成统一、协调的证据链条。为此，应从商标权属、商

标图案形状或文字字体、产品质量、价格认证、数量价值等方面开展相关调查取证工作。

（一）从工商管理部门调取注册商标的注册证书和相关资料入手

调取涉案的商标注册证书或注册商标使用权的相关资料，用以证实注册商标的所有权及使用权的归属和有效。对被假冒的注册商标进行鉴定，获取鉴定结论。

（二）从注册商标所有权人获得未经许可等证据

获得商标所有权人出具的未委托或许可嫌疑人生产、销售注册商标的商品的证明材料，用以证实未经许可的事实。同时要求商标所有权人提供注册商标文字或图案，防伪标志等细微特征的书面材料，用以比对和区分商标真假及一致性。

（三）从涉案假冒注册商标的印刷工艺入手，确定侦查范围

假冒注册商标本身蕴含着丰富的侦查信息，它们的制作特征可分为方法特征和物质材料特征。这些特征是重要的侦查线索，通过适当的方式加以固定后，可以形成有力的证据。在侦查初期，对假冒注册商标进行技术鉴定，通过分析和鉴定识别假冒商品的包装形态和产品特点、生产原料来源、制作工艺等，进而了解嫌疑人的职业特点和技能，不仅可以缩小侦查范围，也有利于确定犯罪嫌疑人。对真伪难辨的假冒注册商标，要以真商标为样本，从印刷板型、版面结构，印刷材料等方面进行比对，比对时要注意商标的特殊暗记以及暗记的位置和大小形状等，最后做出综合评判，固定证据。

（四）从收集证实行为人假冒注册商标的主观故意证据入手

通过调查假冒注册商标的来源和假冒注册商标的商品的质量等，确认行为人对他人注册商标商品的认知，同时结合犯罪嫌疑人供述、同案犯供述、商标权利人未许可行为人使用其注册商标的陈述，以证明行为人非法获取他人注册商标的主观故意证据。委托质量监测部门对涉假产品按行业标准进行质量鉴定，用于区分涉假产品是假冒还是伪劣产品，从另一方面证实犯罪行为的主观故意。同时通过商标非法制造者的供述，销售人员、知情者的陈述，购买假冒注册商标商品人的陈述，证明行为人情节严重的行为证据。

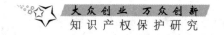
（五）从现场搜查中获得进一步侦查线索

仔细搜查案发现场或嫌疑人的住所等相关场所，做好现场勘验笔录，注意发现与案件有关的产品生产和销售合同、产品生产和出仓以及送货单据等书证，清点现场物证，用以认定假冒注册商标的商品的数量和价格，或综合嫌疑人供述、证人证言、机器设备的生产能力等因素，拟出最少的生产数量作为认定的基础。

重点查证假冒注册商标犯罪行为取得的非法经营数额。非法经营数额可以通过对嫌疑人的财会账册进行审查，认定应该包括假冒注册商标商品销售数额、库存成品数额、半成品数额和采购的原材料数额。按照最高人民法院、最高人民检察院2004年12月联合发布的《关于办理侵犯知识产权刑事案件具体应用法律若干问题的解释》第十二条规定，非法经营数是指行为人在实施侵犯知识产权行为过程中，制造、储存、运输、销售侵权产品的价值。其中已销售的侵权产品的价值，按照实际销售的价格计算；制造、储存、运输和未销售的侵权产品的价值，按照标价或者已经查清的侵权产品的实际销售平均价格计算；侵权产品没有标价或者无法查清其实际销售价格的，按照被侵权产品的市场中间价格计算。第十五条规定，单位犯罪的，定罪量刑的数额标准按照上述有关个人定罪量刑的数额标准的3倍执行。根据2011年《意见》的相关规定：在计算制造、储存、运输和未销售的假冒注册商标侵权产品价值时，对已经制作完成但尚未附着（含加贴），或者尚未全部附着（含加贴）假冒注册商标标识的产品，如果有确实、充分证据证明该产品将假冒他人注册商标，其价值计入非法经营数额。

三、假冒注册商标犯罪案件取证措施

假冒注册商标犯罪与非法制造、销售非法制造的注册商标标识犯罪在犯罪形态上的共同之处就是作案人必须经过一定的营销网络才能最终获得非法利益，所以，实行团伙犯罪是其必然选择。为此，在排查犯罪嫌疑人的过程中，对于有确凿证据表明其实施了侵犯注册商标行为的犯罪嫌疑人，要立即采取强制措施，通过讯问，深挖犯罪，达到摧毁犯罪团伙的目的。此外，通过对假冒注册商标的营销特点等来分析嫌疑人的活动区域和落脚点，公安机关还可以对犯罪嫌疑人的生产窝点、批发中心、销售网点及时进行搜查，获取有关犯罪证据。通过侦查已确定犯罪嫌疑人的，此时就要采取相应侦查措施，控制和缉拿嫌疑人，及时审讯，并扣缴赃款赃物。

对假冒注册商标犯罪案件来说，除了以上经济犯罪案件侦查一般常用的询问受害人、讯问嫌疑人、搜查、勘验、查询和扣押等取证措施外，对"同一种商品""相同商标"难以直接认定的，可以委托有鉴定资质的鉴定机构进行鉴定，或者委托商标主管部门进行鉴定。

第四节　销售假冒注册商标的商品犯罪案件概述

一、销售假冒注册商标的商品犯罪法律规定

（一）销售假冒注册商标的商品罪的概念

销售假冒注册商标的商品罪，是指违反商标管理法规，销售明知是假冒注册商标的商品，销售金额较大的行为。我国《刑法》第二百一十四条规定："销售明知是假冒注册商标的商品，销售金额数额较大的，处三年以下有期徒刑或者拘役，并处或者单处罚金；销售金额数额巨大的，处三年以上七年以下有期徒刑，并处罚金。" 刑法第二百二十条规定："单位犯本节第二百一十三条至第二百一十九条规定之罪的，对单位判处罚金，并对其直接负责的主管人员和其他直接责任人员，依照本节各该条的规定处罚。"

（二）销售假冒注册商标的商品罪的法律特征

1. 客体

销售假冒注册商标的商品罪侵犯的客体是复杂客体，既破坏了国家对商标的管理制度，又损害了注册商标商品的信誉和消费者的合法权益。商标是商品生产者或者经营者为使自己的商品与他人生产、经营的同类商品相区别而使用的标记。我国对商标实行严格的管理制度，对注册商标所有人享有的商标专用权给予法律保护，未经注册商标所有人的许可，不得使用其商标，不得销售明知是假冒他人注册商标的商品。本罪行为人明知某商品系假冒他人注册商标的

商品，仍予以销售，牟取私利，既违反了国家的商标管理法规，侵犯了国家的商标管理制度，又侵犯了注册商标所有人的商标专用权。同时，商标和商标专用权，对于保证商品质量，维护商品信誉，保护消费者的合法权益具有十分重要的意义。因此，销售假冒注册商标商品罪在侵犯国家的商标管理制度和他人的注册商标专用权的同时，也侵犯了消费者的合法权益。

2. 客观方面

销售假冒注册商标的商品罪在客观方面表现为违反商标管理法规，行为人明知是假冒注册商标的商品而予以销售，且销售金额较大的行为。所谓违反商标管理法规，主要是指违反商标法及相关法律规定。所谓销售，是指售出假冒注册商标商品。销售行为既可以是批发，也可以是零售；既可以是代销，也可以是贩卖。销售金额需要达到"数额较大"，才构成犯罪。认定这一行为，必须注意以下几点：第一，行为人必须有销售行为；第二，行为人销售的必须是与注册商标所有人的商品属于同一种商品，而且这种商品上所贴附的是与他人注册商标相同的商标；第三，行为人销售的假冒注册商标的商品，必须是他人所生产、提供的，而不是销售者自己所生产的。如果行为人在自己生产、加工的同一种商品上，使用与他人注册商标相同的商标，然后拿到市场上去销售，构成犯罪的，应按假冒注册商标罪处理；第四，行为人的销售金额必须是数额较大。所谓"数额较大"是指：个人销售假冒注册商标的商品销售金额在5万元以上的。根据2004年《解释》第九条的规定："刑法第二百一十四条规定的'销售金额'是指销售假冒注册商标的商品后所得和应得的全部违法收入。"

3. 主体

销售假冒注册商标的商品罪主体为一般主体，即一切销售明知是假冒他人注册商标商品的单位和自然人。这里的"单位"应为公司、企业、事业单位、机关、团体；这里的"自然人"应是达到刑事责任年龄、具有刑事责任能力的自然人，包括有营业执照的个体工商户和无营业执照的个体经营者。

4. 主观方面

销售假冒注册商标的商品罪在主观上表现为故意，且为直接故意。销售假冒注册商标的商品犯罪在主观上要求行为人必须"明知"。《解释》中

第九条第二款明确规定："具有下列情形之一的，应当认定为属于刑法第二百一十四条规定的"明知"：知道自己销售的商品上的注册商标被涂改、调换或者覆盖的；销售假冒注册商标的商品受到过行政处罚或者承担过民事责任、又销售同一种假冒注册商标的商品的；伪造、涂改商标注册人授权文件或者知道该文件被伪造、涂改的；其他知道或者应当知道是假冒注册商标的商品的情形。"

（三）销售假冒注册商标的商品犯罪案件立案追诉标准

依照《最高人民检察院、公安部关于公安机关管辖的刑事案件立案追诉标准的规定（二）》的规定，销售假冒注册商标的商品犯罪案件的立案标准为：销售金额在5万元以上的；或是尚未销售，货值金额在15万元以上的；或者销售金额不满5万元，但已销售金额与尚未销售的货值金额合计在15万元以上的。单位犯罪的，定罪量刑的数额标准按照上述有关个人定罪量刑的数额标准的3倍执行。

二、销售假冒注册商标的商品犯罪案件特点

销售假冒注册商标的商品犯罪案件，是指违反国家商标管理法规，销售明知是假冒注册商标的商品，销售数额较大，触犯刑法并经公安机关立案侦查的事件。销售假冒注册商标的商品犯罪案件具有如下特点：

（一）多在市场流通领域被查获

一般情况下，销售假冒注册商标的商品犯罪行为被查获，大多数是市场流通中由消费者举报、权利人自行发现或有关职能部门检查发现的，这一特点表明，侦查中应抓住假冒注册商标的商品在市场流通中被查获的有利条件，顺藤摸瓜，直至查明案件全部事实。

（二）涉案主体多元、团伙化趋势

与传统的犯罪相比，实施销售假冒注册商标的商品犯罪，行为人往往需要掌握经营信息，并且能运用一定的网络科技手段。从已查处的销售假冒注册商标的商品案件看，违法犯罪人员已从原来单一的个体户、无照商贩及社会闲散人员，向团伙作案和向乡镇企业、小企业等单位违法犯罪发展，其

中以团伙作案为多，并且团伙内部组织较严密，谁负责联络进货、谁负责销售、谁负责收款都有明确的分工。

（三）作案手段智能化、专业化

销售假冒注册商标的商品犯罪主体往往熟知该类商品的特点、内涵及其经济价值，这就决定了这部分犯罪案件专业化的特征明显。再加之，有些行为人精通网络技术，利用互联网进行信息沟通、交易商品等，因此销售假冒注册商标的商品犯罪手段呈现出很强的智能化和专业化特点。

（四）物证、书证暴露明显

行为人在销售假冒注册商标的商品过程中，往往会留下大量的书证、物证，这些证据在侦查中都较易于获得，这不仅为证实犯罪提供了依据，也为深入侦查提供了有利条件。同时，在收集书证、物证的过程中还可能发现了解案件情况的证人。

（五）跨区域、跨境案件逐渐增加

销售假冒注册商标的商品犯罪主体往往在不同地区完成整个犯罪行为，如行为人往往采用一地制造、多地销售的方式进行犯罪。目前销售假冒注册商标的商品犯罪跨越国境的趋势也日趋显现，内外勾结，国内生产，境外销售假冒注册商标的商品犯罪活动屡见不鲜。

第五节 销售假冒注册商标的商品犯罪案件调查

一、销售假冒注册商标的商品犯罪案件线索调查

（一）调查对象

销售假冒注册商标商品犯罪案件的主要作案手段包括批发和零售、请人代销、委托代销等多种形式。该种案件往往是跨地区作案，而且销售行为人往往和制造假冒注册商标商品的犯罪行为人，以及为他人商标犯罪提供仓储、运输、保管等中介人有着或多或少的联系，因此，调查对象应主要围绕以上行为人展开。

（二）调查方法与手段

1. 深入商品流通领域开展调查。深入到商品流通领域，调查核实假冒注册商标商品的来源、去向、经手人员、经销单位、经营数额等情况。

2. 查阅销售企业账目。侦查人员应从查阅该企业各种账目入手，为防止引起怀疑，可以假借税务人员的身份核实进货单和销售发票。个体工商户假冒商标，如无账目记载，则应注意查找有关的记事本或私人账簿。

3. 秘密调查，发现犯罪嫌疑人。销售假冒注册商标的商品犯罪案件经手人员多，作案手段诡秘，在调查中，为了尽快发现和掌握犯罪嫌疑人，也应向假冒注册商标犯罪调查一样采取一定的秘侦手段开展侦查。

（三）调查内容

销售假冒注册商标的商品犯罪案件调查与假冒注册商标犯罪案件调查内容基本相同，主要是通过询问知情人、参与人和受害人，查清案件情况；通过清查账目，认定犯罪所得；通过商标司法鉴定和商品质量检测证实犯罪。

（四）调查过程中应注意的问题

1. 侵权商品的保存问题。侦查人员在调查过程中，限于不了解被侵权商品，而且调查现场往往是仓库或者制假现场，货物常常堆放的杂乱无章，这时要注意在固定证据时，突出假冒产品的种类、型号、商标等特征，以便在接下来的立案审查过程中进行比对。

2. 财产保全问题。在销售假冒注册商标的商品案件调查过程中，犯罪嫌疑人由于明知自己的所作所为是违法犯罪行为，他们往往对公安机关的侦查很敏感，当违法犯罪行为暴露或一有风吹草动时，会想方设法地逃避法律打击，如隐匿、毁灭犯罪证据、转移赃款赃物、肆意消费，有的甚至携巨款逃跑。因此，在调查中，如果发现犯罪嫌疑人有妨碍或逃避侦查的可能时，应当及时采取财产保全措施，最大限度地挽回经济损失，并从中发现破案线索，收集犯罪证据。

二、销售假冒注册商标的商品犯罪案件认定

（一）注意弄清行为人的主观方面的表现

本罪为故意犯罪，行为人在主观上必须是明知，即明知是假冒他人注册商标的商品而仍然销售，行为人是否明知，是能否立案的重要界限。过失销售假冒注册商标的商品的，不应立案。实践中，主要从以下几方面判断行为人是否明知：一是有证据证明行为人被告知所销售的商品系假冒他人注册商标的商品；二是商品的进价和质量明显低于市场上被假冒注册商标的商品的进价和质量；三是根据行为人的经验和知识应当知道销售的是假冒他人注册商标的商品。

（二）销售假冒注册商标的商品的金额是立案关键

销售假冒注册商标商品的犯罪行为的立案标准确立的是"销售金额"的原则，即只有达到一定的数额才能认定为本罪，需要追究行为人的刑事责任。因此，销售假冒注册商标的商品的金额确定显得尤为关键。《解释》第九条规定："刑法第二百一十四条规定的'销售金额'，是指销售假冒注册商标的商品后所得和应得的全部违法收入。"可见，这里的"销售金额"既包括行为人实际销售出去的所得，也包括预期销售但实际未售出而应得的金额。如果假冒注册商标的商品没有标价，也无法查清其实际销售价格，不应以假冒注册商标的商品可能销售的价格计算，应当按照被侵权产品的市场中间价格计算。

（三）尚未销售或者部分销售情形的定罪量刑问题

根据2011年《意见》中的相关规定：销售明知是假冒注册商标的商品，具有下列情形之一的，依照刑法第二百一十四条的规定，以销售假冒注册商标的商品罪（未遂）定罪处罚：

1. 假冒注册商标的商品尚未销售，货值金额在15万元以上的；

2. 假冒注册商标的商品部分销售，已销售金额不满5万元，但与尚未销售的假冒注册商标的商品的货值金额合计在15万元以上的。

3. 假冒注册商标的商品尚未销售，货值金额分别达到15万元以上不满25

万元、25万元以上的，分别依照刑法第二百一十四条规定的各法定刑幅度定罪处罚。

销售金额和未销售货值金额分别达到不同的法定刑幅度或者均达到同一法定刑幅度的，在处罚较重的法定刑或者同一法定刑幅度内酌情从重处罚。

第六节　销售假冒注册商标商品犯罪案件侦查方法

一、销售假冒注册商标的商品犯罪案件案情分析

（一）全面审查报案材料，了解销售假冒注册商标商品的基本情况

侦查机关受理销售假冒注册商标商品犯罪案件，首先要对相关案件材料进行审查，这些材料，虽然提供了案件的相关线索，但还须深入调查、核实以下案情材料：第一，注册商标和注册商标商品的有关情况，包括注册商标、注册商标登记表、注册商标申请书、商标专用权证书等有效文件；第二，假冒注册商标的情况，包括假冒的他人注册商标标识、假冒注册商标和被假冒注册商标的相似程度、假冒的注册商标的产品、假冒他人的注册商标的商品的产品说明书等方面的情况；第三，销售假冒注册商标的情况，包括销售的网点、消费的群体、销售的方式和规模等。

（二）分析销售行为，确认销售金额

销售假冒注册商标的商品犯罪案件分析的着眼点是销售行为和销售金额。关于销售的行为，要确定行为人销售的是假冒注册商标的商品，必须鉴别商标的真伪，已注册的商标应由公安部门所属特种行业管理的正规印刷厂印制，而假冒注册商标一般出自不正当渠道。因此真品商标标示纸质好，印刷美观，精细考究，文字图案清晰、色泽鲜艳、纯正、光亮，烫金精细。而假冒注册商标是仿印真品商标，由于机器设备、印刷技术差，与真品商标相比，往往纸质较差，印刷粗糙，线条、花纹、笔画模糊，套色不正，光泽差，色调不分明，图案、造型不协调，版面不洁，无防伪标记。简单而言可以从这几个方面加以鉴别：墨稿疵点特征、制版疵点特征、印刷疵点特征、

模切疵点特征等。关于销售的数额，可以从行为人的销售账簿、进货凭证、销售时间的长短、纳税申报的材料、销售的模式和规模、销售的数量和价格等方面进行确认。

（三）根据同案特征，制定侦查计划

销售假冒注册商标的商品的案件，往往是跨地区作案，而且销售行为人往往和制造假冒注册商标商品的犯罪行为人，以及提供仓储、运输、保管的中间人有着或多或少的联系，相互之间互通信息，即使不构成共同犯罪，但彼此关系紧密。因此，侦查人员应通过研究该假冒商品或者假冒注册商标标识的数量、制作工艺等特点，制定侦查计划，分析假冒注册商标的商品的来源，总结作案的规律，进而确定销售假冒注册商标的商品的犯罪分子的主要犯罪活动范围，以便同时摧毁整个犯罪网络。

二、销售假冒注册商标的商品犯罪案件侦查途径

（一）从获取证明犯罪主体身份的证据入手

自然人身份情况的证据，如：身份证、职业、住所、户籍资料等。涉及单位犯罪的，应注意收集单位直接负责的主管人员或其他直接责任人的证据，包括法人工商注册登记资料、法定代表人身份、证明材料、营业执照等，明确是单位犯罪还是自然人犯罪。

（二）从获取证明行为人主观明知的证据入手

收集能够证实行为人明知是假冒他人的注册商标的商品而予以非法销售的主观故意证据，尤其是能够证明犯罪嫌疑人对假冒注册商标标识的认知情况的证据，重点把握以下取证要点：第一，商品的进货渠道；第二，交货地点或方式；第三，进货价格；第四，销售价格、销售方式和地点。这些行为表现出来的反常性可以证明行为人对商品的认知情况。

（三）从获取证明销售假冒注册商标商品的行为证据入手

通过商标权利人的陈述、知情人陈述、同案犯供述或者供货者的供述、犯罪嫌疑人供述，证明行为人销售的商品确系假冒他人注册商标的商品以及

行为的故意。通过大量销售发票、出货单据、进货发票、进货单、账册记录，库存假冒注册商标商品等书证和物证证明销售假冒注册商标商品的犯罪事实。同时收集购买人陈述、销售额、非法获利情况等证据，取得假冒注册商标商品的鉴定结论和会计勘验结论等。

三、销售假冒注册商标的商品犯罪案件取证措施

（一）有效控制涉案人员，迅速缉捕犯罪嫌疑人

案件进入侦查阶段，为防止销售假冒注册商标商品的犯罪嫌疑人逃跑、串供及毁证灭迹，应根据具体案情迅速对不同的犯罪嫌疑对象采取不同的侦控措施。对销售假冒注册商标商品案件的主犯要快速反应，迅速采取强制措施；对已经逃逸的，要从速了解其主要社会关系和潜逃方向，即时采取布控、追逃措施，将犯罪嫌疑人追捕归案。销售假冒注册商标的商品犯罪多为团伙犯罪，主犯通常隐藏在幕后进行组织、策划，唯有将主犯抓捕归案，才能真正使侦查工作取得突破性进展。为此，可采取以下3种方案实施抓捕：

1. 一方面控制已知的犯罪嫌疑人，另一方面抓紧侦控主犯；

2. 运用技侦或外线侦查手段，掌握已知犯罪嫌疑人与主犯之间的联络情况，顺藤摸瓜，将他们一网打尽；

3. 对已知犯罪嫌疑人实施密捕，通过突审查明主犯的下落，并将其抓获，或说服到案犯罪嫌疑人，利用其对主犯实施诱捕。

（二）适时搜查，获取赃物罪证

适时搜查是侦破销售假冒商标商品犯罪案件常用的侦查手段之一。通过搜查，能够及时发现新的案件线索、新的证据，迅速追缴赃款、赃物，并可以有效地控制扩散，减少损失。

（三）销售金额认定

根据销售额和库存的证据材料，委托价格认证中心对假冒注册商标的商品就当天或某一阶段的市场中间价进行价格鉴定，用于确定销售假冒注册商标商品犯罪的销售金额。

第七节　基于大数据的侵犯商标权犯罪案件侦查研究

随着企业品牌意识和人们对商标价值认同感的不断增强，在强大的经济利益驱使下，侵犯他人商标权的行为甚嚣尘上，而且，伴随着"互联网+"的不断升级以及移动互联网的广泛发展，品牌商品的销售不断向线上转移，商标侵权行为呈现出网络化、链条化和模块化的新特点。面对日益庞杂的假冒注册商标行为，行政执法部门和公安机关时常感到捉襟见肘。近年来，大数据的应用为我们提供了明晰案件脉络的独特视角。例如，商标侵权行为多发生在商品流通领域，通过对市场上相关商品的大数据全产业链关联分析，可以实现提前预警的效果。此外，在违法犯罪行为发生后，还可以利用大数据挖掘技术来收集相关证据，展开进一步侦查，所以说，对公安办案部门来说，基于大数据对侵犯商标权犯罪行为开展侦查，从某种程度上讲，不仅有利于事前防范，而且有利于实现链条式打击。

一、侵犯商标权犯罪案件的现状

我国目前刑法对于侵犯商标权犯罪行为的规制，主要以非法制造、销售非法制造的注册商标标识罪、假冒注册商标犯罪以及销售假冒注册商标的商品犯罪3种行为关联罪名进行规制。[①]商标也仅限于商品商标，未涉及具有相同法律地位的注册服务商标。伴随着市场经济的日趋活跃，针对不胜枚举的商标侵权违法行为，从2005年开始，公安机关已连续开展"山鹰"行动、"亮剑"行动、"春雷"行动等一系列有针对性的专项行动，逐步形成全面遏制侵犯商标权犯罪的高压态势。从下表2010年至2017年全国地方法院审结以侵犯知识产权罪判决的案件统计中可以看出，侵犯商标权犯罪案件在以侵犯知识产权罪判决的案件中所占比例明显高于侵犯专利权、著作权和商业秘密权犯罪案件，又从图1可以明显看出：侵犯商标权犯罪案件占比从2010年的80%以上，在2011年至2013年"剑网"专项行动提升了侵犯著作权犯罪的打

---

① 陈月萍：《论侵犯商标权犯罪案件的侦查》，《中国刑警学院学报》，2005年第6期，第12页。

击力度，占比一度下滑到60%后，2014年又重回80%，2016年和2017年甚至超过了90%的比例，侵犯商标权犯罪案件已经成为侵犯知识产权犯罪案件中最为常见的多发性案件。

2010~2017全国地方法院审结以侵犯知识产权罪判决的案件统计表

	2010年	2011年	2012年	2013年	2014年	2015年	2016年	2017年
以侵犯知识产权罪判决的案件（TOTAL）	1254	2967	7684	4957	5103	4856	3903	3642
以假冒注册商标罪判决的案件	585	1060	2012	1546	2031	2133	1793	1687
以销售假冒注册商标的商品罪判决的案件	345	863	1906	1496	1903	1789	1543	1494
以非法制造、销售非法制造的注册商标标识罪判决的案件	182	370	615	350	397	358	311	260
以假冒专利罪判决的案件	2	1	63	1	1	1	5	1
以侵犯著作权罪判决的案件	85	594	3018	1499	722	523	207	170
以销售侵权复制品罪判决的案件	5	30	27	15	12	5	4	4
以侵犯商业秘密罪判决的案件	50	49	43	50	37	47	40	26

资料来源：根据2010~2017最高法知识产权保护白皮书整理形成

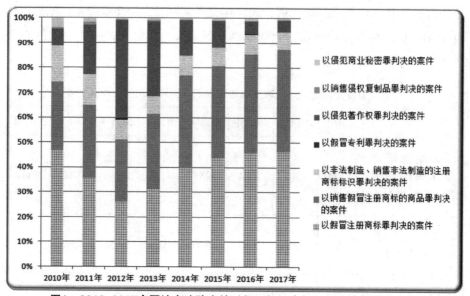

图1　2010~2017全国地方法院审结以侵犯知识产权罪判决案件罪名占比

　　在"互联网+"的推动下，我国电子商务迅猛发展，与此同时，假货问题也已经发展到不容忽视的境地。商品交易的网络化发展，促使物流从生产厂家经由商家到消费者完全借助互联网完成，突破了传统交易的地域限制，辐射区域可以遍布网络触及的各个角落，其间掺杂的商标侵权违法犯罪行为的影响范围也势必随之不断扩大；另一方面，网络商业模式的链条化，无形之中也促成了该类犯罪行为的团伙化、规模化的线性运营模式，这就造成公安侦办部门如果对网络链条中某一点的违法行为不能追根溯源，往往无法实现全面打击的执法效果。与此同时，由于对某一点的违法行为存在移送时效和追诉标准上的立案困扰，此类案件多存在"民不举官不究"的状况。另外，相关行政执法部门和公安机关在商标侵权方面共享数据的不全面，数据收集的不充分，也会导致假冒注册的商标已经注册，使用很长时间之后，才会被受害人、企业或者公安机关办案部门发现，这时候往往已经造成了不良影响，对受害人或企业造成了侵害，甚至犯罪嫌疑人已经逃之夭夭，给公安机关侦查办案造成了很大的困难，同时也对商标权利人的保护带来了负面影响。

二、大数据的应用

犹如农业时代的土地、工业时代的石油一样，伴随着网络信息技术的高速发展，大数据已经成为一个国家的重要战略资源。大数据是一个综合性的概念，它包括因具备3V（Volume/Variety/Velocity）特征而难以管理的数据，对这些数据进行存储、处理、分析的技术，以及能够通过分析这些数据获得实用意义和观点的人才和组织。[①]近年来，社交媒体、手机App、监控摄像头、卫星等应用的普及，大数据开始大量且多样的产生在我们的日常生活中，随着算法技术的提升和数据储存装置价格的下滑，大数据逐渐被媒体关注，被企业广泛利用。[②]而且，伴随全世界各个领域数据不断向外扩展，很多数据开始出现交叉，各个维度的数据从点和线渐渐连成了网，也就是说数据之间的关联性极大地增强，[③]在这样的背景下，大数据应用的优势凸显。

（一）大数据侦查在公安实战中的应用

大数据技术在各行各业的广泛应用，也为传统公安信息化建设带来了生机。以互联网、物联网、云计算、机器学习、统计分析、视频智能捕捉等技术为支撑，通过智能化形成的高度集成、协调运作的功能模块，正努力提升公安工作的信息化、科学化和现代化水平，深入推进立体化社会治安防控体系建设，全面提升公安机关维护社会和谐稳定的能力水平。我国目前正处于社会转型期，这个时期的最大特点就是影响社会治安稳定的因素不断增加，群体性事件活动频繁，社会矛盾凸显，各种潜在因素不断对人民群众的生命财产构成威胁。伴随着公安信息化建设的不断开展，各地公安职能部门逐步建成了信息化基础平台，积累了大量涵盖人口、机动车、旅店、出租屋、在逃人员、违法犯罪信息等基础数据，并联合其他相关行业和部门，在数据安全共享的前提下，在资金和物流等方面建立了共享平台，克服了区域或技术限制，跨区域涉案资金和物流信息查询更为便捷。面对各级各类刑事案件，

---

① 城田真琴：《大数据的冲击》，人民邮电出版社，2013年第1版，第8页。

② 贺宝成：《大数据与国家治理》，《光明日报》，2014年3月27日第7版。

③ 吴军：《智能时代：大数据与智能革命重新定义未来》，中信出版社，2016年8月，第1版，第62页。

办案部门基于各种信息平台上的数据，通过机器学习和数据挖掘等大数据分析主要技术，可以迅速锁定犯罪嫌疑人，节约了警务资源，提升了办案效率。例如，近期发生在四川乐山的公交车爆炸案中，警方正是通过采集附近基站移动电话的通讯记录，加油站、商店、报刊亭的监控录像以及知情者提供的图片和影像资料等各种数据，最终找到炸弹来源并锁定了犯罪嫌疑人。另一方面，大数据技术在创新社会管理方式，增强社会治理能力方面具有显著优势，大数据技术可以实现跨部门、跨区域管理信息协同共享，有力推动完善公共安全信息网络，最终达成与公共危机管理的有效对接，提升公共危机事件的源头治理、动态监控、事前预警和应急处理的能力。①例如，在洪水或震灾抢险过程中，微信、微博等社交媒体往往传递了大量信息，如果能够从这些纷繁复杂的信息中更准确、更及时地筛选出重要信息和真实信息，并加以整合和分类，就能够为赈灾救援方案提供更有效的决策依据。

（二）侵犯商标权犯罪案件中的数据挖掘

大数据在公安工作中的应用主要体现在面向各警种的数据智能管理，经过海量数据的收集、分类、存储、统计分析和预测，从庞杂的数据中挖掘出各级各类数据背后隐藏的、内在的、必然的因果关系，找到其内在特征和运行规律，实现对海量数据的深度应用和综合分析。数据挖掘是大数据的核心技术，需要依靠统计学、深度学习、人工智能、数据库技术、并行和分布式计算等多种技术来实现以上大数据的应用效能。在办理侵犯商标权犯罪案件过程中，哪些数据可以成为线索和证据，同样需要通过大数据挖掘。也就是说，办案部门要想在众多的商标和商品中根据它们的性质和特点找出有违反法律规定或者有犯罪嫌疑的，首先需要从非结构化的数据中提取结构化的数据。非结构化的数据是指人不能或者难以理解、不能或者难以处理的；反之则是结构化数据。由于侵犯商标权犯罪案件的发现具有很大的后觉性，所以情报部门首先要运用Hadoop技术对大规模的非结构化数据进行分布式处理，找到相关案件线索。大数据中的网络日志、

---

① 马慧民、周曦民：《大数据拓展国家治理空间》，《社会治理》，2014年第8期，第35页。

音频、图像资料、网页浏览等信息都可为发现侵犯商标权线索提供支撑，应该说，警务大数据应用于预测和发现案件线索是智能警务发展的必然趋势；另一方面，围绕数据库中涉案商标的结构化数据特征，包括商标注册情况、注册商标商品特征以及相关企业的商业活动等信息，都可以为侵犯商标权犯罪案件的侦查提供有价值的线索，并通过商标挖掘和聚类技术把相关数据关联起来，提取并证实这些数据之间的相关性，可以进一步为案件侦办提供科学依据。

从以上分析可以看出，为更好地利用大数据挖掘技术开展侵犯商标权犯罪的预防和打击工作，首先需要做好商标信息的收集和存储工作。通过联合商标行政管理部门进行商标NoSQL数据库建设，可以整合有关商标注册、使用注册商标的商品的名称、用途、外观、性能等信息，相关部门可以通过大数据的多数据类型对新注册的商标或者上市的产品进行调查分析，判断新增商标或涉案商品是否存在"在同一种商品或类似商品上使用与其注册商标相同商标"的行为，如果通过研判有此种情况，那么就应该加强监管，提前预警，避免侵权行为的发生。另外，在获得侵犯商标权犯罪案件线索后，在确定犯罪对象或进行案件串并时，可以利用大数据智能分析方法将涉案商标或商品与数据库信息进行关联，提高案件线索的梳理效率。

三、阿里大数据打假的启发与借鉴

商业领域打假，目前最具代表性的实践就是近些年来阿里巴巴的打假行动。2017年1月，以阿里巴巴为首的"大数据打假联盟"在杭州成立，并且与首期入盟的约20个创始成员发布了《共同行动纲领》。此外，阿里巴巴还做出4大承诺：持续提供大数据和技术支持、开放并持续推动各方合作的打假生态、对联盟会员提供阿里巴巴的优先服务、邀请联盟会员参与阿里巴巴相关政策的制定与调整。同时，首批入盟的约20家品牌也做出郑重承诺，愿意持续投入打假资源、履行及时鉴定义务、分享假货识别知识并对消费者进行教育，以及积极参与联盟活动。[①]

---

① 搜狐网：《阿里组建全球首个"大数据打假联盟"》[EB/OL]. [2018-04-28]. https：//www.sohu.com/a/127803551_514279.

（一）阿里巴巴打假实践中的大数据思维

大数据无疑有机会为实体经济注射互联网的打假"疫苗"。现在，商业大脑、假货甄别模型、图像识别算法、语义识别算法、商品知识库、生物实人认证、大数据抽检模型等大数据方法，让打假有了新手段。2017年，阿里巴巴正是借助这些技术，通过"卖家认证""主动防控""神秘抽检""线下案件"及"卖家诉讼"等一系列机制在事前、事中、事后打击假货。通过品牌权利人推送线索和平台主动排查等多种方式，2017年阿里巴巴识别并关闭了24万家疑似售假店铺。阿里巴巴打假联盟成立以来，已经累计协助品牌破获多起案件，其中LV作为奢侈品牌翘楚，更是在阿里巴巴大数据的助力下，联合警方斩断了一条生产、物流、批发产业链。2017年年初，阿里巴巴打假联盟创始成员LV收到线报，称湖南永州发现一家假冒品牌商标的皮料生产工厂。随后，LV找到了阿里打假特战队，希望特战队能顺藤摸瓜，协助挖掘涉案人员信息及下家生产销售渠道。特战队员们通过大数据挖掘、串并，并协助警方经过两个多月的侦查和部署后，同年6月永州公安调动60余名警力，对永州皮料生产工厂、广州花都物流、仓储点和广州白云皮料批发下家档口同时展开打击。[①]此外，阿里巴巴还通过解析所拦截的涉假商品链接、被揪出的售假卖家和权利人、消费者投诉举报等信息，运用数据模型与用户画像，对涉假商品、售假团伙做溯源追踪，绘制出了这些团伙的线下分布地图。[②]由此可见，未来警企合作，基于大数据开展全链条打假具有很大的可行性。

可以说，阿里巴巴打假联盟的实践为基于大数据进行侵犯商标权犯罪侦查作了示范，阿里巴巴的做法不同于传统的侦查方式，而是利用大数据的优势，将打假方式彻底数据化，如此打假不仅比传统的侦查方式效率更高，而且也解决了一直以来存在的打击滞后性，不仅给公安办案部门提供了经验，也及时而有效地保护了权利人的合法权益，从根源上解决了侵犯商标权产生

---

① 环球网：《阿里巴巴打假联盟破2亿大案 携手LV连根斩断制假产业链》[EB/OL]. [2018-04-26]. http://tech.huanqiu.com/news/2017-09/11239972.html.

② 杭州网：《浙江利用互联网大数据 一年打掉14亿元假货》. [2018-04-30]. http://zj.sina.com.cn/news/2016-12-08/detail-ifxypipt0574022.shtml?qq-pf-to=pcqq.group.

的一系列问题。

（二）侵犯商标权犯罪案件的大数据侦查模式与大数据思维

基于以上针对侵犯商标权犯罪案件的大数据挖掘实战应用，借鉴阿里巴巴打假中的大数据思维，可以根据侵犯商标权案件的犯罪特征和演变规律，将侵犯商标权犯罪案件的大数据侦查模式归纳为 "商标—大数据—商品—大数据—案（人）"。毋庸讳言，侵犯商标权犯罪都是以对注册商标权利人的侵犯为起点，无论是非法制造或是销售非法制造他人注册商标，抑或生产、销售假冒注册商标的商品，案件涉及注册商标的大数据挖掘，都为该类犯罪案件侦查提供了重要媒介，侦查人员可以在数据空间寻找案件信息或犯罪嫌疑人所对应的注册商标痕迹，探索注册商标与商品之间的关联性。在这种侦查模式中，大数据发挥联结现实中的假冒商标、侵权商品和相关案件信息的纽带作用。具体来说，在案件侦办过程中，首先立足于案件涉及的侵权人的商标信息，根据案件线索来源的不同特点来制定严谨的数据分析逻辑。例如，案件来源于市场流通领域，数据分析逻辑的起点就从侵权商品的销售数据开始，上下游顺藤摸瓜查找生产数据和消费者数据。逻辑是处理数据分析的重要保证，逻辑也决定了大数据处理中的质量。其次，围绕着侵权商标，存在着大量的结构化数据和非结构化数据，其相关性需要通过仔细的甄选来识别。在甄选数据过程中，办案人员要根据3种性质不同案件的证据要求来筛选数据。最后就是围绕涉案商标的相关数据，研究和提出合适的统计、分析、挖掘、关联和预测模型，并从中找出隐藏在纷繁复杂数据背后与涉案商标所关联的相关涉案商品的生产和销售证据。在此基础上，侦查人员还可以进一步运用机器学习等人工智能方法，寻找涉嫌侵权商品背后人员、资金和物流的规律，全面揭示案件信息与犯罪嫌疑人的特征。

大数据侦查模式来源于大数据侦查思维，从阿里巴巴打假实践可以看出大数据侦查思维与传统的侦查思维虽然出发点相同，但实质上存在一定的差异，大数据侦查思维体现在相关性思维、整体性思维和预测性思维，公安部门在办理侵犯商标权犯罪案件过程中，可以联合阿里巴巴、腾讯等企业，运用以下大数据思维，实现侦查模式的协同创新。

1. 相关性思维。传统的侦查思维是建立在因果逻辑的基础上，对犯罪事实的认定，必须严格遵循因果关系逻辑，要求证据与事实之间具有引起与被引起的因果关系。然而大数据打破了人类传统的因果思维模式，强调事物之间的相关关系而非因果关系。①大数据的相关性一般在两个数值之间数理关系的量化过程中推导出来，这种相关关系可以告诉人们"是什么"却不能解释"为什么"，也就是"知其然不知其所以然"，凭借人类的主观经验有时候也难以对这种相关性进行因果关系解释。不过，"是什么"所表明的事实却正是我们思维的基础。我们一旦完成了对大数据的相关性分析，就会继续向更深层次研究因果关系，找出背后"为什么"。因此，将大数据的相关性思维运用到侵犯商标权犯罪案件侦查中，可以大大拓展侦查的思维视野，有效应对该类犯罪的网络化特征，发掘更多的案件线索。但是，大数据提供的不是最终答案，只是参考答案，所以相关性思维得出的相关关系，只能帮助侦查人员拓展情报来源，面对日益错综复杂的网络化经营，需要多角度、全方位地寻找案件的突破口，不能简单地以大数据的相关性思维得出的关系作为证据来使用。

2. 整体性思维。传统的侦查思维源于获取数据能力有限，因此，在面对大量数据信息时，就只能采用抽样调查的方式，之后再通过科学分析得出结论。但是，进入大数据时代之后，数据量往往非常大，大数据要求侦查人员必须接受混乱和不确定性。在面对网络化、链条化的侵犯商标权犯罪时，当我们的视野局限在可以分析和能够确定的证据时，我们对案件的整体理解就可能产生偏差和错误，就会出现取证思维有限、追查方向盲目等缺点，大数据侦查的整体性思维可以很大程度上解决该问题。大数据侦查取证思维的整体性特征，能够在获取全体数据的基础上，通过大数据分析方法进一步寻找与案件有关的数据，即遵从"从大数据到小数据"的取证模式，这对于根除链条化犯罪是非常关键的一步，通过大数据挖掘，抽丝剥茧，明确追查目标，找到犯罪源头，根除犯罪。

---

① 刘茂梁、龙松熊、王策：《论大数据时代个人隐私权的保护》，《技术与市场》，2017年第5期，第62页。

3. 预测性思维。正如大数据之父舍恩伯格所说：预测是大数据的核心价值，[①]大数据侦查同样也应具备预知功效。美国国土安全部研发的未来行为检测科技安全系统就是通过监控个人的生命体征、肢体语言和其他生理模式，发现潜在的恐怖分子。对于侵犯商标权犯罪案件来说，办案机关应借鉴阿里巴巴的经验，进一步加强与行政执法部门、知识产权权利人的联系，将彩印、包装、物流、批发等重点企业、服装、化妆品、烟草、酒类和信息、家电等案件多发行业以及各级各类商品交易平台列为防控的重要阵地予以控制，运用数据统计和机器学习方法，在这些数据库中找到商标侵权的普遍联系，然后对适用于这种普遍联系的个人进行深入考察，防患于未然，并利于犯罪线索的早期发现和证据的获取。

现今，我们还处于大数据时代的早期，思维和技能是最有价值的，未来大数据的优势还是来自于数据本身，我们可以在数据挖掘过程中开发更多的财富，应用在刑事侦查领域，除了建立健全各级各类共享数据库之外，重要的还需利用大数据为侦查活动建模，将数据资源组织与预处理、分布式计算、流数据处理等内容完整化，将大数据模型标准化，做到可复制、可扩展、可移植，借鉴商业等各领域大数据的应用实践，为其他案件基于大数据侦查提供经验，这样才更有应用生命力，更有发展的未来和意义。由此可见，大数据在侵犯商标权犯罪案件的分析、研判、取证上都具有很大的开发利用潜能。

十八届五中全会后，我国已经把大数据上升为国家战略。我国在大数据方面所具有的优势是规模，可以收集的数据规模很难被其他国家超越，但是正如舍恩伯格在《浦江创新论坛》上所说，由于近几年中国企业发展过快，因而来不及完善IT业的基础设施。基础设施不完善就意味着无法收集和处理全面的数据。为此，公安部门未来还需在完善公安信息化建设、鼓励数据抓取和处理领域投入更多，充分发挥大数据在管控公共安全、维护社会稳定等方面的重要作用。毋庸置疑，只有拥有了全面的数据储备和分析工具，才能进一步提高公安机关基于大数据进行侵犯商标权犯罪案件的侦查水平。此外，区块链技术正被应用于知识产权保护领域，也为未来打假提供了新手

① 王燃：《大数据侦查》，清华大学出版社，2017年1月第1版，第59页。

段。例如，如果每件品牌商品制造出来后，都产生一个区块链，并且在它被
交易和运输时利用区块链记录全过程，那么这个品牌商品的整个流通过程就
是可追溯的。这种区块链和品牌商品一一对应的关系，就决定了品牌商品的
不可复制性，也就从根本上杜绝了假货的来源。

参考文献

1. 徐波、刘辉：《知识产权综合管理改革背景下知识产权行政执法探析》，《电子知识产权》，2018年第1期。

2.［美］威廉·M·兰德斯，理查德·A·波斯纳：《知识产权法的经济结构》，金海军译，北京大学出版社，2016年版，第256–306页。

3.［英］维克托·迈尔·舍恩伯格，肯尼思·库克耶：《大数据时代——生活、工作与思维的大变革》，周涛等译，浙江人民出版社，2013年版，第3–4页。

4.［美］罗素·诺维格：《人工智能：一种现代的方法（第3版）》，殷建平等译，清华大学出版社，2013年版，第4页。

5.王融：《大数据时代——数据保护与流动规则》，人民邮电出版社，2017年版，第21页。

6. Yu, P.（2007）. *Intellectual property, economic development, and the China puzzle, in intellectual property, trade and development: Strategies to optimize economic development in a TRIPS plus era. In D. J. Gervais（Ed.）*, Drake University Law School Occasional Papers in Intellectual Property Law, Vol. 1（p.173）. NY: Oxford University Press.

7. Haiyan Liu（2010）. *The Criminal Enforcement of Intellectual Property Rights in China: Recent Developments and Implications*. Asian Criminology（2010）5: 137－156.

8. 肖中华：《侵犯知识产权犯罪的司法适用难题》，《刑法论丛》，第12卷。

9. 中华人民共和国知识产权局:《刑事保护对于知识产权意义重大》[EB/OL].http://www.sipo.gov.cn/mtjj/2006/200804/t20080401_362040.html,2006-04-20/2013-3-19.

10. 公安部:《公安部部署"亮剑"行动打击制假售假》[EB/OL].http://news.qq.com/a/20110910/000485.htm,2011-09-10/2013-3-19.

11. 公安部:《公安部"亮剑"行动战果超以往三年的总和》[EB/OL].http://news.qq.com/a/20110910/000489.htm,2011-09-10/2013-3-19.

12. 国家版权局:《网络侵权盗版案件查处力度加大:多人被判有罪》[EB/OL].http://it.people.com.cn/GB/14965361.html,2011-06-22/2013-3-19.

13. 国家版权局:《网络侵权盗版案件查处力度加大:多人被判有罪》[EB/OL].http://it.people.com.cn/GB/14965361.html,2011-06-22/2013-3-19.

14. 赵洁:《涉嫌知识产权犯罪案件移送程序浅析》,《知识经济》,2009年第4期。

15. 吴丹、莫海:《检察院电子物证检验工作模式探索》,《信息与电脑》,2015年第7期,第38页。

16. 陈增旺:《电子证据的采集与鉴定》,《安徽电子信息职业技术学院学报》,2012年第6期,第58页。

17. 陈天:《当前电子物证检验工作探讨》,《现代商贸工业》,2012年第19期,第163页。

18. 刘品新:《电子证据的关联性》,《法学研究》,2016年第6期,第175页。

19. 城田真琴:《大数据的冲击》,人民邮电出版社,2013年第1版,第8页。

20. 陈月萍:《论侵犯商标权犯罪案件的侦查》,《中国刑警学院学报》,2005年第6期,第12页。

21. 贺宝成:《大数据与国家治理》,《光明日报》,2014年3月27日第7版。

22. 吴军:《智能时代:大数据与智能革命重新定义未来》,中信出版社,2016年8月,第1版,第62页。

23. 马慧民、周曦民:《大数据拓展国家治理空间》,《社会治理》,2014年第8期,第35页。

24. 搜狐网:《阿里组建全球首个"大数据打假联盟"》[EB/OL].[2018-

04-28]. https：//www.sohu.com/a/127803551_514279.

25. 环球网：《阿里巴巴打假联盟破2亿大案 携手LV连根斩断制假产业链》[EB/OL]. [2018-04-26]. http：//tech.huanqiu.com/news/2017-09/11239972.html.

26. 杭州网：《浙江利用互联网大数据 一年打掉14亿元假货》[EB/OL]. [2018-04-30]. http：//zj.sina.com.cn/news/2016-12-08/detail-ifxypipt0574022.shtml?qq-pf-to=pcqq.group.

27. 刘茂梁、龙松熊、王策：《论大数据时代个人隐私权的保护》，《技术与市场》，2017年第5期，第62页。

28. 王燃：《大数据侦查》，清华大学出版社，2017年1月第1版，第59页。

29. 西澤昭夫：《大学の教育研究における大学発ベンチャー企業の機能と連携について》，日本文部科学省大学知的財産本部整備事業「21世紀型産学官連携手法構築に係るモデルプログラム」成果報告書.

30. 西澤昭夫、福嶋路：《大学発ベンチャー企業とクラスター戦略》（学文社、2005年）。

31. D. Drake， "Creating a Start-up Climate： Ideas for Next-Generation Technology Transfer"， Journal of Association of University Technology Managers，Vol. XⅥ， No. 2， AUTM 2004.

32. G.D.Markman et al. "Entrepreneurship and university-based technology transfer"， Journal of Business Venturing， Vol. 20, No. 2， Elsevier， 2005，P.257.

33. G.Tassey, The Economics of R&D Policy， Quorum Books， 1997.

34. 田甜：《中国知识产权行政保护研究》，[学位论文] 吉林：吉林大学，2014年。

35. 邓建志：《WTO框架下中国知识产权行政保护问题研究》，[学位论文] 上海：同济大学，2007年。

36. 焦楠：《论中、美两国知识产权保护制度的差异》，[学位论文] 北京：对外经济贸易大学，2010年。

37. 顾雪峰：《我国知识产权司法保护和行政保护研究》，[学位论文] 山东：山东大学，2012青岛大学硕士学位论文。

38. 焦娜：《论知识产权的行政保护与司法救济》，[学位论文] 北京：中国政法大学，2010年。

39. 马慧芳：《论知识产权的行政保护》，[学位论文] 上海：华东政法大学，2009年。

40. 王迁：《论著作权法中发行行为的界定——兼评全球首宗BT 刑事犯罪案》，《华东政法学院学报》，2006年第3期。

41. 张书乐：《游戏私服千万暴利下的侵权之殇》，《法人》，2011年第9期。

42. 戴蓬：《经济犯罪侦查对策新解》，中国人民公安大学出版社，2011年。

43. [日]北川善太郎：《网上信息、著作权与契约》，《外国法译评》，1998年第3期。

44. 胡振辽：《计算机犯罪案件侦查学》，群众出版社，第2008年第8期，第161页。

45. 肖琼：《论经济犯罪的证据搜集》，《中国人民公安大学学报》，2004年第1期。

46. 孟凡民、张剑寒：《网络犯罪侦查取证措施探析》，《信息网络安全专题研究》，2010年第11期。

47. 公安部教材编审委员会：《信息网络安全监察》，群众出版社，2010年，第8~9页。

48. 丁军平、蔡皖东：《面向p2p特定信息的主动监测模型研究》，《计算机工程与应用》，2011年第47期，第27页。

49. 国家知识产权局：《2019年中国知识产权保护状况》 http：//www.nipso.cn/onews.asp?id=11394

50. 李娜：《知识产权犯罪刑事司法协助的现状和前景展望》，《未来与发展》．2010年第11期。

51. 朱军、王力：《美国大学创业企业与支援制度的形成》，《北方经济》，2010年第6期，第70~72页。

52. 朱军：《网络游戏"私服"类侵犯著作权犯罪剖析》，《公安研究》，2013第10期，第40~44页。

53. 朱军：《2010年至2012年知识产权保护专项行动效果评价》，《净月学刊》，2014年第3期，第23~27页。

54. 朱军：《网游"私服"类侵犯著作权犯罪案件侦查中电子证据取证分析》，《净月学刊》，2017年第5期，第62~66页。

55. 朱军、宋国强：《网络环境下侵犯著作权犯罪案件侦查难点与对策》，《中国刑警学院学报》，2012年第3期，第21~25页。

56. 朱军：《跨国打击侵犯知识产权犯罪执法合作机制的有效性研究》，《江苏警官学院学报》，2014年第29期，第3版，第54~58页。

57. 朱军、李虹锐：《基于大数据的侵犯商标权犯罪案件侦查研究》，《公安研究》，2018年第12期，第43~48页。

致　谢

2006年3月28日，36岁的我在日本仙台体育馆接受了我人生教育经历中的最高学位——日本东北大学经济学研究科经济学博士。36岁的年纪拿到博士学位，一切还得重新开始，在不确定又时不我待的未来面前，我只有抓住一切机会，而机会又在哪里呢？功夫不负有心人，机会总是留给有准备的人。博士毕业后，我先是在日本地域革新研究中心从事日本文部省关于"21世纪产学官连携手法构筑模型"的博士后课题研究工作。一年后的2007年，我回国应聘来到中国刑事警察学院经济犯罪侦查系从事教学和科研工作。初任伊始，我就获得了辽宁省社会科学规划基金的支持，以产学研创新体系中的知识产权问题为切入点，建立起了有关我国知识产权侵权、违法犯罪以及司法保护的知识体系和研究框架。10多年来，我一直承担知识产权犯罪案件侦查的教学工作，积累了大量的理论文献和案例资料，这些都为进一步开展有关知识产权热点问题的研究奠定了坚实的基础。近几年来，我一直主持有关知识产权的省、市级研究项目，尽管以往的研究项目有的是从产学研角度出发，有的是以知识产权保护专项性行动为着眼点，有的是侧重知识产权中的著作权问题，但主要都是围绕知识产权保护的内容展开。2016年，针对大众创业、万众创新中的知识产权保护需求与问题，我再次获得辽宁省社会科学规划基金的资助。2017年列入辽宁省高等学校创新人才支持计划。本书就是在以上基金和计划资助之下完成的，在此深表谢意。

"吾师朱军，春秋正富，以而立之年求学东洋，得博士学位而归报桑梓，受聘刑警学院直至副教授之位。吾师学识渊博，潜心钻研，焚膏继晷，实为我辈之楷模！学生之间莫不称善！自余始拜吾师门下已二年有余，其间吾师言传身教，未尝懈怠。及至斧正庸手，字斟句酌，尤为精细。所谓尊师重道者，学生之本分。恩师谆谆教诲、循循善诱，其恩其德，如恒河沙数，不可胜数，余当尽报。"以上是一名我指导的本科毕业生在论文致谢中的留言，12年的教学生涯能够得到学生如此的反馈，惭愧之余，心中也不免欣慰。这本小书是我回国12年从事知识产权相关内容教学和研究的积累和结晶，从某种程度上说，正是这些青春学子对知识的渴求和钻研精神给予了我写作的勇气和动力。

本书的顺利完成乃至我的整个学术发展，离不开各位老师的悉心指导和领导以及朋友们的关系和帮助。这本书从构思到初稿直至付梓，断断续续持续了近3年，写作期间得到了我日本东北大学经济学研究科指导教官（日本东北国立大学退官后，现任私立东洋大学经济学部教授）西泽昭夫教授的关注，为我提供了日本知识产权保护的相关资料。此外，我还要特别感谢东北财经大学产业组织与企业组织研究中心教授——我的大师兄李宏舟，为我提供了创业管理的相关资料。最后，我还要感谢工作单位中国刑事警察学院为我提供的发展平台，三尺讲台尽春晖；感谢经济犯罪侦查学院的领导和同事不吝帮助和积极扶持。

宋人蒋捷有一首词叫《听雨》："少年听雨歌楼上，红烛昏罗帐。壮年听雨客舟中，江阔云低，断雁叫西风。而今听雨僧庐下，鬓已星星也。悲欢离合总无情，一任阶前，点滴到天明。"短短一首词，就是一生的缓慢，就是一生的忧伤。遥望苍穹，感谢天堂里的父母，焉得谖草，言树之背。养育之恩，无以为报，只有以更加昂然的精神面对未来……

由于水平有限，资料不足，书中一定存在很多不足甚至疏漏之处，恳请读者批评指正。中国广播影视出版社的编辑老师为本书的出版付出了辛勤劳动，谨致诚挚谢意。

朱　军

2020年4月26日

于沈阳万科紫台